Anton Gindely
Der Dreißigjährige Krieg

Politische Ereignisse von 1632-1648

Band 5

Der schwedische Krieg seit Gustav Adolfs Tod und der
schwedisch-französische Krieg bis zum westfälischen Frieden

SEVERUS Verlag

Gindely, Anton: Der Dreißigjährige Krieg. Politische Ereignisse von 1632-1648 Band 5. Der schwedische Krieg seit Gustav Adolfs Tod und der schwedisch-französische Krieg bis zum westfälischen Frieden. 2018
Neuauflage der Ausgabe von 1882
ISBN: 978-3-96345-087-7

Korrektorat: Carmen Oberlechner
Satz: Carmen Oberlechner

Umschlaggestaltung: Annelie Lamers, SEVERUS Verlag
Umschlagmotiv: www.pixabay.com

Bibliografische Information der Deutschen Nationalbibliothek: Die Deutsche Nationalbibliothek verzeichnet diese Publikation in der Deutschen Nationalbibliografie; detaillierte bibliografische Daten sind im Internet über https://dnb.de abrufbar.

Der SEVERUS Verlag ist ein Imprint der Bedey & Thoms Media GmbH, Hermannstal 119k, 22119 Hamburg

SEVERUS Verlag, 2018
http://www.severus-verlag.de
Gedruckt in Deutschland

Anton Gindely

Der Dreißigjährige Krieg

Politische Ereignisse von 1632-1648
Band 5

Die Ereignisse vor dem Kriegsbeginn ab 1613
bis zum Tod des Kaisers Matthias 1619

Inhalt

Vorwort... 3

Erstes Kapitel... 5

    I.. 5
    II 9
    III... 18
    IV 21
    V... 24

Zweites Kapitel... 34

    I.. 34
    II 38
    III... 41
    IV 45
    V... 50
    VI.. 53
    VII 58

Drittes Kapitel... 66

    I.. 66
    II 68
    III... 74
    IV 78
    V... 82

Viertes Kapitel... 85

    I.. 85
    II 90
    III... 98
    IV 103
    V... 110
    VI.. 113
    VII 117

Fünftes Kapitel 124

    I 124
    II 129
    III 132
    IV 136
    V 138
    VI 141
    VII 143

Sechstes Kapitel 149

    I 149
    II 153
    III 161
    IV 168
    V 177

Siebentes Kapitel 182

    I 182
    II 183
    III 187
    IV 189
    V 192

VORWORT

Indem ich mit diesem Bande die Geschichte des 30jährigen Krieges abschließe, bemerke ich, dass der Druck derselben schon während meiner im Februar nach Rom unternommenen Studienreise fast vollendet war und ich sonach nicht mehr meine im vatikanischen Archive angestellten Forschungen verwerten konnte. In der Waldsteinfrage fand ich manches ergänzende Material vor, namentlich belehrte mich eine Korrespondenz des päpstlichen Nuntius am Wiener Hofe, des Kardinals Rocci, dass Biccolomini an der Spitze derjenigen Obersten stand, die frühzeitig zum Kaiser hielten, und dass er es war, der die Gegenverschwörung im Heere gegen Waldstein leitete. Die Verhandlungen, die in Wien zum Sturze des Feldherrn geführt wurden, liegen ziemlich klar vor, weniger sind wir aber über die sich vorbereitende Verbindung zwischen den kaiserlichen Obersten unterrichtet. Doch dürfte es nicht lange dauern, dass wir auch hierin klar sehen werden, da ein bewährter Waldsteinforscher die betreffenden Korrespondenzen zur Publikation vorbereitet.

Die Forschungen in Rom bewiesen mir von Neuem die Richtigkeit der allbekannten, aber nur zu häufig von den Historikern vergessenen Tatsache, dass man für die Politik eines Staates die richtigste Erklärung und zureichendste Rechtfertigung in den Archiven desselben findet. Ich habe im vatikanischen Archiv den Beweis gefunden, dass der Papst aus seiner ursprünglich bloß unfreundlichen und eifersüchtigen zu einer übelwollenden Gesinnung gegen die Habsburger durch den Streit um das mantuanische Erbe veranlasst wurde und dass die Prätensionen, die Spanien dabei erhob und die von dem Kaiser willig unterstützt wurden, auch den freundlichsten Papst feindlich aufgeregt hätten. Die eingehende Schilderung des mantuanischen Streites wird eine der wichtigsten Aufklärungen für die Geschichte jener noch mit so vielem Dunkel umgebenen Zeit liefern und man kann bald umso bedeutendere Ausschlüsse erwarten, als zu gleicher Zeit mit mir auch Herr Dr. Pieper sich mit demselben Gegenstande beschäftigte und das Resultat seiner Studien in einer Geschichte des Pontifikats Urbans VlII. verwerten will.

Prag im Juli 1882

Der Verfasser

Erstes Kapitel

Die Egerer Katastrophe.

I.   Oxenstierna organisiert auf den Konventen zu Heilbronn und Frankfurt am Main die protestantischen Streitkräfte.

II. Dänische Friedensvermittlung. Waldsteins verräterische Pläne. Seine Zerwürfnisse mit Maximilian wegen Aldringen.

III. Das Treffen von Steinau. Der Krieg in Süddeutschland. Der Fall von Regensburg.

IV. Der Kaiser entschließt sich gegen Waldstein aufzutreten. Die Stellung Spaniens zu Waldstein.

V.   Das Pilsner Bündnis. Die letzten Verhandlungen Waldsteins mit Sachsen.

VI. Die Ermordung Waldsteins in Eger.

I

Wäre das deutsche Staatswesen nicht auf das Tiefste aufgewühlt und zerrüttet gewesen, so hätte der Tod Gustav Adolfs die Bedeutung Schwedens alsbald auf ein geringes Maß beschränkt, so aber konnte der Staatskanzler Oxenstierna, der mit seiner ganzen Klugheit und Energie in die Bresche trat, hoffen, dass er wenigstens einen Teil der Pläne seines verstorbenen Königs und Herrn ins Werk setzen werde, vorausgesetzt, er werde über die Kräfte Deutschlands in ähnlicher Weise wie dieser verfügen können. Dies beabsichtigte er zunächst durch die gutwillige Zustimmung der Reichstände zustande zu bringen und da er des Beifalls der kleineren Fürsten, die mit Schweden ein enges Bündnis abgeschlossen hatten, gewiss war, so kam es nur auf Sachsen und Brandenburg an. Um den Stier bei den Hörnern zu packen, reiste er nach Dresden, wo er am ersten Weihnachtsfeiertag eintraf und ohne viel Federlesens seine Forderungen vorbrachte. Er erklärte, dass wenn der Krieg weitergeführt werden sollte, entweder Schweden das alleinige Direktorium über die gemeinschaftlichen Truppen eingeräumt werden müsse, oder Kursachsen neben Schweden höchstens das Direktorium über die eigenen Truppen führen dürfe. Wenn die protestantischen Reichsstände mit diesen Bedingungen nicht einverstanden wären, so sollten sie sich über eine den Schweden zu leistende „Rekompens", die aber nicht in Geld bestehen dürfe, einigen, dann wollte sich Schweden zurückziehen und den Reichsständen die Ordnung ihrer Angelegenheiten überlassen.

Keine dieser Bedingungen war nach dem Geschmacke des Kurfürsten, der jetzt um keinen Preis dulden wollte, dass Schweden noch länger die angemaßte Rolle spiele, welche auf den Untergang des alten deutschen, dem Kurfürsten von Sachsen ebenso wie dem von Bayern, teuern Staatswesens gerichtet war. Ebenso wenig wollte er den Schweden jene „Rekompens" zugestehen, die sie forderten, nämlich Pommern und Magdeburg; wenn ihnen Land und Leute bewilligt werden sollten, so sollten die Katholiken beides hergeben und nicht Kurbrandenburg und Kursachsen, von denen der eine es auf Pommern, der andere auf Magdeburg abgesehen hatte. Die Antwort, die Oxenstierna in Dresden erhielt, war demnach ausweichender Art, man wollte sich nicht eher erklären, als bis man sich mit Brandenburg beraten hätte.

Oxenstierna reiste nun nach Berlin, wo er dieselben Forderungen vorbrachte und wenigstens nicht in so kühler Weise verabschiedet wurde wie in Dresden. Der Kurfürst war damit einverstanden, dass er die protestantischen Reichsstände zu einem Konvente zusammenberufe, was Johann Georg nicht gestatten wollte, weil er dieses Recht für sich in Anspruch nahm, und ebenso wenig lehnte Georg Wilhelm eine reale »Rekompens« für Schweden ab, wenn er gleich Pommern hiervon ausnehmen wollte. Weiter gingen jedoch seine Zugeständnisse nicht und wie viel selbst zu diesen die Aussicht auf eine Verbindung des Kurprinzen mit Christine von Schweden beigetragen haben mag, lassen wir dahingestellt. Oxenstierna sah ein, dass er mit Kurbrandenburg ebenso wenig zum Ziele kommen könne wie mit Sachsen und beschloss deshalb, sich auf eigene Füße zu stellen, selbständig einen Konvent der evangelischen Stände zu berufen und ihnen die Frage vorzulegen, in welcher Weise sie sich Schweden weiter anschließen und zu welcher Entlohnung sie sich verstehen würden. Diese Beschlüsse wollte er dann trotz und gegen Sachsen verteidigen und durchführen. Johann Georg begab sich unterdessen gegen Ende Februar zu einer Zusammenkunft mit seinem brandenburgischen Kollegen, bei der er schärfer als früher betonte, dass man Schweden nicht die gebietende Rolle einräumen und ihm nicht das Recht zur Berufung eines Konvents überlassen dürfe, während Georg Wilhelm auch jetzt seiner vermittelnden Anschauung treu blieb, sodass sich die Kurfürsten trennten, ohne sich über einen entscheidenden Entschluss geeint zu haben.

Der schwedische Reichskanzler teilte seine Aktion in zwei Teile. Anstatt einen gemeinsamen Konvent aller protestantischen Reichsstände zu berufen, beschloss er, zuerst die vier oberen Kreise in Heilbronn zu versammeln und erst wenn die Verhandlungen daselbst einen guten Fortgang genommen haben würden, auch die beiden sächsischen Kreise nach Frankfurt am Main zu berufen. Der Konvent, der in Heilbronn Mitte März (1633) zusammentrat, wurde von allen betreffenden Reichsständen besucht und einigte sich nach mehrwöchentlichen Sitzungen über den Abschluss eines Bündnisses mit Schweden, vermöge dessen Oxenstierna das Direktorium übertragen wurde, doch sollte er sich in allen militärischen Angelegenheiten des Beirates eines aus den Kreisständen zu wählenden Ausschusses, eines sogenannten consilium formatum bedienen. Für die Ausrüstung und Instandhaltung einer entsprechenden Armee, welche den Schweden und den Kreisständen verpflichtet sein sollte, sollten die Letzteren Sorge tragen. Keinem Reichsstand wollte man Neutralität zugestehen, sondern jeden als Feind behandeln, der sich dem Bündnisse nicht anschließen würde. In Heilbronn erschien auch ein Abgesandter Ludwigs XIII., der Marquis von Feuquières, und dieser schloss oder erneuerte vielmehr das alte Bündnis zwischen Frankreich und Schweden, wonach sich Ersteres zur weiteren Zahlung der Subsidien im Betrage von einer Million Livres verpflichtete und die Liga preisgab, wenn sie sich nicht zur Neutralität verstehen wolle. Oxenstierna hatte solchergestalt alles erreicht, was er erreichen konnte.

Von Heilbronn begab sich der Reichskanzler nach Frankfurt am Main, wo er seine Maßregeln zur Berufung eines Konvents der beiden sächsischen Kreise traf, um diese zum Anschlusse an das Heilbronner Bündnis zu bewegen. Bevor derselbe noch zusammentrat, erschienen Gesandte des Landgrafen von Darmstadt bei ihm, um die Anerkennung der Neutralität ihres Herrn zu verlangen, der so der angedrohten Vergewaltigung zu entgehen suchte. Es kam zu einer von Oxenstierna mit leidenschaftlicher Heftigkeit geführten Unterredung, in der er das Neutralitätsgesuch rundweg ablehnte und dem Landgrafen höchstens einen kurzen Termin bis zur weiteren Entschließung zugestehen wollte; werde der Landgraf dann nicht nachgeben, so würde er seine Besitzungen mit Heeresmacht überfallen lassen. Als der Tag von Frankfurt näher rückte, suchte der Kurfürst von Brandenburg seinen Kollegen von Sachsen für die Beschickung desselben zu gewinnen, ja noch mehr, er wollte ihn sogar bereden, dem Heilbronner Bündnisse beizutreten, welches Schweden das alleinige Direktorium übertrug, da er selbst durch einen zu ihm abgeschickten, französischen Gesandten halb und halb dafür gewonnen worden war. Johann Georg, der gerade damals die wichtigsten Verhandlungen mit Waldstein führte, befolgte den Rat nicht, weil er die deutsche „Libertät" nicht zum Schaden kommen lassen wollte.

Der Konvent trat anfangs August (1633) in Frankfurt zusammen und wurde von einigen Vertretern der vier oberen Kreise, dann von den ober- und niedersächsischen Kreisständen, aber nicht von Kursachsen beschickt und schloss sich dem Heilbronner Bündnis rückhaltlos an. Schweden wurde also mit dem Direktorium bekleidet, ihm Zahlungen und Proviant zur Instandhaltung der Armee versprochen und alles genau geregelt. Dem Landgrafen von Darmstadt wurde die Neutralität nicht bewilligt und so musste er sich in die ihm auferlegten Leistungen fügen. Oxenstierna hatte durch das Heilbronner und Frankfurter Bündnis die Verfügung über die Mittel der protestantischen Reichsstände mit Ausnahme Kursachsens erhalten und konnte den Krieg getrost weiterführen, bis es ihm gelang, ihn durch einen passenden Frieden zu beendigen. Die Lage der Schweden befestigte sich auch noch dadurch, dass sie über die Einkünfte der von ihnen besetzten katholischen Stifter verfügten und demnach fast halb Deutschland sich tributär machten, infolge welcher Umstände sie und ihre Verbündeten über zahlreiche, wohl ausgerüstete Truppenkörper geboten. Horn stand in Schwaben, der Rheingraf Otto Ludwig am Oberrhein, der Pfalzgraf Christian von Birkenfeld am Mittelrhein und im Elsass, der General Baudissin kommandierte am Niederrhein. In Westfalen und Niedersachsen befehligten Wilhelm von Hessen-Kassel, Georg von Lüneburg und General von Knyphausen größere Truppenkörper; eine bedeutende Heeresabteilung befand sich unter dem Kommando des Herzogs Bernhard von Weimar, der in Franken sein Hauptquartier aufgeschlagen hatte; in Schlesien endlich standen die sächsischen und brandenburgischen Truppen verstärkt durch ein schwedisches Korps. In allen diesen Truppenabteilungen waren die hohen Posten meist von Schweden besetzt und diese begannen nun in derselben schamlosen Weise den Krieg nur als ein Mittel zu ihrer eigenen Bereicherung anzusehen, wie dies die italienischen und spanischen Offiziere im kaiserlichen Heere jahrelang getan hatten. Ihr Beispiel wirkte ansteckend auf das übrige Heer und so dürfen wir uns nicht wundern, wenn unter demselben eine Art Verschwörung entstand, durch die es seines Lohnes im Voraus gewiss sein wollte. Am 30. April (1633) verpflichteten sich die sämtlichen Offiziere und Soldaten, den Degen nicht eher zu ziehen, als bis ihnen der rückständige Sold und die versprochene Belohnung sichergestellt sein würde, welche Bedingung sie dem General Horn und dem Herzog Bernhard von Weimar schriftlich übergaben. Oxenstierna war anfangs darüber empört, musste sich aber zuletzt entschließen, den Unzufriedenen Ländereien im Werte von vielen Millionen Gulden, die den Katholiken weggenommen waren, einzuräumen. Auch Bernhard von Weimar verlangte seinen Lohn und da seine glänzenden Feldherrngaben seine Bitte dringend befürworteten, so verstand sich Oxenstierna zur Befriedigung derselben und übertrug ihm das Herzogtum Franken (20. Juli 1633). Man empfand es zu allen Zeiten nicht bloß auf katholischer, sondern auch auf protestantischer Seite als eine Schmach, dass ein Fremder diese Verfügung treffen konnte und dass ein deutscher Fürst dieses Geschenk aus fremder Hand annahm.

II

Gegen die protestantischen Truppen kämpften die Kaiserlichen in Schlesien unter dem Kommando des Marradas, am Niederrhein und in Westfalen kommandierte der Graf Gronsfeld die ligistischen Truppen und wurde von den Spaniern unterstützt; gegen Horn und Bernhard von Weimar verteidigten sich die kaiserlichen Truppen unter Aldringen und die bayerischen unter Maximilian. Zu allen diesen kam die Waldsteinische Armee, die im Winter 1632/33 in Böhmen durch neue Werbungen verstärkt wurde.

Waldstein hatte sich, wie wir erzählt haben, von Lützen zurückgezogen und war dann nach Hinterlassung von Besatzungen in einzelnen festen Plätzen nach Böhmen gegangen, um daselbst zum größten Jammer des

Kaisers das Winterlager aufzuschlagen. In Prag setzte er ein Kriegsgericht ein, welches das Verhalten zahlreicher Personen wegen ihrer bei Lützen bewiesenen Feigheit untersuchen sollte. Elf Offiziere und vier gemeine Reiter wurden infolge des Urteilsspruches enthauptet, neun Knechte gehängt und dieses Urteil auf demselben Platze vollzogen, wo die Exekutionen im Jahre 1621 stattgefunden hatten. Glänzend dagegen waren die Belohnungen, die Waldstein denjenigen zuteilwerden ließ, die sich bei Lützen hervorgetan hatten; mehrere Kriegsleute bekamen hohe Geldsummen, Holke sogar eine Herrschaft zugewiesen. Im Laufe des Winters machte der kaiserliche Oberfeldherr die größten Anstrengungen, um die zahlreichen Lücken in seinem Heere zu ergänzen, damit er im Frühjahr doppelt und dreifach stärker als jeder seiner Gegner hervorbrechen und den Sieg an seine Fahnen fesseln könnte.

Nicht so zuversichtlich war der Kaiser. Der Tod des Schwedenkönigs erfüllte ihn anfangs mit großen Hoffnungen, allein dieselben zerrannen, als er sah, dass Waldstein die günstige Lage nicht ausnutzte, sondern sich sogar nach Böhmen zurückzog und so die eigenen Mittel aufzehrte, statt die des Feindes zu schmälern. In Wien machte sich deshalb eine große Friedenssehnsucht geltend und man war gern bereit, die Vermittlung anzunehmen, zu der sich Dänemark und der Landgraf von Darmstadt anboten. Der Landgraf suchte den Frieden zu fördern, weil er sich nur dann vor seinem Kasseler Vetter und vor den Schweden sicher fühlte und Dänemark sah sich durch jeden Gewinn, den Schweden auf deutschem Boden machte, in seiner Existenz bedroht und hatte deshalb die Unternehmung Gustav Adolfs ununterbrochen, wenn auch erfolglos, angefeindet. Der Landgraf reiste auf die Einladung des Kaisers nach Leitmeritz, traf da mit den beiden kaiserlichen Gesandten, dem Abt von Kremsmünster und dem Freiherrn von Questenberg, zusammen, welche ihm mitteilten, dass sich der König von Dänemark als Vermittler angeboten habe und angenommen worden sei und dass man in Breslau mit den Friedensverhandlungen in den ersten Tagen des Monats Mai (1633) beginnen wolle. Der Landgraf verlangte zuerst Aufklärung über drei Punkte: Wie sich der Kaiser zu der von Schweden verlangten Entlohnung verhalten, ob er den Pfalzgrafen restituieren und endlich wie er die evangelischen Stände bezüglich des Restitutionsedikts zufrieden stellen werde? Die Erklärungen, welche die kaiserlichen Gesandten über den letzten Punkt abgaben, zeigten, dass eine Einigung zwischen den

streitenden Parteien möglich war; bezüglich des Pfalzgrafen versprachen sie, dass seinen Kindern ein Teil seiner Besitzungen zurückgegeben werden sollte, aber in Bezug auf die Schweden erklärten sie, nicht
gehörig instruiert zu sein. Im Falle die Friedensverhandlungen zu einem
gedeihlichen Abschluss gelangen würden, stellten sie dem Kurfürsten
von Sachsen den Besitz des Stiftes Magdeburg in Aussicht. Der Landgraf beeilte sich nun, den Kurfürsten von dem Inhalt der kaiserlichen
Zugeständnisse in Kenntnis zu setzen und dieser war von denselben so
befriedigt, dass er sämtliche protestantischen Stände Deutschlands einlud, sich an den Verhandlungen in Breslau zu beteiligen, wodurch er dem
von Oxenstierna nach Heilbronn berufenen Konvente die Spitze bieten
wollte. Auch Brandenburg wurde von dem Landgrafen nach Breslau
eingeladen und der Termin des Zusammentrittes vom Kaiser auf den 3.
Juli verschoben. Wir bemerken, dass später abermals eine Verschiebung
eintrat, dass der Kaiser die Instruktion für seine nach Breslau abzuschi-
ckenden Gesandten Trautmannsdorff, Questenberg und Gebhard erst
am 26. August 1633 ausfertigte, dass die Unterhandlungen aber trotzdem nicht ihren Anfang nahmen, weil Waldstein mittlerweile solche auf
eigene Faust mit Sachsen eingeleitet hatte und diese den Kurfürsten so
beschäftigten, dass ihm die dänische Vermittlung gleichgültig wurde.

Wenn sich Waldstein gegen die vom Kaiser angebahnten Verhandlungen gleichgültig zeigte, so konnte man ihm dies als Feldherrn, der
große Siege zu erkämpfen hoffte, nicht besonders verübeln, allein hinter seiner Gleichgültigkeit barg sich etwas anderes als die Hoffnung auf
Sieg, hinter ihr lauerte der Verrat. Die einzelnen Fäden, aus denen derselbe zusammengesponnen wurde, hier hervorzuheben, ist nicht möglich, dazu bedarf es einer eingehenden, mit zahlreichen zum großen Teil
noch unbekannten Dokumenten belegten Arbeit, auf deren späteres
Erscheinen wir im Vorhinein verweisen. Wir bemerken nur, dass unsere
Beschuldigungen hauptsächlich auf folgenden Gründen beruhen: ers-
tens auf der nicht wegzuleugnenden und den Kaiser bedrohenden Verbindung, die Waldstein ursprünglich mit Gustav Adolf durch den Grafen
Thurn unterhielt, welche Verbindung er aber später aufgab; zweitens auf
den Verhandlungen des Grafen Kinsky mit dem französischen Gesandten Feuquières, in denen sich Waldstein erbot, den Kaiser preiszugeben,
wenn ihm Böhmen garantiert würde; drittens auf den Verhandlungen
Waldsteins mit Arnim, aus denen wir seine Pläne nicht etwa durch eine

Mittelsperson, sondern von ihm selbst kennenlernen und erfahren, dass er dem Kaiser Friedensbedingungen vorzuschreiben gedachte, auf die dieser unmöglich eingehen konnte; viertens auf den Lügen, mit denen Waldstein die Verhandlungen mit Kursachsen vor dem kaiserlichen Hofe bemäntelte und die den größten Verdacht gegen ihn wecken müssen, da sie durchaus nicht notwendig waren, wenn er es ehrlich meinte; und endlich fünftens auf dem Bestreben, die ligistische Armee zugrunde zu richten, damit er allein über die katholischen und kaiserlichen Streitkräfte verfügen könne. Einzelne dieser Behauptungen werden durch die folgende Erzählung näher beleuchtet und zum Teil erwiesen, den Beweis aller überlassen wir unserem späteren, ausführlichen Werke.

Während der kaiserliche Feldherr an der Verstärkung seiner Armee in Böhmen ruhig fortarbeiten konnte, weil ihn niemand angriff, bemühte sich Horn im Verein mit Banér, in Schwaben festen Fuß zu fassen und rückte Bernhard von Weimar aus Franken gegen die Donau vor. Gegen Horn stand Aldringen, gegen Bernhard von Weimar die Streitkräfte Maximilians.

Der Letztere ersuchte Waldstein dringend um Verstärkung für Aldringen, statt einer solchen erhielt dieser aber den Befehl, sich nach Ingolstadt zurückzuziehen und da so lange zu warten, bis man hinreichend gerüstet sein werde, um dem Feinde zu begegnen. Aldringen konnte diesem Befehle nicht nachkommen, da sich Horn mit Bernhard vereint hatte, er musste den Rückzug gegen die Donau aufgeben und sich auf Dachau und München zurückziehen. In der zweiten Hälfte des Monats April schickte Waldstein endlich die verlangten vier Regimenter nach Bayern ab, aber er erneuerte den Befehl, sich nur defensiv zu halten und nicht in die Offensive überzugehen, „möge der Feind vornehmen, was er wolle". Dieser Befehl, der Aldringen zur absoluten Untätigkeit verurteilte, erfüllte den Kurfürsten von Bayern, dem doch nicht vorgeworfen werden konnte, dass er durch verwegene Unternehmungen Land und Leute aufs Spiel setze, mit dem größten Unwillen, denn er musste nicht bloß seine, sondern auch die kaiserliche Armee ernähren, sollte aber von der Letzteren keinen Nutzen haben und sein Land widerstandslos dem Feinde preisgeben, der bereits bis an den Lech vorgedrungen war. Die Befehle Waldsteins trafen den Kurfürsten umso unerwarteter, als sie den Koburger Abmachungen zuwiderliefen, nach denen Aldringen unter dem Oberbefehl Maximilians stehen, das ligistische Volk in Norddeutschland aber dem Kommando Waldsteins untergestellt sein sollte. Maximilian hatte diese Bedingungen genau eingehalten, Waldstein missachtete sie, als ob er sie nie eingegangen wäre.

Maximilian beschwerte sich in Wien über die Aldringen erteilten Weisungen und erhielt durch seinen Gesandten die Zusage, der Kaiser werde dem Herzog auftragen, seinen Wünschen nachzukommen; er drang nun in Aldringen, dass er sich ihm in der Bekämpfung des Gegners anschließen solle, doch der Letztere entschuldigte sich stets mit dem ihm erteilten strengen Verbot und·so gestalteten sich die Verhältnisse für Bayern immer ungünstiger. Die Folge davon war, dass der Kurfürst seinem Gesandten auftrug, den Kaiser peremtorisch um Änderung des Aldringen erteilten Befehles zu ersuchen, widrigenfalls ihm nichts anderes übrig bleiben würde, als solche „Mittel und Wege an die Hand zu nehmen, wodurch sein Land und seine Leute vor solchem vor Augen stehenden Verderben und Untergang möchten errettet und versichert werden".

Die Schuld, dass die genannte „Ordinanz" von Waldstein nicht geändert wurde, lag nicht an Ferdinand, er hatte seinem Obergeneral den entsprechenden Auftrag gegeben und wiederholte denselben, als der bayerische Gesandte seine Klagen und Drohungen vorbrachte. Der Kaiser erklärte zwar dem Gesandten, er könne nicht glauben, dass dem Aldringen dermaßen die Hände gebunden seien, dass er dem Kurfürsten nicht einmal zur Verteidigung behilflich sein dürfe, aber was half diesem der kaiserliche Unglaube, wenn tatsächlich der Feind Tag für Tag einen andern Ort angreifen durfte und Aldringen unbeweglich stehen blieb oder dem Feinde sogar auswich. Gern bereit, seinem Freunde Maximilian behilflich zu sein, schickte der Kaiser den Obersten St. Julien nach Schlesien ab, wo sich eben das kaiserliche Hauptquartier befand und ließ seinen Feldherrn dringend um die Änderung der Ordinanz ersuchen. Diesmal gab Waldstein nach, triumphierend schrieb St. Julien, dass der Herzog dem Aldringen befohlen habe, den Weisungen des Kurfürsten in allem zu gehorchen.

Der Wunsch Maximilians war also erfüllt, seinen Klagen die Spitze abgebrochen und das gute Einvernehmen schien hergestellt. Allein es schien nur so und machte einer desto größeren Entfremdung Platz. Es stellte sich nämlich wenige Tage später heraus, dass der Befehl an Aldringen nicht so gelautet habe, wie St. Julien versicherte, oder wenn ja, dass er noch am selben Tage geändert wurde. Denn tatsächlich lautete

13

die „Ordinanz", nach der sich Aldringen zu richten hatte, dahin, dass er „keine Belagerung vornehmen und dem Feinde keine Schlacht liefern solle, möge ihm auch das Gegenteil befehlen, wer da wolle". Dass Aldringen dem Kurfürsten auf diese Weise nicht mehr helfen konnte als früher, ergibt sich von selbst. Der Grund für diese Handlungsweise, durch die Waldstein sowohl den Kurfürsten von Bayern wie den Kaiser tödlich verletzen musste, ist nur in den verräterischen Verhandlungen zu suchen, die er gleichzeitig mit Sachsen und Frankreich angeknüpft hatte.

Waldstein war, nachdem er den Winter in Prag zugebracht hatte, am 3. Mai aufgebrochen, hatte sich bei Königgrätz mit Gallas vereint und war dann nach Schlesien gezogen. Man berechnete seine Armee auf 50.000 Mann, doch verfügte er in Schlesien jedenfalls nicht über diese Zahl, da er Holke mit einem Armeekorps nach dem westlichen Böhmen abgeschickt hatte. Die Sachsen, Brandenburger und Schweden, die von Arnim, Burgsdorf und Thurn befehligt wurden, geboten nur etwa über 24.000 Mann, und so konnte der kaiserliche Feldherr mit ziemlicher Wahrscheinlichkeit auf einen vollen Sieg hoffen. Er rückte gegen Schweidnitz vor und stieß da auf die feindliche Armee, statt aber den erwarteten und von den Katholiken sehnlich gewünschten Schlag zu führen, schickte er den Grafen Trčka an den sächsischen Generalleutnant und ersuchte ihn um eine Zusammenkunft. Arnim folgte dem Rufe in Begleitung des Obersten Burgsdorf und so fand am 6. Juni jene denkwürdige Unterredung statt, die den Ausgangspunkt der verräterischen Verbindungen Waldsteins bildet. Der kaiserliche General stellte sich als Verteidiger der Glaubensfreiheit hin und war erbötig, die Friedensverhandlungen mit dem Gegner auf der Grundlage einzuleiten, dass alles in den Zustand vor dem Jahre 1618 restituiert und den Schweden einige Sicherheitsplätze auf deutschem Boden für die geleisteten Dienste eingeräumt werden sollten.

Mit diesen Bedingungen konnte sich der Kaiser versöhnen, wenn sie nicht gegen ihn gemünzt waren und nicht etwa die Restitution der konfiszierten Güter in Böhmen, Mähren und Österreich in sich schlossen. In der Unterredung mit Arnim und Burgsdorf wurde dies nicht ausdrücklich gesagt, wenigstens bemerkt Arnim in seinem Berichte nichts davon und dies Schweigen ist jedenfalls bedeutsam, aber trotzdem meinte es Waldstein mit dem Kaiser nicht ehrlich. Noch bevor die eben geschilderte Unterredung stattfand, hatte sich nämlich der Graf Kinsky, ein Vertrauensmann Waldsteins, bei dem französischen Gesandten Feuquières eingefunden, der sich von Heilbronn nach Dresden verfügte, um Kursachsen zum Anschluss an das Heilbronner Bündnis zu bewegen, und teilte diesem mit, dass Waldstein sich gegen den Kaiser erheben und ihm Böhmen entreißen wolle und dazu die Zustimmung und Hilfe Frankreichs wünsche. Nicht genug damit, trat der kaiserliche General zu gleicher Zeit in Unterhandlungen mit Thurn und brachte es auch mit ihm zu einer Art von Abschluss. Über diese letztere Unterhandlung haben wir nur indirekte Berichte und können also nur vermuten, dass sich Waldstein bei der Behauptung Böhmens der Mithilfe der böhmischen Exulanten bedienen wollte und ihnen dafür die Restitution ihrer Güter anbot. Nach Wien schrieb Trčka, um den Verhandlungen mit Thurn alles Auffallende zu benehmen, dass der Letztere mit den 8000 Mann, die er im Dienste Schwedens kommandierte, zum Kaiser übergehen wolle. Wenn etwas, so kann diese derbe Lüge den Beweis liefern, dass die Verhandlungen mit Thurn nur zum Nachteil des Kaisers geführt wurden.

Inwieweit Arnim und Burgsdorf von diesen den Kaiser betreffenden Absichten Waldsteins schon jetzt unterrichtet wurden, ist nicht bekannt, jedenfalls war es ihnen nicht verborgen, dass er es mit dem Kaiser nicht ehrlich meine. Sie schlossen einen Waffenstillstand auf 14 Tage ab und begaben sich jeder zu seinem Herrn, um über die gemachten Anträge Bericht zu erstatten. Am kursächsischen und am brandenburgischen Hofe fanden nun Beratungen darüber statt, ob man sich mit den Anerbietungen zufrieden stellen solle oder nicht, aber an keinem von beiden griff man entschlossen und energisch zu und so verfloss der Waffenstillstand, trotzdem dass er bis zum 10. Juli verlängert wurde, ohne dass man mit den Verhandlungen zum Abschluss gekommen wäre. Oxenstierna war zuerst durch die Nachricht von den Waffenstillstandsverhandlungen unangenehm berührt; als er später die dem Kaiser feindlichen Gesinnungen Waldsteins erfuhr, sagte er zu dem bei ihm weilenden französischen Gesandten La Grange aux Ormes, dass es zwar scheine, als ob der kaiserliche General mit seinem Herrn brechen und sich Böhmens bemächtigen wolle, dass man aber seinen Versicherungen nicht eher Glauben schenken dürfe, als bis er sich irgendwie gebunden habe (15. Juli 1633).

In Wien nahm man die Nachricht von dem Waffenstillstand sehr übel auf und ärgerte sich umso mehr, als Waldstein davon und von den eingeleiteten Verhandlungen nicht selbst Kunde gegeben, sondern die Berichterstattung dem Gallas übertragen hatte. Im Heere selbst wunderte man sich nicht wenig, dass er seine Übermacht nicht besser ausnütze und über den Feind herfalle. Da die wenigsten an Verrat dachten und doch nach einer Erklärung für seine Fahrlässigkeit suchten, so häuften sich seit dieser Zeit die wegwerfenden Urteile über seine Fähigkeiten. Als die Verlängerung des Waffenstillstandes bis zum 16. Juli nach Wien gelangte, machte sich bei einigen hervorragenden Personen die Meinung geltend, man solle ihn unter irgendeinem Vorwand von dem Oberkommando entfernen, aber man war sich zu sehr bewusst, dass man den Versuch nicht ohne die höchste Gefahr anstellen könne und zögerte deshalb damit.

Nachdem Maximilian von Bayern erfahren hatte, welches frivole Spiel Waldstein mit ihm durch die angeblich für Aldringen geänderte Ordinanz getrieben hatte, erschöpfte er sich nicht in nutzlosen Klagen, sondern beantragte bei den katholischen Kurfürsten, dass sie sich mit vereinten Bitten an den Kaiser wenden und denselben abermals um die Absetzung Waldsteins ersuchen sollten. In der betreffenden Bittschrift sollte geradezu gesagt werden, dass eine so unbeschränkte Vollmacht, wie sie Waldstein über das Heer habe, infolge der er sich um keinen der kaiserlichen Befehle zu kümmern brauche, unbedingt nicht zulässig sei und alles zugrunde richten müsse. Es scheint nicht, dass diese Bittschrift dem Kaiser übergeben wurde, umso energischer suchte sich Maximilian wenigstens bezüglich Aldringens zu seinem Rechte zu verhelfen. Er befahl seinem Gesandten in Wien, Richel, vom Kaiser kategorisch die Unterstellung Aldringens unter sein Kommando zu begehren, widrigenfalls er genötigt sein würde, sein Interesse in anderer Weise zu wahren, er wiederholte also abermals die Drohung seines Abfalls. Ferdinand legte die Forderung Maximilians seinem Kriegs- und seinem geheimen Rate vor und da sich beide Kollegien für dieselbe aussprachen, so „bat" er seinen Obergeneral, dem Wunsche des Kurfürsten zu genügen, doch scheint es, dass er in seiner eigenhändigen Zuschrift später das Konzept änderte und anstatt des Wortes „bitten" das Wort „befehlen" brauchte. Am 1. August wurde der Brief abgeschickt und umgehende Antwort erwartet, da aber bis zum 12. keine kam, so wurde der Graf Schlick, der Präsident des Hofkriegsrates, am Abend desselben Tages an Waldstein abgeschickt. Schlick sollte sich nicht nur für die Befriedigung der bayerischen Wünsche verwenden, sondern auch über den Stand der Kriegsangelegenheiten genau informieren, mit dem Obergeneral über die passendste Verwendung des aus Italien unter dem Kommando des

16

Herzogs von Feria heranrückenden spanischen Hilfsheeres Rat pflegen, dann aber – was das wichtigste ist – sich bei „Gallas und Piccolomini" dessen versichern, dass sie, „wenn mit dem Herzog von Friedland um seiner Schwachheit willen (Waldstein litt wiederholt und empfindlich am Podagra) oder sonst eine Veränderung erfolgen sollte, für alle Fälle" stets treu und beständig bleiben würden.

Inwieweit Schlick alle diese Aufträge erfüllte, wissen wir nicht anzugeben, nur bezüglich des ersten ist uns bekannt, dass es ihm ebenso ging, wie dem Obersten St. Julien. Dem Kaiser ließ Waldstein entbieten, er lasse dem Aldringen freie Hand zu tun, was er wolle, nur eine Hauptbelagerung möge er nicht unternehmen. Dem Obersten Ruepp, den Maximilian in gleicher Angelegenheit zur selben Zeit an Waldstein abgeschickt hatte, gab er aber eine abschlägige Antwort und nach dieser richtete sich Aldringen. Gründlicher konnte der General seine Verachtung gegen Ferdinand nicht betätigen, als durch diese wiederholte Doppelzüngigkeit.

Wie abschätzig er jedoch über die Tatkraft des Kaisers urteilen mochte, so konnte er sich doch nicht verhehlen, dass dieses Benehmen auch eine Lammesgeduld erschöpfen und Ferdinand zu den äußersten Schritten verleiten konnte. Da er aber seines Heeres gewiss zu sein glaubte, so schenkte er diesem Gedanken umso weniger Beachtung, als er den Zeitpunkt gekommen wähnte, wo er die Maske abwerfen konnte. Er hatte Arnim neuerdings um eine Unterredung ersucht und mit ihm am 22. August einen Waffenstillstand auf vier Wochen abgeschlossen, welchen Beschluss er aufrecht erhielt, obgleich Graf Schlick, der einen Tag später ankam, gegen denselben protestierte. Gegen Arnim äußerte Waldstein diesmal, dass er seine Waffen gegen den Kaiser kehren (!), das freie Wahlrecht bezüglich der böhmischen Krone herstellen und die unter Holkes Kommando stehenden Truppen den Schweden gegen den Kurfürsten von Bayern zur Disposition stellen wolle. Arnim reiste von Schlesien zu den Kurfürsten von Brandenburg und Sachsen, um sie von diesen Anträgen in Kenntnis zu setzen, und ging dann zu Oxenstierna, mit dem er in Gelnhausen zusammentraf. Der Reichskanzler war mit den Mitteilungen zufrieden, meinte aber, dass Waldstein zuerst aus seiner Reserve heraustreten müsse, dann könne er jeder Hilfe gewärtig sein. Wir bemerken, dass die Verhandlungen zwischen Waldstein und den Gegnern des Kaisers aus diesem Grunde auch jetzt nicht zum Ziele führten. Der Kurfürst von Brandenburg sagte damals dem französischen Gesandten Baron de

Rorté – und er mag für seine Mitteilung sich auf die Angaben Waldsteins berufen haben – dass Letzterer sich nicht direkt gegen den Kaiser erklären, sondern ihn so lange reizen wolle, bis er ihm selbst eine Veranlassung zum offenen Bruche geben werde. Bei der Langmut Ferdinands war nicht abzusehen, wann dieser Zeitpunkt eintreten würde.

Die Nachricht von dem neuen Waffenstillstande verstärkte in Wien den immer höher anwachsenden Unwillen gegen Waldstein. Als der spanische Gesandte den Kaiser persönlich fragte, worauf die neuen Verhandlungen mit Arnim beruhten, musste Ferdinand zu seiner Beschämung gestehen, dass er nichts Näheres wisse. Diese Beschämung und die Überzeugung, dass sein Feldherr es nicht ehrlich mit ihm meine, veranlassten den Kaiser zu einer Verfügung, die einem Bruch der mit Waldstein abgeschlossenen Kapitulation gleichzuachten ist. Einer der Punkte derselben lautet wie erinnerlich dahin, dass der Kaiser sich jeder Einflussnahme auf das Heer enthalten und allfällige Befehle nur an Waldstein richten werde. Jetzt ließ der Kaiser direkt an Aldringen den Befehl ergehen, sich dem Kommando Maximilians unterzuordnen und nur größere Belagerungen zu vermeiden. Gegen Waldstein konnte Ferdinand diese Eigenmächtigkeit damit entschuldigen, dass sein Befehl nur eine Wiederholung desjenigen sei, den er angeblich selbst an Aldringen abgeschickt habe.

III

Da Sachsen und Brandenburg die gemachten Anerbietungen nicht mit beiden Händen ergriffen, fühlte Waldstein die Notwendigkeit, gegen die kaiserlichen Feinde einen Schlag zu führen. Die Sachsen hatten sich aus Schlesien in ihr eigenes Gebiet zurückgezogen, worauf Waldstein den Gallas nach Böhmen schickte, um einen möglichen Einfall in dieses Land abzuwehren. Er selbst stand den Schweden, die von Thurn kommandiert wurden, bei Steinau gegenüber und versuchte nun einen Angriff, der von dem vollständigsten Erfolge gekrönt wurde (am 11. Oktober 1633). Die Nachricht von diesem Siege langte in der Nacht in Wien an und wurde dem Kaiser unmittelbar hinterbracht. In der Freude über denselben, weil dadurch seine Zweifel an Waldsteins Treue beschwichtigt wurden, eilte er zu Eggenberg, der in der Burg wohnte und pochte an der Tür seines

Schlafzimmers an. Als Eggenberg erwachte und die Stimme des Kaisers erkannte, erfasste ihn ein furchtbarer Schrecken, seine Phantasie zauberte ihm das Bild jener heimlichen und plötzlichen Hinrichtungen vor, wie sie die Könige mitunter über ihre Minister verhängten. Die Überzeugung, die er von der persönlichen Herzensgüte des Kaisers hatte, verscheuchte wohl seine Angst und noch mehr tat dies die folgende Erzählung, allein er bezahlte die gutgemeinte Überraschung mit einer Krankheit, die zuletzt mit einem äußerst heftigen Podograanfall endete.

Waldstein verließ nach dem Sieg bei Steinau Schlesien und ging in die Lausitz, wo er Görlitz und Bautzen einnahm, während seine leichten Reiterscharen bis Berlin streiften. Seine Stellung war wieder günstiger als vorher und im Vertrauen auf dieselbe wollte er eine neue Verbindung mit den beiden Kurfürsten anknüpfen, von derselben aber die Schweden ausschließen. Für den Fall, dass das Bündnis mit Sachsen und Brandenburg zustande käme, verlangte er von ihnen das Oberkommando über ihre Truppen; an dieser Bedingung scheiterte (Ende Oktober) die Einigung abermals, zu der sonst die beiden Kurfürsten gerne bereit gewesen wären. Dass Waldstein später nochmals mit Kursachsen anknüpfte, dazu trug ebenso sehr sein Ehrgeiz, wie das allmählich zu einem Bruch sich steigernde Zerwürfnis mit dem Kaiser bei.

Im Süden Deutschlands hatten sich indessen die Dinge so entwickelt, dass Aldringen und die bayerischen Truppen sich dem aus Italien heranrückenden Feria anschlossen und nach Schwaben zogen, wo ihnen Horn und Bernhard von Weimar entgegentraten. Beide Heere beobachteten einander durch einige Tage, darauf brachen Aldringen und Feria auf, setzten über den Rhein und befreiten Breisach von einer mehrmonatlichen Belagerung. Die schwedische Armee trennte sich jetzt, der eine Teil unter Horns Kommando zog den Feinden nach und ging an den Oberrhein, der andere unter Bernhard von Weimar zog aber längs der Donau abwärts, um durch die Bedrohung von Böhmen oder von Österreich den Herzog von Friedland zum Rückzug aus der Lausitz zu nötigen. Als Maximilian von der veränderten Marschrichtung Bernhards Kunde bekam, war er um München besorgt, da er dem Herzog nur den Obersten Werth mit einer unbedeutenden Truppenmacht entgegenstellen konnte, er erschöpfte sich deshalb in Bitten an den Kaiser, er möge doch Waldstein befehlen, mit Gallas gegen die Oberpfalz vorzurücken, um so den weiteren Fortschritten Bernhards ein Ende zu machen.

Der Kaiser war bereit, die entsprechenden Bitten und Befehle an Waldstein zu richten, umso mehr, als er später erfuhr, dass Bernhard gegen Regensburg ziehe, diese Stadt bedränge und nach der allfälligen Einnahme leichten Zutritt nach Oberösterreich gewinnen könne. Alle Bitten des Kaisers beantwortete Waldstein damit, dass er den Bewegungen Bernhards keine Bedeutung zumesse, dass sie nur darauf berechnet seien, ihn zum Abzug aus der Lausitz zu veranlassen und dass er es deshalb für nötig erachte, sich mit Gallas bei Leitmeritz zu verbinden, um dem voraussichtlichen Angriffe auf Böhmen zu begegnen. Trotz alledem wollte er jedoch den Obersten Strozzi mit zwanzig Reiterkompanien nach der Donau abschicken (9. November 1633). Noch war dieser ablehnende Brief in Wien nicht eingetroffen, als der Kaiser den direkten Befehl an Gallas ergehen ließ, alles bei Eger stationierte Volk, ohne einen weitern Befehl von Waldstein abzuwarten, gegen die Donau zu schicken und dem Befehle Maximilians unterzuordnen. Zum zweiten Mal erlaubte sich der Kaiser den Bruch der mit Waldstein abgeschlossenen Kapitulation und diesmal in entscheidender Weise. Gleichzeitig ersuchte Maximilian den Herzog von Feria; er möge ihm entweder Aldringen zurückschicken oder etwa 3000 Reiter zusenden.

Während dieser verschiedenen Befehle war Bernhard von Weimar mit gewohnter Energie auf sein Ziel losgegangen, hatte sich Regensburg genähert und diese Stadt nach einer Belagerung von wenigen Tagen am 15. November zur Kapitulation genötigt. Er benützte diesen Erfolg, um der Geistlichkeit daselbst eine Kontribution von 100.000 Talern aufzuerlegen und seine Plünderungszüge nach Bayern, das wehrlos vor ihm lag, auszudehnen. Als Waldstein den Fall von Regensburg erfuhr, sah er ein, dass seine bisherigen Ausflüchte ihm nichts mehr nützen würden; wenn er nicht die Maske ablegen wollte, so musste er etwas gegen Bernhard unternehmen. Er schrieb deshalb dem geängstigten Kaiser, dass er mit seinem Heere aus Böhmen nach der Oberpfalz ziehen werde, um dem Herzog von Weimar jede weitere Unternehmung unmöglich zu machen, nur verlangte er, dass Aldringen, der im Elsass weilte, von dort abberufen werde, um sich mit ihm zu verbinden. Maximilian, der ursprünglich selbst gewünscht hatte, Aldringen zurückzurufen, war aber jetzt dagegen, denn wenn Waldstein heranzog, war er dem Herzog von Weimar mehr als gewachsen und Aldringen hatte im Verein mit Feria genug zu tun, um Horn in Schach zu halten. Da Waldstein jedoch nur bis Cham vorrückte und dann wieder (anfangs Dezember 1633) nach Böhmen zurückging, so löste sich der Plan einer Vereinigung mit Aldringen von selbst.

IV

Die auffallende Tatsache, dass der begonnene Zug gegen Regensburg wieder rückgängig gemacht und die von Bernhard in der Nähe von Cham angebotene Schlacht von Waldstein nicht angenommen wurde, konnte der Letztere zum Teil damit entschuldigen, dass er sein Augenmerk auch auf Arnim richten und ihm den Einfall nach Böhmen verwehren müsse. Es häuften sich aber mancherlei Umstände und Verdachtsgründe, aus denen ersichtlich war, dass Waldstein die Protestanten um keinen Preis mehr angreifen und die Verbindung mit ihnen zum Abschluss bringen wollte. Den ersten Grund zum Verdacht bot der Umstand, dass er die Winterquartiere in Böhmen aufzuschlagen beschloss, statt nach der Oberpfalz, Franken oder Sachsen vorzurücken und auf Kosten des Feindes zu leben; den zweiten, dass er an Aldringen, als dieser zu Ende November den Elsass wegen Mangels an Lebensmitteln verließ, den strengen Befehl richtete, seine Winterquartiere nicht nach Württemberg zu verlegen und ihn dadurch nötigte, nach Bayern zu ziehen, das zum unendlichen Jammer des Kurfürsten für die Ernährung seiner Truppen aufkommen musste; den dritten endlich der, dass er dem Obersten Suys, der mit vier Regimentern zu Fuß und einigen Reiterkompanien untätig in Oberösterreich stand und auf dessen Hilfe Maximilian hoffte, um die Streifzüge der Regensburger Besatzung zu hindern, verbot, seine Station zu verlassen und dieses Verbot trotz des kaiserlichen Gegenbefehls aufrechtzuhalten suchte. Mussten diese Maßnahmen, die alle den kaiserlichen Interessen zuwiderliefen und trotz wiederholter Mahnungen und Gegenbefehle erfolgt waren, nicht bloß den Unwillen, sondern auch den Verdacht des Kaisers reizen, so mussten sich diese Gefühle noch steigern, als wiederholte Anzeigen von den verräterischen Verbindungen des Feldherrn in Wien einliefen. Dieselben kamen von Brüssel und von Turin, wo man Waldstein gefährlicher Verhandlungen mit Frankreich anschuldigte, und von Gallas, der schon im Monat Oktober gegen den spanischen Agenten Navarro Zweifel an der Treue Waldsteins ausgesprochen hatte, welche Anschuldigung wahrscheinlich erst später zu den Ohren des Kaisers kam.

21

Der Kurfürst von Bayern hatte, als er die Nachricht von dem Rück-zuge Waldsteins von Cham nach Böhmen erhielt, wie gewöhnlich Klage beim Kaiser erhoben, aber die Treue Waldsteins nicht verdächtigt. Sein Rat Richel, den er deshalb nach Wien schickte und der am 12. Dezember 1633 daselbst anlangte, wurde sogleich von Ferdinand empfangen und merkte bald aus der Sprache, die er von diesem und später von dem Fürs-ten von Eggenberg zu hören bekam, dass die Zeit des geduldigen Zuwar-tens vorüber sei. Er erfuhr von Eggenberg, dass der Kaiser Waldstein durch den Grafen Trauttmansdorff aufgefordert habe, Böhmen augen-blicklich zu verlassen und die Winterquartiere auf feindlichem Gebiet aufzuschlagen; werde Waldstein diesem Befehle nicht Folge leisten, so „werde Seine Majestät sich alsdann resolvieren und also bezeugen, dass männiglich sehen soll, dass Ihro Majestät Herr und der Herzog ein Die-ner sei." Der Kaiser werde um seinetwillen sich nicht zugrunde richten lassen und ebenso wolle er (Eggenberg) die Freundschaft, durch die er bis jetzt mit ihm verbunden war, fahren lassen, denn es heiße: „amicus Plato, amicuns Socrates, amicior antem religio et patria. Die Resolution Waldsteins, dass er sich im Angesicht des Feindes (bei Cham) zurück-gezogen, könne kein Mensch gutheißen." Noch hatte Maximilian keine Kenntnis von dieser Entschlossenheit des Wiener Hofes, die man nach den mitgeteilten Worten als auf die Absetzung Waldsteins gerichtet erklären muss, als er selbständig mit diesem Antrag hervortrat und die Instruktion Richels in dieser Richtung vervollständigte, indem er ihm auftrug, dieses Begehren direkt an den Kaiser zu richten. Als Richel mit diesem Antrag bei Ferdinand erschien, wies ihn derselbe an Eggenberg, der ihm abermals die besten Zusicherungen gab. Graf Schlick, den Richel auch besuchte, erzählte ihm, dass man im geheimen Rat schon wieder-holt über die Ersetzung Waldsteins durch den König von Ungarn, Ferdi-nand III., verhandelt, aber noch immer keinen festen Entschluss gefasst habe, sondern alles bis zur Rückkehr Trauttmansdorffs und seinen Bericht verschiebe.

Ehe wir in unserer Erzählung fortfahren, wollen wir in wenigen Worten andeuten, welche Stellung die spanische Regierung zu der Waldsteinsfrage nahm und welche Haltung namentlich die spanischen Gesandten in Wien ihr gegenüber beobachteten. Es dürfte unsere Leser überraschen, dass die beiden damals in Wien akkreditierten Gesandten, der Marques von Castañeda und Jacques Bruneau, in ihren Berichten nach Spanien schon im Mai 1633 die Treue Waldsteins verdächtigten, also zu einer Zeit, wo er weder mit Sachsen noch mit Frankreich Verbindungen angeknüpft hatte. In einer Staatsratssitzung, in der diese Angelegenheit zur Sprache kam, trat Olivares energisch für die Unschuld Waldsteins auf und wies alle Verdächtigungen entschieden ab; da er aber die mancherlei Nachrichten doch nicht ganz verwerfen konnte, glaubte er aus ihnen den Schluss ziehen zu dürfen, dass Waldstein zwar kein Verräter, aber ein „Narr" sei (!). Seine Behauptung begründete er damit, dass Waldstein sich in astrologische Träumereien vertiefe, dass er den Abschluss eines Bündnisses zur Vertreibung der Türken ans Konstantinopel für möglich halte und in maßloser Weise seinem Ehrgeiz fröhne. In einer gewissen Beziehung gebe sich jeder Mensch mehr oder weniger närrischen Gedanken hin, man dürfe ihn aber trotzdem nicht als Narren behandeln und verurteilen und so dürfe man auch Waldstein nicht gleich des Verrates beschuldigen. – Die Absicht, den König von Ungarn an der Stelle Waldsteins mit dem Oberkommando zu betrauen, erklärte Olivares für eine verfehlte, die das sichere Verderben der deutschen Habsburger im Gefolge haben würde; Waldstein sei die Säule, auf der die Hoffnung einer Besserung der traurigen Lage, der Sieg der katholischen Kirche und die Erhaltung der habsburgischen Herrschaft in den österreichischen Ländern allein beruhe. Durch seine Entlassung würde man sich des schwärzesten Undankes schuldig machen, denn er allein habe im vorigen Jahre Österreich gerettet. Aus diesen Gründen und weil niemand an seiner Stelle fähig sei, das Oberkommando zu übernehmen, solle der Kaiser gegen seine Fehler ein Auge zudrücken und sie bis auf weiteres dulden, da er doch, wie oben angedeutet wurde, nur ein Narr sei (!). Entsprechend diesem Urteile des Herzog-Grafen Olivares erging an die spanischen Gesandten in Wien die Mahnung, mit Waldstein ein möglichst gutes Einvernehmen zu unterhalten; gleichzeitig wurde beschlossen, ihm monatlich 50.000 Gulden zur Unterstützung seiner Kriegsoperationen zuzuschicken.

Trotz dieser Weisungen und Zugeständnisse lauteten die Berichte Castañeda über Waldstein in der folgenden Zeit nicht günstiger, ja er teilte mit, dass der kaiserliche Beichtvater P. Lamormain (!) ihn ersucht habe, den Kaiser selbst vor Waldstein zu warnen. Dennoch bekam der Gesandte vom König die ausdrückliche Weisung, „um keinen Preis in der Welt sich gegen Waldstein zu erklären," es sei denn, dass der Verrat ganz offen vorliegen würde. Der König schickte den früheren Gesandten am kaiserlichen Hofe, Grafen Oñate, nur zu dem Zwecke nach Wien, um durch ihn diese für Waldstein so rücksichtsvolle Politik vertreten zu lassen und die anderen Gesandten zur Ruhe zu verweisen. In einer an Oñate gerichteten Depesche erteilte er ihm den Auftrag, zu Gunsten Waldsteins auf die von Spanien in Anspruch genommene Niederpfalz zu verzichten, wenn der Kaiser ihn mit derselben entlohnen wolle. Wir bemerken gleich hier, dass Oñate nach seiner Ankunft in Wien sich ganz und gar den Anschauungen Castañedas anschloss, Waldstein für einen Verräter hielt, den Kaiser zu energischen Maßnahmen gegen ihn anfeuerte und schon im Dezember auf eigene Verantwortung die spanischen Subsidien nicht abschickte, sondern sie zurückbehielt.

V

Kehren wir zu unserem Berichte über die Maßnahmen des Wiener Hofes zurück. Nachdem sich die Sendung Trauttmansdorffs als vergeblich erwiesen hatte und Waldstein zur Räumung von Böhmen nicht zu bewegen war, beriet man sich über die weiter vorzunehmenden Schritte. Einige Freunde Waldsteins, deren er noch immer hatte, rieten von seiner Absetzung ab und wollten nur seine Vollmacht eingeschränkt wissen, aber dieser Ratschlag konnte als durchaus unpraktisch nicht angenommen werden. Der Kaiser selbst war entschlossen, ihn abzusetzen, allein er wusste nicht, wie er dies bewerkstelligen sollte und beriet sich wiederholt aber nur mit wenigen seiner Geheimräte, unter denen neben Eggenberg noch Trauttmansdorff und der Bischof von Wien genannt werden. Auch der Graf Oñate und P. Lamormain arbeiteten mit großer Emsigkeit am Sturze Waldsteins und schlugen beide in ihrem persönlichen Verkehre mit dem Kaiser ununterbrochen dieses Thema an. Ein definitiver Beschluss wurde jedoch noch immer nicht gefasst, man hoffte vielleicht, dass Waldstein sich selbst zur Resignation entschließen werde, nachdem ihm die abschätzigen Urteile, die man in Wien über seine Tätigkeit fällte, nicht unbekannt waren und man ihm vertraulich durch den Beichtvater der Gemahlin Ferdinands III., P. Quiroga, nahegelegt hatte, aus seinen Posten zu resignieren. Waldstein lehnte diese Zumutung ab, aber man würde trotzdem die Entscheidung noch immer hinausgeschoben haben, wenn das Pilsener Bündnis nicht zu raschen und energischen Schritten gemahnt hätte.

Waldstein hatte nach seinem Rückzuge von Cham sein Hauptquartier in Pilsen aufgeschlagen und daselbst am 12. Januar alle seine Generale und Obersten zu einem Bankett versammelt, bei dem er im Vertrauen auf ihre Anhänglichkeit und auf die bei ihnen vorausgesetzte Überzeugung, dass sie nur in Verbindung mit ihm zur Bezahlung aller ihrer Forderungen und ihrer im Dienste des Kaisers gemachten Vorschüsse gelangen würden, ihnen eine Schrift zur Unterzeichnung vorlegte, die man als ein Bündnis zwischen ihm und ihnen betrachten kann. Nachdem im Eingange derselben erwähnt wird, dass Waldstein wegen allerhand gegen ihn geübter Machinationen des Dienstes überdrüssig sei und abdanken wolle, aber diesen Gedanken auf die Bitten einer an ihn abgeschickten Deputation, bestehend aus einem Feldmarschall und vier Obersten, aufgegeben und das Versprechen erteilt habe, nicht ohne Vorwissen und Zustimmung der obersten Offiziere sein Amt niederzulegen und nachdem noch weiter bemerkt wird, dass diese ihn deshalb um sein Verbleiben im Oberkommando ersucht hatten, weil die Obersten nur dann eine Belohnung ihrer bisherigen Dienste zu erlangen hofften, gaben am Schluss die unterzeichneten Generale und Obersten das Versprechen ab, treu zu ihm zu halten, sich auf keine Weise von ihm zu trennen und jeden, der sich von diesem Bündnis absondern wollte, als einen treulosen Mann zu verfolgen und an seinem Leben und Gut Rache zu üben. Wenn man dieser Erklärung die mildeste Deutung gab, so bedeutete sie so viel, dass die Obersten dem Kaiser das Recht verwehrten, seinen Feldherrn abzusetzen, so lange ihre Forderungen nicht vollständig beglichen waren. Die Rebellion gegen das oberste Recht des Kaisers war damit ausgesprochen.

Die Nachricht von diesem Bündnisse gelangte ungefähr am 20. Januar nach Wien und machte nun allem Zögern ein Ende. Am 24. unterzeichnete Ferdinand ein Patent, durch welches Waldstein für abgesetzt erklärt und das ganze Heer zum Gehorsam gegen den Grafen Gallas verpflichtet wurde, der vorläufig die Stelle eines Obergenerals einnehmen sollte. Fürst Eggenberg teilte diesen wichtigen Beschluss einige Tage später einer hochangesehenen Vertrauensperson mit und bemerkte dabei, dass ein ähnlicher Absetzungsbefehl gegen Waldstein schon e i n i g e W o c h e n   v o r h e r (!) verfasst worden sei und dass es jetzt auf die Personen ankomme, die mit der Exekution betraut worden seien, wie sie

25

dem Befehle nachkommen würden. „Der Kaiser habe nicht vorgeschrieben, wann und wie der Befehl exequiert werden solle, dieses müssen die Exekutoren ex re nata schließen und sich darnach richten, ob es ohne Erweckung größerer Gefahr gewaltsam oder im andern Weg sicherer könne exequiert werden. Ihrer Majestät erwarten selbst des Erfolges mit höchstem Verlangen und könnten jetzt von etlich Tagen her vor lauter Sorge schier keinen Schlaf mehr haben, sintemal sich die Exekution so lange verweile." Aus diesen Worten ergibt sich, dass die vertrauten Obersten und Generale die Weisung von Wien erhalten hatten, zu tun, was sie nach den Umständen für passend hielten, Waldsteins Leben also nicht zu schonen, wenn der Kaiser nicht anders gegen seine Anschläge gesichert werden könnte. Wir bemerken, dass das Patent vom 24. Januar fast einen Monat später veröffentlicht wurde, es wurde also zuerst nur jenen Obersten mitgeteilt, deren Treue man sicher zu sein glaubte. Dass dieses Patent geheim gehalten werden sollte, ergibt sich daraus, dass der Kaiser noch bis zum 13. Februar mit Waldstein in herkömmlicher Weise korrespondierte, was er doch nicht hätte tun können, wenn er ihn öffentlich als Verräter gebrandmarkt hätte. Mit dem 13. Februar hörten aber alle Beziehungen zwischen dem Kaiser und seinem Feldherrn auf. Fünf Tage später unterzeichnete der Kaiser ein zweites, unmittelbar publiziertes Patent, welches Waldstein, Illo und Trčka des Hochverrates beschuldigte und die Armee zum Gehorsam gegen Gallas, Aldringen, Marradas, Piccolomini und einige andere namentlich benannten Generale anwies. Von diesem Tage an wurde in Wien von den Kanzeln gegen Waldstein gepredigt und er als Tyrann und Verräter bezeichnet. Da man sich von der Anhänglichkeit der größern Hälfte der Obersten überzeugt hatte, so hoffte man am kaiserlichen Hofe, dass es dem Gallas gelingen werde, Waldstein in Pilsen einzuschließen und gefangen zu nehmen.

In welcher Weise sorgte Waldstein mittlerweile für seine Angelegenheiten, tat er auf der abschüssigen Bahn keinen Schritt vorwärts? Die Vermutung, dass er in den Verhandlungen mit den Feinden des Kaisers um diese Zeit einen Stillstand habe eintreten lassen, wird schon durch das Pilsener Bankett widerlegt, in der Weise, wie er es tat, konnte er dem Kaiser nicht den Fehdehandschuh hinwerfen, wenn er nicht die Verhandlungen mit Sachsen, Schweden und Frankreich zum Abschluss hätte bringen wollen. In der Tat ließ er zu Anfang des Jahres 1634 an den Grafen Kinsky Mitteilungen gelangen, infolge welcher der Letztere den Kurfürsten von

Sachsen um eine geheime Unterredung ersuchen ließ, über deren Inhalt leider keine Nachrichten vorliegen. Dass dieselbe aber den entschiedenen Bruch mit dem Kaiser ins Auge fasste, ergibt sich aus einem gleichzeitigen Schreiben des mit den Plänen Waldsteins wohlbekannten Grafen Adam Trčka, worin er mitteilt, dass der Herzog von Friedland nicht nur mit „den beiden Kurfürsten von Sachsen und Brandenburg, sondern auch mit Schweden und Frankreich sich veraccordieren wolle. Des französischen Volkes werden wir wohl nicht von nöten haben, wohl aber seines Geldes. Der Herr (Kinsky) eile ehest anhero zu kommen, damit man die Zeit nicht verabsäume, denn wir sind im Werk unser Volk innerhalb 14 Tagen zusammenzuführen und feind nunmehr resolviret, die Mascara ganz abzulegen und mit Gottes Hilfe dem Werk mit Grund einen Anfang zu machen. Es wäre am zuträglichsten und sichersten, dass Herr von Arnheim (Arnim) selb anhero komme, da es aber ein Bedenken, so komme Herzog Franz Albrecht (von Lauenburg) und der Herr (Kinsky), da soll es mit wenigen geschlossen sein. Wofern dies neglegiret, wird sich in Eiwigkeit dergleichen Occasion nicht präsentieren." Am 5. Januar richtete Trčka den Brief an Kinsky, am 12. fand das Pilsener Bankett statt. Wir sehen, dass Waldstein seine auswärtigen Verhandlungen nicht vernachlässigte, während er, soweit es ihm möglich war, sich des Heeres versicherte.

Der Kurfürst von Sachsen sandte am 13. Januar den Herzog von Lauenburg zu Waldstein, um dessen weitere Mitteilungen entgegenzunehmen. Ehe der Herzog seinen Auftrag noch ausführte, kam der Oberst Schlief nach Dresden und war der Überbringer so wichtiger Nachrichten, dass der Kurfürst sie nicht der Feder anzuvertrauen wagte, sondern Arnim zu sich berief, um sich mit ihm mündlich darüber zu beraten. In einer Konferenz, an der neben dem Kurfürsten noch die Räte Miltitz und Timäus Anteil nahmen, berichtete der Oberst, dass er mit Waldstein eine persönliche Unterredung gehabt habe und dass dieser entschlossen sei, den Frieden im Reiche auf der Grundlage herzustellen, dass Schweden und Frankreich entschädigt, die Kinder des Pfalzgrafen restituiert und der Herzog von Weimar einen Teil des Elsasses oder Bayerns erhalten würde, während der Herzog von Bayern aus seinem ganzen Besitz vertrieben werden sollte. Sachsen sollte die Stifter Magdeburg und Halberstadt und die Lausitz bekommen, von dem Gewinnanteil, den sich Waldstein selbst reservierte, war keine Rede. Zugleich berichtete Schlief, Waldstein wünsche, dass Arnim zu ihm komme und außerdem wolle er sich noch persönlich mit dem Kurfürsten besprechen. Auf diese Mitteilungen hin gab Johann Georg die Erlaubnis zur Reise Arnims nach Pilsen, schickte ihn aber früher zum Kurfürsten von Brandenburg, weil er nur mit dessen Zustimmung die Verhandlungen mit Waldstein abschließen wollte.

Dadurch verzögerte sich die Reise Arnims nach Pilsen, denn statt am 9. Februar daselbst einzutreffen, wie Waldstein dies erwartete, kam er erst am 13. Februar von Berlin nach Dresden zurück und brachte dort noch einige Tage mit der Berichterstattung zu. Waldstein war über diese Verzögerung erzürnt und gab seiner Ungeduld gegen den gerade bei ihm weilenden Herzog Franz Albrecht lauten Ausdruck und dieser wunderte sich selbst nicht wenig, dass man in Dresden noch immer mit dem Abschluss der Allianz zögere. „Ich bitte um Gottes willen", so schloss er seinen Brief an Arnim, „Sie (Arnim) kommen bald, es ist keine Minute zu warten, es ist ja alles fix und hoffe nicht, dass möglich sein sollte, dass es könnte umgestoßen werden, es müßte denn Gott wollen." Gleichzeitig schrieb der Herzog, Waldstein habe zum zweiten Male die sämtlichen Obersten seines Heeres nach Pilsen beschieden, um sich ihrer mehr als früher „zu versichern". Schlief, der wieder nach Pilsen gereist war, berichtete über den Zweck der Zusammenberufung der Obersten in noch eingehenderer Weise; „der Herzog von Friedland will sich ihrer noch mehr versichern und einen festen unauflöslichen Bund mit ihnen machen, der weder vom Kaiser noch von Spanien wird können getrennt werden." Unzweifelhaft ist es Waldsteins Absicht gewesen, die Obersten enger an sich zu ketten; trotzdem lässt der zweite Pilsener Schluss, der am 20. Februar unterzeichnet wurde, keine so feindselige Erklärung zu, wie der vom 12. Januar. Denn wenn sich die Obersten in diesem zweiten Schluss auch verpflichten, treu bei Waldstein auszuharren und jedem seiner Befehle nachzukommen, so versichern sie dabei im Verein mit ihm, es an der schuldigen Treue gegen den Kaiser nicht fehlen lassen zu wollen.

Bis zum zweiten Pilsener Schluss scheint Waldstein gewiss gewesen zu sein, dass die Armee bei ihm ausharren werde und nur bezüglich einiger hohen Offiziere wie Aldringen, Gallas, Piccolomini und Diodati scheint ihn ein leiser Zweifel beschlichen und er auch den Abfall einiger Regimenter in Rechnung gezogen zu haben. Des größeren Teils der Armee glaubte er aber schon deshalb sicher zu sein, weil ihm alle höheren Offiziere Rang und Würde und die meisten ihr Vermögen dankten. Auf die

Dankbarkeit der Untergebenen setzte er also seine Rechnung, bedachte aber nicht, dass er durch seine eigene Undankbarkeit gegen einen Herrn, der ihn mit Ehren und Reichtum überschüttet und nie einen seiner mehr oder weniger berechtigten Wünsche durchkreuzt hatte, seine Untergebenen von ihrer Verpflichtung entband. Er war entschlossen, seine Truppen bei Prag zu konzentrieren, dann den Umständen entsprechend zu handeln und namentlich die Abtrünnigen anzugreifen. Umso schwerer ertrug er aber den Umstand, dass Arnim noch immer mit seiner Ankunft zögerte und dass er sich mit den Vertröstungen des Lauenburgers begnügen musste. Tatsächlich war der Kurfürst von Sachsen erst am 18. Februar über die Instruktion schlüssig geworden, die er seinem General für die Verhandlungen mitgeben wollte und in der er ihn mit sichtlichem Widerwillen bevollmächtigte, mit Waldstein über den Frieden zu verhandeln, wenn auch die Bedingungen desselben dem Kaiser nicht genehm sein würden und man sie von dem Letzteren erzwingen müsste. Da Arnim auch nach erteilter Instruktion noch einige Tage in Dresden verweilte, so ereilte ihn, kurz nachdem er die Reise angetreten hatte, die Nachricht von der Ermordung des Generalissimus und so kam er nicht mehr dazu, sich mit ihm endgültig zu einigen.

Während der Zeit, wo er in Pilsen stündlich auf die Ankunft Arnims wartete, bemächtigte sich Waldsteins mehr und mehr ein Gefühl der Unsicherheit und bedrängt von diesem, veranlasste er den Herzog von Lauenburg, zu Bernhard von Weimar zu eilen und diesen zu ersuchen, dass er einige tausend Mann für ihn bereit halten möchte, wenn er sich gegen den Kaiser erklärt haben würde. Am 21. Februar erhielt er endlich die Nachricht, dass der Kaiser seinerseits mit ihm gebrochen habe und dass sich ihm einige Generale, darunter Gallas und Piccolomini, angeschlossen und den Truppen den Befehl erteilt hätten, dem Friedländer keinen Gehorsam mehr zu leisten. Jetzt entschloss er sich, nach Eger aufzubrechen, um dem Herzog Bernhard näher zu sein und ersuchte gleichzeitig den Letzteren, mit seiner Kavallerie nach Eger zu rücken und ihm da die hilfreiche Hand zu bieten; auch Arnim ließ er von seiner Abreise verständigen und schloss daran die Bitte, er möchte sich so rasch als möglich nach Eger begeben Er selbst trat seinen Marsch nach dieser Stadt am 23. Februar, begleitet von 10 Reiterkompanien und 300 Musketieren, an. In den letzten 24 Stunden hatte er die Überzeugung gewonnen, dass ein großer Teil der Armee ihn preisgegeben habe, er beschleunigte deshalb seinen Abzug aus Pilsen, der mehr einer Flucht als einem geregelten Marsch ähnlich sah.

Bevor wir uns an die Schilderung der Katastrophe in Eger begeben, wollen wir noch andeuten, welches Resultat die durch Kinsky angebahnten Verhandlungen mit Frankreich hatten. Sowohl der König Ludwig wie Richelieu hatten volles Zutrauen in die Glaubwürdigkeit der Kinskyschen Äußerungen über die Absichten Waldsteins und dieses Zutrauen musste noch wachsen, als sie von dem Inhalte der zwischen Arnim und Waldstein im Juni und August 1633 eingeleiteten Verhandlungen in Kenntnis gesetzt wurden. Infolge dieser Mitteilungen und da sie zum raschen Abschluss eines Vertrages mit Waldstein gedrängt wurden, entschloss sich der König am 1. Februar, dem Marquis von Feuquières eine eingehende Instruktion in dieser Angelegenheit zu erteilen. Für den Fall, als Waldstein mit dem Kaiser brechen würde, sollte er ihm für die weitere Fortsetzung des Krieges Subsidien im jährlichen Betrag von einer Million Livres und den Beistand des Königs für die Erwerbung der Krone Böhmen versprechen. Als Feuquières dieser Instruktion nachkommen wollte und den Herrn de la Boderie nach Böhmen schickte, um mit Waldstein den Vertrag auf dieser Grundlage abzuschließen, war derselbe bereits tot.

Die Reise nach Eger legte Waldstein in der oben angedeuteten Begleitung von ungefähr 1000 Mann, zu denen auf dem Wege der Oberst Buttler mit etwa 200 Dragonern stieß, und in Gesellschaft Illos, der Grafen Trčka und Kinsky und der Frauen der beiden Letzteren in zwei Tagen zurück. Bei seinem Einzug in diese Stadt war er in sehr übler Stimmung, denn er litt seit Monaten am Podagra, die Schmerzen quälten ihn in kurz aufeinander folgenden Zwischenräumen und verleideten ihm jede Tätigkeit. In diesem Umstande ist auch der Grund zu suchen, weshalb er mit seinen Plänen mehr Zeit vertrödelte als zulässig war, denn zu rascher und entscheidender Tat gehört auch körperliches Wohlbefinden. — In Eger führte der Oberst Gordon das Kommando; er hielt zum Kaiser und hätte sich dem Einzuge Waldsteins widersetzt, wenn diesem nicht das Gerücht vorausgegangen wäre, dass der Generalissimus mit weit mehr Truppen heranrücke, als wirklich der Fall war, weshalb Gordon einen Widerstand für aussichtslos hielt. Am Abend nach seiner Ankunft schickte Waldstein den Sohn seines Kanzlers an den Markgrafen von Kulmbach und ersuchte ihn um eine persönliche Zusammenkunft, in der er sich mit ihm über den Anschluss an die Gegner des Kaisers bera-

30

ten wollte. Da weder Gordon noch Buttler zu den Personen gehörten, auf die sich Waldstein mit Gewissheit verlassen konnte, so beriefen Illo und Trĕka die beiden Offiziere wahrscheinlich in seinem Auftrage vor sich und verlangten von ihnen einen Eid, dass sie demselben anhänglich sein und von niemandem, selbst nicht vom Kaiser, eine Gegenorder annehmen würden. Ob die beiden Obersten sich weigerten, das verlangte eidliche Versprechen zu geben, wie dies in einer gleichzeitigen Flugschrift behauptet wird, wollen wir nicht weiter untersuchen, jedenfalls schieden Illo und Trĕka ohne Misstrauen von ihnen und luden sich für den Abend zu Gast bei Gordon ein, der auf der Burg sein Quartier hatte. Den Tag über hielten Buttler und Gordon, die sich mittlerweile als Gesinnungsgenossen erkannt hatten, mit einigen ihnen untergeordneten Offizieren des Trĕkaschen Regiments eingehende Beratungen, in denen die Ermordung Waldsteins und seiner nächsten Anhänger beschlossen wurde, nachdem man die bloße Gefangennahme als unsicher und nicht zum Ziele führend verworfen hatte.

Am Abend fanden sich Illo, Trĕka, Kinsky und der Rittmeister Neumann in der Burg zu Gast ein und wurden da von Gordon, Buttler und Leslie empfangen, die mittlerweile dafür gesorgt hatten, dass die Eingänge in die Burg von verlässlichen Soldaten bewacht wurden, die im entscheidenden Augenblicke noch eine Anzahl Dragoner, durchwegs Irländer, einließen. Als das Abendessen fast vorüber war, drangen die Letzteren plötzlich in den Speisesaal, fielen über die Gäste her und töteten sie nach kurzer, von allen versuchter Gegenwehr. Nach vollbrachter Tat eilte Buttler in Begleitung des Kapitäns Devereaux und einer Anzahl Soldaten in das Haus des ehemaligen Bürgermeisters Bachhälbel, wo Waldstein sein Quartier aufgeschlagen hatte, verwundeten in ihrer Wut den herzoglichen Mundschenk, der eben aus dem Gemach heraustrat, wo sich der Herzog aufhielt, drangen in das Zimmer ein und fanden da den gefürchteten Mann im bloßen Hemde am Tische gelehnt stehend. Entsetzt über das Geschrei der Hereindringenden, die „Rebellen, Rebellen" riefen, wollte Waldstein sich an das Fenster flüchten, wurde aber auf dem Wege dahin von dem Kapitän erstochen. Sein Leichnam wurde darauf in ein Tuch gewickelt und in die Burg zu den übrigen Ermordeten gebracht. Am Morgen wurde die Tat in Eger bekannt gemacht und von sämtlichen anwesenden Offizieren der Eid für den Kaiser verlangt. Keiner weigerte sich, denselben zu leisten.

So war eine Tat geschehen, welche den denkbar größten Nutzen für den Kaiser im Gefolge hatte. Mit diesem einen Schlag wurde er Herr seines Heeres, denn nur der Graf Schafgotsch versuchte noch an der Spitze seiner Truppen eine Erhebung, wurde aber bei diesem Versuche von Colloredo gefangen genommen und unschädlich gemacht. Das Heer war jetzt ein kaiserliches und blieb es in allen folgenden Zeiten. Dabei entledigte sich Ferdinand zugleich der Zahlungspflicht an seinen ehemaligen Feldherrn, dessen Rechnung zu begleichen ihm nach einem allfälligen Friedensschlusse kaum möglich geworden wäre. Wenn man sich darüber wundern wollte, dass die Armee, die man an das Los des Friedländers gekettet glaubte, so plötzlich und so vollständig sich von demselben losmachte, so dürfte die Verwunderung bald ein Ende nehmen, wenn man erfährt, dass fast alle Obersten und Generale durch das Versprechen großartigen Lohnes gewonnen und auf die Waldsteinschen Güter gewiesen wurden, die man konfiszieren und samt und sonders ihnen überlassen wollte. Eine derartige Beute befriedigte nicht nur ihre Soldansprüche, sondern stellte ihnen noch eine glänzende Bereicherung in Aussicht; was Wunder, wenn die Betreffenden zwischen die Wahl gestellt, ob sie den Kaiser oder Waldstein verraten wollten, den Letzteren preisgaben, da sie dies mit mehr Sicherheit und geringeren Gewissensskrupeln tun konnten. Waldstein fiel einer gegen ihn organisierten Gegenverschwörung zum Opfer. Er war ein Mann von großen Herrschergaben, dessen Tätigkeit die tiefsten Spuren zurückgelassen hätte, wenn er vom Geschick begünstigt worden wäre und eine umfassende Herrschaft erlangt hätte, weil zu jener Zeit die Völker noch aus weicherem Ton waren, der sich in beliebige Formen kneten ließ.

Das Egerer Ereignis verursachte außerordentliches Aufsehen, der Gewinn, den der Kaiser davontrug, war bald aller Welt klar. Trotzdem beschuldigte ihn keiner der feindlichen Staatsmänner, dass er sich einer Freveltat schuldig gemacht und dass sein Feldherr keinen Verrat gegen ihn gesponnen habe. Da die von kaiserlicher Seite später veröffentlichten Beschuldigungen nicht bestritten wurden und Khevenhiller in seinem großen Werke, den Ferdinandeischen Annalen, als genau informierter Zeitgenosse sich auch für die Schuld Waldsteins ausspricht, ebenso der im schwedischen Solde stehende, gleichzeitige Historiker Chemnitz keinen Zweifel darüber andeutet und endlich auch die zwischen Feuquières und Kinsky geführten Verhandlungen durch die Veröffentlichung der

Berichte des französischen Gesandten bekannt wurden, so lautete auch das Urteil der spätern Historiker verdammend für Waldstein, wenngleich mitunter einigem Zweifel Raum gegönnt wurde. In neuester Zeit ist die Frage wieder lebhaft erörtert worden und wir haben in der Einleitung zu diesem Werke angedeutet, welche Erklärungen versucht worden sind. Wir haben in unserer Schilderung der Überzeugung von der Schuld Waldsteins durch die Anführung der gegen ihn sprechenden Tatsachen Ausdruck gegeben.

Zweites Kapitel

Die Schlacht bei Nördlingen und der Prager Friede.

I.   Der Frankfurter Konvent und das Bündnis der sechs Kreise.

II.   Die Schlacht bei Nördlingen und ihre Folgen.

III. Die Verhandlungen Frankreichs mit den Generalstaaten, mit dem Herzog von Lothringen, mit den vier oberen Kreisen und mit Schweden.

IV. Die Friedensverhandlungen in Leitmeritz und Pirna.

V.   Die Verhandlungen über die Annahme des Friedensentwurfes.

VI. Abschluss des Friedens in Prag und Inhalt desselben.

VII. Die Verhandlungen über die Annahme des Prager Friedens namentlich mit Schweden.

I

Die nächste Folge von Waldsteins Ermordung war die, dass der kaiserliche Hof die Hoffnung auf das Gedeihen von Verhandlungen aufgab und Anstrengungen machte, um mit der durch abermaligen spanischen Zuzug aus Italien verstärkten Armee den Krieg energisch aufzunehmen. Da gleichzeitig auch Schweden und Frankreich die deutschen Stände enger als bisher an sich zu ketten suchten, so verdunkelte sich dadurch die Aussicht auf Frieden noch mehr. Alles kam darauf an, auf welche Seite sich der Kurfürst von Sachsen stellen werde, sein Anschluss konnte die Waagschale auf die eine oder andere Seite sinken machen und deshalb bemühte sich Oxenstierna und wie wir sehen werden auch der Kaiser, ihn für ihre Partei zu gewinnen.

Der schwedische Reichskanzler hatte zu Anfang des Jahres die Stände der verbündeten Kreise in Einzelkonventen versammelt und darauf eine gemeinsame Versammlung nach Frankfurt am Main auf den 11. März einberufen, an der sich alle sechs Kreise, die vier oberen (der schwäbische, fränkische, oberrheinische und westfälische) und die beiden sächsischen beteiligen sollten. Die Geladenen waren erbötig zu erscheinen, namentlich wollte Brandenburg den Abschluss eines Bündnisses zwischen den oberen und den sächsischen Kreisen, mit dem man im vorigen Jahre nicht zu Ende gekommen war, auf der Versammlung betreiben, vorausgesetzt, dass Schweden keine Ansprüche auf Pommern erheben, sondern sich mit einer anderen „Realrekompens", allenfalls mit dem Stifte Bremen oder mit Teilen von Magdeburg oder Mainz begnügen würde. Um den Kurfürsten von Sachsen zur Beschickung zu veranlassen, fand sich eine Deputation des niedersächsischen Kreises bei ihm ein und ersuchte ihn, sich nicht nur dem Konvente anzuschließen, sondern auch dem Kanzler Oxenstierna die Direktion der gemeinsamen Angelegenheiten zu überlassen. Ihr Gesuch scheiterte auch diesmal, der Kurfürst fand es mit seiner Überzeugung umso weniger vereinbar, dass ein Fremder eine derartige Stellung im Reiche einnehme, als er sie selbst für sich in Anspruch nahm, er wollte nur Gesandte zu dem Konvente schicken, die an den Verhandlungen nicht als Mitglieder teilnehmen, sondern nur Anträge stellen und Gegenerklärungen entgegennehmen sollten, kurz er wollte wie ein auswärtiger Potentat verhandeln. Tatsächlich wurde der Konvent von den Ständen aller sechs Kreise, von Kursachsen aber mit der angedeuteten Beschränkung beschickt. Auch aus Schlesien fand sich eine Deputation ein und endlich waren auch die böhmischen Exulanten vertreten, um die Wiederherstellung der alten Verhältnisse in Böhmen anzubahnen.

Der Konvent wurde am 7. April (1634) von Oxenstierna im altberühmten Römer feierlich eröffnet und ihm die Gegenstände der künftigen Beratung vorgelegt. Dieselben betrafen die Art und Weise, wie man die Mittel zur weiteren Kriegführung aufbringen, unter welchen Bedingungen man sich in Friedensverhandlungen einlassen, wie man den König von Frankreich zufriedenstellen und ob man ihm Philippsburg überlassen solle, um sich seine weitere Allianz zu sichern; endlich wie man Schweden für die geleisteten Dienste belohnen solle.

Die Verhandlungen über diese Vorschläge begannen in der herkömmlichen, schleppenden Weise und wurden dadurch noch mehr verzögert, dass einzelne der Anwesenden ihre Privatanliegen vorbrachten und deren Gewährung zu sichern suchten. Da überdies einige der gewichtigsten Mitglieder des Konvents von der Befriedigung der territorialen Ansprüche Frankreichs und Schwedens nichts wissen wollten, so kam man schon um dieses Grundes willen nicht zum Abschluss der Verhandlungen, die eigentlich nur auf den Krieg gerichtet waren. In diese kriegerische Stimmung griffen nun die sächsischen Gesandten durch ihre Vorschläge ein, indem sie verlangten, man solle die Friedensverhandlungen ernstlich in Angriff nehmen und sich durch die bisherigen Kriegserfolge nicht zur leichtsinnigen Beurteilung der allgemeinen Lage verleiten lassen. Als der Konvent oder vielmehr sein Haupt Oxenstierna diese Aufforderung ablehnend beantwortete, erklärte sich der Kurfürst von Sachsen bereit, den Krieg fortzusetzen, verlangte aber durch seine Gesandten, dass ihn die beiden sächsischen Kreise unterstützen und sich der Direktion Schwedens entziehen sollten. Dabei erhob er seine warnende Stimme gegen den Abschluss von Bündnissen mit Fremden, womit er klar genug Schweden und Frankreich bezeichnete. Oxenstiernas Einfluss war mächtig genug, um diesen Angriff abzuwehren, da auch Brandenburg vorläufig auf seiner Seite stand und nichts von einer separaten Stellung der beiden sächsischen Kreise wissen, sondern sie mit den vier oberen Kreisen in ein Bündnis vereinen wollte. Der Gesandte Frankreichs, Feuquières, glaubte den Konvent zur Beschleunigung der Verhandlungen über die vorgelegten Vorschläge ermahnen zu müssen, indem er zugleich ausdrücklich erklärte, dass sein König die Einräumung von Philippsburg verlange, zugleich aber verspreche, dass er diesen wie die anderen von ihm im Erzstift Trier und im Elsass okkupierten Orte nach dem Frieden restituieren werde. Der Konvent wandte sich darauf an Oxenstierna mit der Anfrage, in welcher Weise Schweden für seine Dienste entlohnt zu werden wünsche, welcher Frage später ein Angebot folgte, das in einer Geldentschädigung, in einem steten Bündnisse und in der Abtretung der von Schweden besetzten katholischen Gebiete bestand.

Die Frage und das Angebot beantwortete Oxenstierna (am 8. August), indem er sagte, dass Schweden zwar eine Realentlohnung verlange, aber die okkupierten katholischen Gebiete nicht auf die Dauer zu behalten wünsche, weil sie ihm nicht gelegen seien, es erwarte deshalb, dass die Bundesgenossen sie übernehmen und dafür der Krone Schweden besser gelegene Gebiete zum Tausch anbieten würden. Nun trat eine Spaltung zwischen den oberen und den beiden sächsischen Kreisen ein, die Letzteren erklärten, die Antwort des Reichskanzlers deute offenbar an, dass Schweden den Besitz von Pommern wünsche, welches Land ihm aber nicht überlassen werden könne, weil Kurbrandenburg einen unzweifel-

36

haften Anspruch darauf habe. Da Oxenstierna trotz alles Drängens der brandenburgischen und pommerschen Gesandten auf Pommern nicht verzichten wollte, so erkaltete auch der Eifer des Kurfürsten Georg Wilhelm für das gemeinsame Bündnis der sechs Kreise und er trat jetzt nur noch für eine „Separatkonjunktion" der beiden sächsischen Kreise ein, die in Bezug auf das Heerwesen und die gemeinsame Kasse eine selbständige Stellung einnehmen sollten.

Oxenstierna erreichte also in Frankfurt nicht sein Ziel, weder wollte es ihm gelingen, das Bündnis der sechs Kreise unter Schwedens Direktion, über dessen Kriegsmittel dasselbe unbeschränkt verfügen sollte, zustande zu bringen, noch konnte er erreichen, dass die künftige Entlohnung Schwedens durch die Einräumung von Pommern schon jetzt bestimmt wurde. Die Aufmerksamkeit des Konvents in Frankfurt war mittlerweile durch die von Sachsen mit dem Kaiser in Leitmeritz eingeleiteten Friedensverhandlungen in Anspruch genommen und wenn diese rasch zum Abschluss gekommen wären, so würde sich ein Teil des Konvents den schwedischen Wünschen noch weniger gefügig gezeigt haben. Da fiel aber die Nachricht von der Schlacht von Nördlingen wie ein Donnerschlag in die Versammlung in Frankfurt ein, vor der gemeinsamen Not schwiegen einstweilen die Parteiinteressen; die sächsischen Kreise zeigten sich jetzt bereit, das Bündnis unter Schwedens Direktion zu schließen und Schweden begnügte sich mit allgemeinen Zusicherungen wegen seiner Entlohnung und bestand nicht mehr auf der ausdrücklichen Zusage Pommerns. Auf dieser gegenseitigen Nachgiebigkeit beruhte das Bündnis, über das man sich Mitte September schließlich einigte. Es bestimmte, dass die vier oberen Kreise und die Stände der beiden sächsischen Kreise (insoweit sich Letztere dem Bündnisse anschließen würden, was z.B. bei Kursachsen nicht der Fall war) je einen eigenen Bund schließen, dass diese beiden Verbindungen sich der Krone Schwedens anschließen und dem Reichskanzler die Direktion der gemeinsamen Bundesangelegenheiten unter Beirat eines eigenen „Consilium formatum", dessen Mitglieder von den Reichsständen gewählt werden sollten, übertragen werde. Die gemeinsame Armee sollte auf 80.000 Mann erhöht und dem Bunde eidlich verpflichtet sein.

Es erübrigt uns nur noch zu berichten, welches Resultat Feuquières in Frankfurt erzielte. Es war dem Kardinal Richelieu darum zu tun, feste Plätze dies- und jenseits des Rheins in die Hand zu bekommen, um so die beabsichtigte Vergrößerung Frankreichs später gegen jeden Angriff sichern zu können und zu diesem Ende wünschte er den Besitz von Philippsburg. Feuquières unterhandelte deshalb mit den vier oberen Kreisen und bestimmte sie schon anfangs Juli zur Nachgiebigkeit, doch berichtete er, dass es ihn viel Mühe gekostet habe und dass einzelne Reichsstände sich lieber entfernt als nachgegeben hätten, dass aber der Landgraf von Kassel ihm die besten Dienste zur Besiegung des Widerstandes geleistet habe, wofür er einen Lohn verlange. Der Vertrag über die Abtretung von Philippsburg wurde am 26. August geschlossen. Es ist interessant zu vernehmen, in welcher Weise Frankreich die deutschen Angelegenheiten vor der Schlacht bei Nördlingen geordnet wissen wollte. Schweden sollte Pommern, Oxenstierna das Herzogtum Preußen bekommen und Brandenburg mit Schlesien, der Lausitz und Mähren entschädigt werden. Sachsen sollte Böhmen und Magdeburg, Horn die Stifter Lübeck und Bremen, Bernhard von Weimar Oberösterreich erhalten und dafür der Bischof von Würzburg wieder restituiert werden. Frankreich wollte sich den Besitz von Metz, Toul und Verdun und des Elsasses sichern. Dieser Teilungsplan ging infolge der Schlacht bei Nördlingen in die Brüche, aber nur insofern, als Frankreich späterhin nicht auf die Vergrößerung seiner Bundesgenossen, sondern nur auf die eigene bedacht war.

II

Im März 1634 verfügte der Kaiser mit seinen Bundesgenossen über die ehemalige Waldsteinsche Armee, die teils in Böhmen, teils in Schlesien stand, über die Trümmer der Armee Ferias und Aldringens – wir sagen über die Trümmer, weil dieselbe im Winter infolge furchtbarer Entbehrungen zum großen Teil epidemischen Krankheiten erlag, deren Opfer auch Feria wurde – endlich im Westen von Norddeutschland über die früher von Gronsfeld, jetzt von Wolf von Mansfeld befehligte Armee. Diesen Truppen gegenüber standen in Schlesien die Sachsen, die Brandenburger und die Schweden, die daselbst von Banér kommandiert wurden, in Süddeutschland hielten sich noch immer Bernhard von Weimar und Horn, während am Niederrhein und in Westfalen an 27.000 Mann schwedischer und deutscher Truppen die Waagschale des Glückes zu ihren Gunsten neigten.

Mit dem Oberkommando über seine Truppen hatte der Kaiser nach dem Tode Waldsteins seinen eigenen Sohn betraut und so dessen glühenden Wunsch erfüllt. Den Fehler, der durch die Übertragung eines so wichtigen Amtes an einen unerfahrenen Prinzen begangen wurde, suchte Ferdinand dadurch gutzumachen, dass er demselben den General Gallas zur Seite gab und auf diese Weise dem Letzteren tatsächlich die erste Stelle einräumte. Ein guter Teil der böhmischen Armee, die durch neue Werbungen verstärkt worden war, wurde Ende Mai (1634) bei Pilsen konzentriert und hierher begab sich auch Ferdinand III., der darauf an der Spitze von 30.000 Mann auf Regensburg losrückte, dessen Belagerung und Eroberung das erste Ziel seiner Tätigkeit sein sollte. Bernhard von Weimar hatte die Besatzung der Stadt auf 6000 Mann erhöht und fühlte sich nun sicher, dass ihre Einnahme nicht gelingen werde. Da aber die Belagerung energisch betrieben wurde, verließ ihn diese Sicherheit und er glaubte, sich mit Horn vereinen, die Bekämpfung der bayerischen und spanischen Armee außer Acht lassen und sich Regensburg nähern zu müssen. Die Vereinigung geschah bei Augsburg (am 12. Juli), das vereinigte Heer, das 22.000 Mann zählte, rückte gegen Landshut vor, erstürmte dasselbe, bei welcher Gelegenheit Aldringen, der jetzt über die kaiserlichen und bayerischen Truppen den Oberbefehl führte und den Ferdinand III. der Stadt zur Hilfe geschickt hatte, eine tödliche Wunde erhielt. Das Kommando über die bayerischen Truppen, welche vereint mit den Kaiserlichen weiterkämpften, übertrug Maximilian jetzt einem eigenen General, dem Grafen von Fugger. Als Horn und Bernhard von Weimar am 30. Juli Landshut verließen, erhielten sie die Nachricht von der Kapitulation von Regensburg.

Nach der Einnahme von Regensburg zog die kaiserliche Armee längs der Donau aufwärts und folgte so den vor ihr zurückweichenden feindlichen Heerführern. Da Gallas sich jedoch zu einem entscheidenden Angriff zu schwach fühlte, so wollte er den Zuzug des aus Italien heranziehenden spanischen Kriegsvolkes abwarten, rückte aber noch vor der Vereinigung auf Nördlingen zu, das von einer schwedischen Besatzung gehalten wurde und das er nun auf das Äußerste bedrängte. Die Gefahr für Nördlingen steigerte sich, als am 2. September die spanischen Hilfstruppen unter dem Kommando des Kardinalinfanten Don Fernando vor dieser Stadt anlangten und sich mit der kaiserlichen Armee vereinten. Das gemeinsame Heer belief sich jetzt auf etwa 36.000 Mann. Bernhard und Horn glaubten nun, nicht länger säumen zu dürfen, um der Stadt zu Hilfe zu eilen und zogen deshalb noch zahlreiche Verstärkungen an sich, waren aber trotzdem um einige tausend Mann schwächer als ihre Gegner. Da man Nördlingen nicht anders entsetzen konnte, als wenn man den Kaiserlichen eine Schlacht anbot, so entschied sich Bernhard von Weimar für dieselbe.

Die Schlacht bei N ö r d l i n g e n , die sich am 5. September entspann und auch am folgenden Tage wütete, ist eine der blutigsten und entscheidendsten des langen Krieges gewesen. Der erste Tag verlief günstig für die schwedischen Waffen, aber am folgenden kehrte ihnen das Glück den Rücken, sodass Horn dem Herzog von Weimar mittags zum Rückzuge riet. Während die beiden Feldherren denselben vorbereiteten, stürmten der in bayerischen Diensten stehende, ausgezeichnete Reiteranführer Johann von Werth und der Herzog Karl von Lothringen, der auch an der Spitze der logistischen Streitkräfte kämpfte, auf sie heran und verursachten unter ihren Truppen eine entsetzliche Unordnung, die schließlich in eine regellose Flucht ausartete. Bernhard wurde verwundet und rettete sich nur mit genauer Not, während Horn, drei Generale, vierzehn Oberste und 3000 Mann gefangen genommen wurden. Die Zahl der Gefallenen auf schwedischer Seite betrug gegen 6000 Mann, während die Kaiserlichen nur etwa 1 200 Tote zählten und in entsprechendem Verhältnisse stand auch die Zahl der Verwundeten auf beiden Seiten.

Die Niederlage, welche die Feinde des Kaisers bei Nördlingen erlitten, gab derjenigen Tillys bei Leipzig in nichts nach, wenn sie sie nicht noch überbot, sie kann eigentlich nur mit der auf dem Weißen Berge verglichen werden. Wäre an der Spitze der kaiserlichen Truppen ein hervorragender General gestanden, der diesen Sieg gehörig ausgebeutet hätte, so hätten sich vielleicht noch einmal glänzende Aussichten für die Katholiken eröffnet. Schon die nächsten Maßnahmen zeugten aber, dass man im kaiserlichen Hauptquartier den Erfolg und die Zeit nicht auszunützen verstand, woran nicht bloß die Unerfahrenheit der beiden obersten Generale Ferdinands III. und des Kardinalinfanten, sondern auch die Unmäßigkeit ihres Ratgebers Gallas schuld war, der sich als wahrer Trunkenbold entwickelte und seine Kraft und Einsicht in wüsten Gelagen zugrunde richtete. Im ersten Augenblicke machte die Nachricht von der furchtbaren Niederlage einen niederschmetternden Eindruck auf die deutschen Protestanten, Oxenstierna brachte die zweite schlaflose Nacht in Deutschland zu, aber die Niederlage unterstützte wenigstens seine Verhandlungen in Frankfurt, indem sich die Mitglieder des Konvents, wie wir erzählt haben, ohne weitere Zögerung zum Bündnisse mit Schweden entschlossen. Sachsen nahm dagegen die bereits abgebrochenen Verhandlungen mit dem Kaiser wieder auf.

Nach dem Siege bei Nördlingen trennte sich der Infant mit seinem Heere von der kaiserlichen Armee und marschierte nach Jülich, wo er sich im Verein mit den dortigen Bischöfen an der Verteidigung des Rheins gegen die Schweden und Holländer beteiligte. Eine weitere Verringerung erfuhr das kaiserliche Heer dadurch, dass Ferdinand III. ungefähr 7000 Mann nach Franken sandte, die daselbst anfangs beträchtliche Erfolge erreichten. Er selbst zog an der Spitze seiner übrigen Truppen gegen den Rhein und besetzte auf dem Wege Stuttgart. Statt aber rasch weiterzugehen und die günstige Jahreszeit auszunützen, vertrödelte er die Zeit in dieser Stadt, sodass der Winter herankam, ohne dass man weitergekommen wäre. In Stuttgart erhob sich ein Streit zwischen den Kaiserlichen und den Bayern über das Kommando. Maximilian nahm keinen Anstand, seine Truppen dem König von Ungarn unterzuordnen, allein einem anderen kaiserlichen General wollte er dieselben nicht unterstellen. Der Streit nahm bedeutende Dimensionen an und wurde durch die Dazwischenkunft einiger von Wien abgeschickter Vertrauenspersonen dahin geschlichtet, dass der Herzog von Lothringen, der jetzt die bayerischen Streitkräfte kommandierte, den unmittelbaren Befehlen des Königs von Ungarn gehorchen, den übrigen kaiserlichen Generälen aber gleichgestellt sein sollte.

III

Der weitere Vormarsch der kaiserlichen Truppen mag auch dadurch gehindert worden sein, dass die jetzt von Frankreich seit Jahr und Tag neu eingeleiteten Verhandlungen ihre Früchte trugen und Ludwig den direkten Krieg gegen Spanien und den Kaiser aufzunehmen im Begriffe war. Zunächst war die Allianz zwischen Frankreich und Holland auf Grund eines Offensivbündnisses zur Tatsache geworden. Da nach dem Tode der Infantin Isabella († 1. Dezember 1633), welche die spanischen Niederlande selbständig beherrscht hatte, dieselben wieder unter die unmittelbare Herrschaft Spaniens zurückkehrten, die Holländer dieses aber um keinen Preis dulden wollten, so folgten sie willig den Lockungen Richelieus und schlossen mit Frankreich (am 15. April 1634) einen Vertrag ab, durch den sich Ersteres zu jährlichen Subsidien im Betrage von zwei Millionen Livres verpflichtete und Letzteres zur Bekriegung der Spanier zu Wasser und zu Lande und zur Teilung der Eroberungen, im Falle Frankreich in offenen Krieg mit Spanien geraten würde. Gleichzeitig beschloss Richelieu, den Herzog Karl von Lothringen für seine Verbindung mit dem Kaiser zu strafen und führte diese Absicht am Tage der Schlacht von Nördlingen durch. Schon das Jahr zuvor (1633) hatte er ihm durch Parlamentsbeschluss das Herzogtum Bar entzogen, weil er dafür die Lehenspflicht nicht geleistet hatte, war dann in Begleitung des Königs an der Spitze einer Armee in Lothringen eingebrochen und hatte die Belagerung von Naney begonnen. Der in seinem Besitz bedrohte Herzog hatte damals durch seinen Bruder, den Kardinal Franz von Lothringen, mit Richelieu Verhandlungen eingeleitet, infolge welcher ein Vergleich getroffen wurde, wornach Nancy dem König so lange überlassen werden sollte, bis des Herzogs Schwester, die Prinzessin Margaretha und Gemahlin Gastons von Orleans, ausgeliefert sein würde. Die französische Regierung wollte sich der Prinzessin bemächtigen, um einen Prozess gegen die Ehe Gastons einzuleiten und dieselbe für null und nichtig zu erklären. Da Herzog Karl seine Schwester nicht ausliefern konnte, weil sie sich nach Brüssel geflüchtet hatte, so glaubte er im Interesse seiner Familie nicht anders handeln zu dürfen, als indem er (am 19. Januar 1634) auf sein Herzogtum zu Gunsten seines Bruders, des Kardinals, verzichtete und sich darauf an der Spitze der ihm übrig gebliebenen Truppen dem Kaiser ganz und gar anschloss und wie wir gesehen haben, demselben auch beträchtliche Dienste im Laufe des Jahres leistete. Der neue Herzog entsagte seiner Kardinalwürde und heiratete vier Wochen später eine Cousine, allein da der König von Frankreich diese Heirat nicht anerkennen und sich seiner bemächtigen wollte, so flüchtete er sich mit seiner Gemahlin nach Florenz und überließ das Herzogtum den französischen Bedrängern.

Am 5. September (1634) setzte Richelieu der Verfolgung des lothringischen Fürstenhauses dadurch die Krone auf, dass er durch das Parlament die Ehe Gastons und Margarethens für ungültig und ihre beiden Brüder ihrer Lehen verlustig erklären und den König ermächtigen ließ, sich an den anderen Besitzungen derselben (also an Lothringen) schadlos zu halten. Lothringen wurde jetzt von den Franzosen ausgebeutet, denn obwohl es dem Herzog Karl ab und zu gelang, dahin vorzudringen und sich daselbst zu behaupten, so waren das nur vorübergehende Erfolge. Die Treue, mit der er an der Allianz mit Österreich trotz der ihn bedrohenden Verluste festhielt, bildete allmählich eine starke Kette wechselseitiger Anhänglichkeit und Sympathie zwischen den Lothringern und Habsburgern, die später immer fester geknüpft wurde und endlich zu der folgenreichen Vereinigung beider Häuser durch die Heirat Franz Stephans von Lothringen und Maria Theresias führte.

Im Vertrauen auf die holländische Allianz und auf die Sicherheit, mit der sich sein Heer mit der Besetzung der wichtigsten Orte Lothringens vorwärts bewegen konnte, gab nun Ludwig dem Marschall de la Force den Befehl, sich mit einer Armee von 35.000 Mann dem Rhein zu nähern. Die Kaiserlichen durften also diesen Strom nicht überschreiten, ohne Gefahr zu laufen, mit den Franzosen zusammenzustoßen. Gleichzeitig schickte Ludwig dem Marquis von Feuquières die nötigen Geldmittel zu, damit in Deutschland 12.000 Mann frischer Truppen angeworben und den siegreichen Gegnern entgegengestellt würden. Diese Geldsendung war die Folge neuer Vertragsverhandlungen, in die sich die Schweden und die vier oberen Kreise mit Frankreich eingelassen hatten, als ihnen die Schlacht von Nördlingen einen engen Anschluss an Frankreich rätlich erscheinen ließ. Oxenstierna war damals in Verzweiflung, er fürchtete, dass Bernhard von Weimar sich dem Kurfürsten von Sachsen anschließen, dass Schweden um seinen Lohn kommen und dass das in Frankfurt mit den zwei sächsischen Kreisen abgeschlossene Bündnis in die Brüche gehen könnte. Er verlangte deshalb von Feuquières, dass der König von Frankreich offen auf dem Kriegsschauplatz austreten und seine Truppen über den Rhein schicken solle, welche Forderung der französische Gesandte nicht ablehnte, aber den Wunsch aussprach, dass Oxenstierna einen Gesandten nach Paris schicke und durch ihn über ein neues Bündnis verhandeln lasse. Der schwedische Reichskanzler kam diesem Wunsche nach und schickte den württembergischen Kanzler Löffler in Begleitung des pfälzischen Rates Streuf nach Paris ab, welche daselbst die Verhandlungen nicht bloß im Namen Schwedens, sondern auch der vier oberen Kreise führen sollten. Triumphierend berichtete Feuquières, dass der König jetzt den Elsass gewinnen könne.

In der Tat ließen die Verhandlungen, die von den beiden Genannten in Paris eingeleitet wurden, der französischen Vergrößerungssucht weiten

Spielraum. Sie verpflichteten sich im Namen Schwedens und der vier oberen Kreise, keinen Frieden ohne Zustimmung Frankreichs zu schließen, die katholische Religion in keinem der von ihnen okkupierten Gebiete anzutasten und erhielten dafür das Versprechen, dass der König für ihren Dienst 12.000 Mann erhalten werde. Im Falle er selbst mit dem Kaiser brechen und ihn angreifen würde, sollte der Elsass seinem Schutz untergestellt und Breisach von ihm besetzt werden dürfen und ebenso sollte es ihm freigestellt sein, seinen Schutz auf jene Fürsten auszudehnen, welche sich von dem feindlichen Bündnisse zurückziehen würden, worunter zunächst die rheinischen Fürsten gemeint waren. Fast das ganze linke Rheinufer wurde durch diese Zugeständnisse dem König preisgegeben, die Deutschen selbst sollten ihm bei diesem großartigen Erwerbe behilflich sein und hierfür mit einigem Geld, das er für ihre Truppen bereithalten wollte, entschädigt werden. Nicht einmal ein Lohn wurde den Verbündeten verheißen und woher sollte er auch genommen werden, da Frankreich die katholischen Gebiete ihnen nicht untertan machen wollte und die allfällige Hinweisung auf die kaiserlichen Länder für die Unterhändler nichts Verlockendes haben konnte.

Am 1. November waren die Verhandlungen zu Paris zu Ende, es fragte sich nur, ob das Bündnis auch von den vier Kreisen und von Oxenstierna ratifiziert werden würde. Die vier Kreise entschieden sich auf einer Versammlung, die in Worms (am 28. Dezember 1634) abgehalten wurde, zur Annahme desselben. Es ist nicht zu leugnen, dass sie die Interessen ihrer Heimat in der schmählichsten Weise preisgaben, wenn man aber bedenkt, wie ihnen in den Jahren 1626 bis 1630 mitgespielt worden war und wie sie an ihren eigenen Landsleuten die ärgsten Bedränger gefunden hatten, so haben sie auch Anrecht auf eine mildere Beurteilung. Derjenige, der dem Tode nahe ist, sucht demselben um jeden Preis zu entgehen, mag die Bedingung der Rettung ein noch grausameres Ende in Aussicht stellen.

Oxenstierna wollte dagegen das Bündnis nicht unterzeichnen, da er die Interessen Schwedens in dem Vertrage nicht gewahrt fand, man musste sich also in Frankreich dazu bequemen, etwas zu tun, um Schweden und den Kanzler zu gewinnen und bot deshalb der Königin Christine eine nicht näher bezeichnete Entschädigung, dem Kanzler aber das Kurfürstentum Mainz an. Trotz dieser Anerbietungen kamen die Franzosen nicht zum Ziele, es verfloss das ganze Jahr 1635, ohne dass die

Verhandlungen zu Ende gediehen wären, weil sich Schweden nicht mit allgemein lautenden Phrasen begnügen wollte. Welches Resultat zuletzt erzielt wurde, werden wir später berichten.

Zufolge des mit den vier oberen Kreisen abgeschlossenen Vertrages ließ Ludwig XIII. sein Volk (Ende Dezember 1634) über den Rhein rücken und vereitelte dadurch die Belagerung von Heidelberg, welches von den Bayern hart bedrängt wurde. Von nun an beteiligte sich also Frankreich offen an dem Kriege gegen den Kaiser. Indessen rückte auch Bernhard von Weimar, durch frische Werbungen verstärkt, an der Spitze von ungefähr 21.000 Mann heran und stand zu Ende Dezember zwischen Frankenthal und Worms. Sobald Frankreich auf den Kriegsschauplatz trat, war es mit der Überlegenheit der kaiserlichen Waffen vorbei. Trotzdem gelang es den Kaiserlichen zu Anfang des folgenden Jahres (am 24. Januar), die Festung Philippsburg durch einen Handstreich zu gewinnen. Die Tüchtigkeit der deutschen Soldaten gegenüber den Franzosen, die nur Neulinge auf dem Kriegstheater waren, zeigte sich bei dieser Gelegenheit in glänzendster Weise. Ihre Tapferkeit und Unerschrockenheit und ihre Kriegsführung wurden selbst von ihren Gegnern anerkannt und der Kardinal de la Valette, der trotz seines Standes als französischer General kommandierte, nahm keinen Anstand zu erklären, dass die Erstern den Letztern weit überlegen seien. Diese Erfahrung und Tüchtigkeit hatten sie sich in dem brudermörderischen Kampf angeeignet; als die Franzosen später denselben Grad von Tüchtigkeit erreichten, hatten sie den Vorteil voraus, dass ihnen die Deutschen in der Knechtung ihrer eigenen Heimat behilflich waren.

IV

Die im Beginn des Jahres 1634 mit Sachsen eingeleiteten Friedensverhandlungen waren vom Kaiser ernstlich gemeint, wurden aber von dem auf der abschüssigen Bahn seiner Pläne und Handlungen einem tragischen Ende zueilenden Herzog von Friedland für verräterische Zwecke ausgebeutet und erlitten durch seinen gewaltsamen Tod eine Unterbrechung. Da aber der Herzog Franz Julius von Sachsen-Lauenburg, der Arnims Unterhandlung mit dem Friedländer eingeleitet hatte, auch nach der Egerer Katastrophe seine Vermittlerrolle nicht aufgab und die Friedensverhandlungen wieder in Fluss zu bringen suchte, so fanden seine Bemühungen später auf beiden Seiten ein bereitwilliges Entgegenkommen. Dem Kaiser lag mit Rücksicht auf die Erschöpfung seiner Länder und die Zerstückelung seiner Streitkräfte gegen den von allen Seiten drohenden Feind viel daran, an dem Kurfürsten von Sachsen wieder einen versöhnten Nachbar und Bundesgenossen zu gewinnen, mit dessen Hilfe er die Schweden aus dem Reiche verdrängen und den ersehnten Frieden herbeiführen könnte. Da der Kurfürst von Sachsen durch den Druck und die Eigenmächtigkeiten der Schweden und die Nichtbeachtung seiner Ansprüche als Oberhaupt der Protestanten erbittert war, so war auch er zu Unterhandlungen bereit. Der Kaiser bestimmte die Stadt Leitmeritz zum Versammlungsort und sandte den Grafen Trauttmansdorff und die Reichshofräte Questenberg und Dr. Gebhardt als seine Vertreter dahin, während der Kurfürst von Sachsen zu demselben Zwecke seine Räte Miltitz und Dr. Oppel abordnete. Die Verhandlungen begannen in der zum größten Teil verödeten und von Lebensmitteln entblößten Stadt am 15. Juni (1634), also fast drei Monate vor der Schlacht bei Nördlingen und zur Zeit, als der Konvent in Frankfurt tagte.

Die sächsischen Gesandten erklärten beim Beginn derselben, dass der Kurfürst nur in seinem Namen unterhandeln und den übrigen evangelischen Reichsständen und Glaubensverwandten nichts vergeben wolle, dass ihnen aber das Ergebnis zugutekommen solle, wenn sie ihren Beitritt erklären würden und dass der Passauer Vertrag und der Augsburger Religionsfriede in allen Punkten, welche durch diese Verhandlungen nicht geändert würden, für ewig in Kraft bleiben sollten. Die eigentlichen Friedensbedingungen, welche die sächsischen Gesandten vorschlugen, waren zweifacher Art, sie betrafen teils das Reich, teils hatten sie die Entschädigung Sachsens für die dem Kaiser im Jahre 1620 geleistete Hilfe zum Gegenstande. In den das Reich betreffenden Artikeln verlangten sie: 1) dass alle mittelbaren und unmittelbaren geistlichen Güter, welche am 1. Januar 1612 im Besitze der Protestanten gewesen waren, ihnen für immer bleiben sollten; 2) dass die augsburgische Konfession in den Ländern katholischer Obrigkeiten anerkannt und frei geübt und den wegen der evangelischen Religion Ausgewiesenen die Rückkehr gestattet werde (wodurch besonders Böhmen und die übrigen Erbländer des Kaisers betroffen werden sollten); 3) dass die Jurisdiktion der katholischen Geistlichkeit über die Bekenner der augsburgischen Konfession überall aufhören ; 4) dass das Kammergericht zu Speier und der Reichshofrat in Wien zur Hälfte aus katholischen, zur Hälfte aus evangelischen Mitgliedern bestehen solle ; 5) dass in Zukunft in den Gebieten der Reichsstände keine kaiserlichen Konfiskationen mehr geübt werden und das Recht dazu im Notfalle bloß dem eigenen Landesherrn zustehen dürfe; 6) dass die pfälzische Kurwürde nach dem Tode des Kurfürsten von Bayern an die Kinder des geächteten Pfalzgrafen übergehen, die Ober- und Unterpfalz ihnen aber sofort restituiert werden; endlich 7) dass die Entschädigung der Schweden allein von den Katholiken geleistet werden solle. Bezüglich der Entschädigung für die Schuldforderung des Kurfürsten, welche samt den aufgelaufenen Zinsen über 7 Millionen Taler betrug, forderten die sächsischen Gesandten die erbliche Abtretung der Markgrafschaft Ober- und Niederlausitz, die erbliche Einräumung des Erzstiftes Magdeburg und des Stiftes Halberstadt und für den Fall, dass der Kaiser die Übergabe der Stifter verweigern würde, die Einräumung des Egerer Kreises oder eines entsprechenden Gebietes im Norden von Böhmen und endlich die Zuweisung gewisser Einkünfte in Schlesien. Es ist begreiflich, dass der Kaiser sich auf die billigste Weise mit Sachsen abzufinden trachtete und sich daher nur schwer zur Abtretung der Lausitz verstehen wollte. Diese Entschädigungsfrage bildete den Schwerpunkt der ganzen Verhandlung und zugleich die gefährlichste Klippe, an der sie zu scheitern drohte. Die kaiserlichen Gesandten erklärten, dass die Abtretung im Widerspruche mit der Einverleibung in das Königreich Böhmen stehe, indem sowohl der Kaiser wie sein Sohn, der König Ferdinand III., in ihrem Eid gelobt hätten, von diesem Königreiche nichts zu veräußern. Auch Magdeburg und Halberstadt könne Ferdinand nicht erblich überlassen, weil er sie selbst nicht erblich besitze und weil er den Ansprüchen seines Sohnes, des Erzherzogs Leopold Wilhelm, der auf Magdeburg eine päpstliche Anweisung erhalten habe und zum Bischof von Halberstadt postuliert worden sei, nichts vergeben dürfe. Dafür bot der Kaiser durch seine Vertreter dem Kurfürsten die Grafschaften Hohenstein und Regenstein und alles Geld an, das die Herzöge von Mecklenburg für die Aussöhnung zahlen müssten. Dieses Angebot stand offenbar in keinem Verhältnisse zu der Forderung und da die kaiserlichen Gesandten sahen, dass Kursachsen sich mit demselben nicht zufriedengeben, sondern auf dem erblichen Besitze der verpfändeten Markgrafschaft bestehen werde, so gaben sie dem Kaiser zu bedenken, ob man durch die Verweigerung derselben die Entscheidung von Neuem auf die Spitze des Schwertes stellen oder ob man um des sehnlich gewünschten Friedens willen die Lausitz nicht lieber opfern solle. Mit Rücksicht darauf, dass dieselbe ein einverleibtes Glied der Krone Böhmens war und über sie ohne Einwilligung der böhmischen Stände nicht verfügt werden durfte, rieten sie dem Kaiser, die Sache mit den vertrautesten Landesbeamten Böhmens im Geheimen zu besprechen.

Diese Ratschläge wurden zum Teil gewürdigt und der Kaiser trug seinen Gesandten auf, den sächsischen Vertretern die Niederlausitz als Lehen anzubieten. Die Forderung dagegen, dass die augsburgische Konfession in den kaiserlichen Erbländern, namentlich in Böhmen oder wenigstens in einigen Grenzorten dieses Königreichs, in Eger und Joachimsthal, freigegeben und die Rückkehr der ausgewanderten Protestanten gestattet werde, wies er entschieden zurück und war nur bezüglich Schlesiens zu einer Konzession erbötig. Er berief sich auf den von den protestantischen Fürsten verfochtenen Grundsatz, dass die Einführung der Religion Sache des Landesherrn sei, nach welchem auch er in seinen Ländern unbeschränkt walten wolle. Ebenso ließ er die Restitution der Pfalz und der Kurwürde kaum zur Sprache gelangen und verwahrte sich gegen die Entschädigung Schwedens auf Kosten der katholischen Fürsten.

Den selbstsüchtigen Zielen der schwedischen Politik und namentlich Oxenstiernas, welcher zur Zeit der Leitmeritzer Beratungen die protestantischen Stände auf dem Konvente zu Frankfurt am Main zu einem festeren Bunde gegen den Kaiser zu einigen suchte, entsprachen die von Sachsen einseitig geführten Friedensverhandlungen keineswegs. Oxenstierna suchte sie daher zu stören und befahl dem in Schlesien stehenden General Banér, in Böhmen einzufallen, um nicht nur die Verhandlungen zu unterbrechen, sondern auch den König Ferdinand III., der eben Regensburg belagerte, durch diese Diversion zur Aufhebung der Belagerung zu nötigen. Obwohl der Kurfürst von Sachsen anfangs dem General Banér von diesem Zuge abriet und die kaiserlichen Gesandten in Leitmeritz warnen und ihnen seinen Schutz anbieten ließ, so schloss er sich endlich doch den Schweden an. Er tat dies weniger aus Freundschaft für sie als aus Resignation, da er sich mit dem Kaiser noch nicht geeinigt hatte und deshalb mit den Schweden nicht vorzeitig in einen Konflikt geraten wollte. Nachdem er am 14. Juli Zittau erobert hatte, fiel er gemeinschaftlich mit Banér in Böhmen ein und zwar zog der Kurfürst über Liebenau,

Münchengrätz und Jungbunzlau gegen Prag, während die Schweden Leitmeritz besetzten und bei Melnik sich mit den Sachsen vereinigten. Nach einem vergeblichen Angriffe, den sie gemeinschaftlich vom Weißen Berge aus auf die Besatzung der Prager Burg unternahmen, zogen sie sich wieder zurück und verließen später Böhmen ganz, da sie infolge der Nördlinger Schlacht einen übermächtigen Angriff daselbst befürchten mussten.

Als beunruhigende Nachrichten von dem Anrücken der Schweden nach Leitmeritz kamen, mussten die kaiserlichen Gesandten auf ihre Sicherheit bedacht sein und gingen deshalb nach dem nahen Kloster Doxan, wohin sie ihre sächsischen Kollegen dringend einluden, weil sie sie um keinen Preis wegziehen lassen wollten, um den Frieden nicht wieder in weite Ferne zu rücken. Die Sachsen nahmen die Einladung nicht an, sondern verlangten, dass die Kaiserlichen mit ihnen nach Pirna gehen sollten, wozu ihnen der Kurfürst freies Geleite und Schutz zusicherte. In der Tat veranlasste die Nachricht von dem Einrücken der Schweden in Leitmeritz die kaiserlichen Gesandten, am 18. Juli von Doxan aufzubrechen und nach Pirna zu reisen, wo sie am 19. anlangten. In diesem Orte hatten sich zahlreiche böhmische Exulantenfamilien angesiedelt, welche sich nun gegen die Gesandten und ihre Dienerschaft äußerst feindselig benahmen, sodass die Stadtbehörde große Mühe hatte, das Gefolge unterzubringen und es gegen Schmähungen und tätliche Angriffe zu schützen. Viele Exulanten verließen Pirna, als sich die Nachricht von der Einnahme der Stadt Leitmeritz durch Banér verbreitete und begaben sich da hin in der Hoffnung, dass sie mithilfe der Schweden in den Besitz ihrer entzogenen Güter gelangen würden.

Die Verhandlungen zu Pirna, an denen anfangs auch Arnim teilnahm, schleppten sich bis in den Monat November hinein und gelangten endlich durch die Vermittlung des Landgrafen Georg von Hessen zum Abschlusse, indem ein Friedensvertrag entworfen wurde, der dem im folgenden Jahre in Prag geschlossenen Frieden zur Grundlage diente. In dem Entwurfe tat der Kaiser sein Möglichstes, um den Kurfürsten zu befriedigen und die Annahme des Friedens auch den anderen protestantischen Fürsten möglich zu machen. Der Stein des Anstoßes, das Restitutionsedikt, wurde zwar nicht vollständig beseitigt, aber dessen Wirkung auf eine Reihe von Jahren suspendiert.

Kursachsen sollte alle Stifter und geistlichen Güter, welche es im Jahre 1620 innehatte, auf 50 Jahre vom Friedensschlusse an gerechnet, unangefochten behalten, die übrigen protestantischen Kurfürsten und Fürsten jene geistlichen Güter, welche sie bis zu Ende des Konvents zu Mühlhausen (im Jahre 1627) besaßen, 40 Jahre lang behalten dürfen. Der Sohn des Kurfürsten, Herzog August, sollte bis zu seinem Tode im Besitze des Erzstiftes Magdeburg, dem die freie Wahl und alle anderen Rechte gewahrt werden, bleiben, dagegen sollte auch der Bestand der katholischen Domkapitularen und Benefizien gesichert sein. Über die Entschädigung des Kurfürsten wurde folgende Vereinbarung getroffen: die beiden Markgrafschaften Ober- und Niederlausitz sollten als Mannslehen erblich an Kursachsen abgetreten werden, der Kaiser und seine Nachkommen aber als Könige von Böhmen die obersten Lehens- und Eigentumsherren bleiben und auch künftig den Titel und das Wappen jener Länder führen. Wenn das kursächsische Haus in der männlichen Linie aussterben würde, so sollten die beiden Länder an die Herzöge von Sachsen-Altenburg in männlicher absteigender Linie übergehen, für den Fall, dass auch diese aussterben würden, sollten die gedachten Länder an die Töchter des Kurfürsten, aber wieder nur als Mannslehen, fallen, dem jeweiligen König von Böhmen jedoch in diesem Falle vorbehalten bleiben, entweder die kursächsischen Töchter sukzedieren zu lassen oder sie durch die Erlegung der Schuldsumme abzufertigen. Nach Abgang der Töchter und ihrer Nachkommen sollten beide Markgrafschaften ohne jedes Entgelt an das Königreich Böhmen zurückfallen. Kursachsen sollte in dem auszustellenden Lehensrevers versprechen, die katholische Geistlichkeit in ihren Privilegien zu schützen und ihr dasjenige, was ihr etwa während der Unruhen abgenommen wurde, wieder zu erstatten, ferner die Stände und Untertanen dieser Markgrafschaften bei der freien Ausübung der katholischen und der Augsburger Konfession zu belassen. Sachsen sollte nicht verpflichtet sein, zu den Steuern der Krone Böhmens beizutragen, nur bei allgemeiner Türkennot oder gegen Feinde der Könige von Böhmen sollte es die altübliche Quote, oder worüber man sich vergleichen würde, entrichten.

V

Der sächsische Friedensentwurf wurde vom Kaiser angenommen, aber noch nicht bestätigt, da er hierzu die Zustimmung der katholischen Kurfürsten einholen zu müssen erklärte. Die Verhandlungen wurden vertagt und sollten am 13. Januar 1635, bis zu welchem Zeitpunkte Ferdinand das Gutachten der katholischen Kurfürsten über die Pirnaer Bedingungen zu erhalten hoffte, in der böhmischen Stadt Aussig wieder aufgenommen werden. Tatsächlich wurden Mainz, Köln und Bayern, nicht aber Trier wegen seiner offenen Verbindung mit Frankreich, von dem Pirnaer Friedensentwurf in Kenntnis gesetzt. Der Friede wäre den drei Kurfürsten sehr genehm gewesen, als sie aber ihre Zustimmung ausdrücken sollten, fanden sie allerlei an dem Entwurfe auszusetzen. Maximilian fühlte sich nicht genugsam belohnt, wenn ihm bloß die Kurwürde und die Oberpfalz überlassen wurde, er verlangte die Zuweisung neuer Gebiete für den erlittenen Schaden und hatte deshalb seine Augen auf die Stadt Regensburg und auf einzelne reichsunmittelbare Herrschaften gerichtet, ja er verlangte sogar von dem Kaiser zur Sicherstellung seiner Befriedigung die vorläufige Zuweisung einiger kaiserlichen Besitzungen, wenn keine andere Entschädigung verfügbar wäre. Während der Kurfürst von Bayern den Friedensentwurf nur so lange anfeindete, als sein persönliches Interesse nicht gewahrt war, focht ihn der Kurfürst von Köln aus religiösen Gründen an; er fand es anstößig, dass zu den Verhandlungen über einen Frieden, in dem es sich um religiöse Interessen handle, weder der Papst noch die geistlichen Fürsten zugezogen würden, dass den Protestanten alle Kirchengüter, deren sie sich seit dem Jahre 1555 bemächtigt hatten, ausgeliefert und das Restitutionsedikt preisgegeben werde und wollte deshalb, dass der Kaiser die Entscheidung dem Schwerte anheimstelle. Auch der Kurfürst von Mainz war nicht einverstanden, brachte aber seine Einwendungen in milderer Form vor, ja er ließ sie später ganz fallen und verteidigte die Friedenssehnsucht des Kaisers gegen seinen Kölner Kollegen, indem er auf die Unmöglichkeit des weiteren Widerstandes hinwies, wenn man sich nicht wenigstens einiger Feinde entledige.

Der Kaiser hatte nicht bloß die katholischen Kurfürsten um ihr Gutachten ersucht, sondern auch eine Anzahl in Wien ansässiger Theologen befragt, ob er ohne Gewissensskrupel den Frieden mit Sachsen abschließen und die Exekution des Restitutionsedikts aufgeben dürfe. Mit der Auswahl der betreffenden Theologen und mit der Leitung ihrer Verhandlungen betraute er den Kardinal Dietrichstein. Die Theologen waren diesmal in einer schwierigeren Lage als gewöhnlich; sie wussten, dass der Friede mit Sachsen die Aufhebung des Restitutionsedikts und die definitive Abtretung der Lausitz im Gefolge haben, dass man also weite

Gebiete ein für alle Mal den Protestanten preisgeben würde. Dagegen war es ihnen auch bekannt, dass Ludwig XIII. um dieselbe Zeit mit Ferdinand über einen Frieden zu verhandeln bereit war, wenn ihm das Elsass abgetreten würde und dass sich der Papst durch seinen Nuntius in Wien zur Vermittlung angeboten habe. Im Falle man auf dieses Anerbieten einging, war kein Nachteil für die Kirche zu befürchten, sondern ein Vorteil, weil dann die Lausitz kaiserlich blieb. Wenn schon diese Erwägungen bestimmend auf das Urteil der Theologen einwirken mussten, so noch mehr die Einflüsterungen des päpstlichen Nuntius, der sich eifrig für die Befriedigung Frankreichs verwendete und zu diesem Zwecke auch ein Memoriale an den Kaiser richtete.

Die zwanzig Theologen, welche der Kardinal Dietrichstein zur Beratung ausgewählt hatte, scheinen, soweit dies aus ihren Namen ersichtlich ist, zur einen Hälfte aus Romanen, die sich damals ziemlich zahlreich in den in Wien neu errichteten Kapuziner- und Karmeliterklöstern, sowie im Jesuitenkollegium befanden, zur andern Hälfte aus Deutschen bestanden zu haben; der Ordensregel nach gehörten vierzehn von ihnen den Kapuzinern, Karmelitern, Franziskanern und Dominikanern und sechs den Jesuiten an, sie waren also samt und sonders dem Regularklerus entnommen. Lamormain war nicht unter der Zahl der Berufenen, wenngleich er für sich seine Meinung abgab. Alle Theologen, die nicht dem Jesuitenorden angehörten, sprachen sich einstimmig dahin aus, dass der Kaiser ohne Gewissensskrupel mit Sachsen unter den angebotenen Bedingungen Frieden schließen dürfe, von den Jesuiten schlossen sich zwei dieser Meinung an, die vier anderen wollten, dass der Kaiser vorher die Zustimmung des Papstes einhole; zwei von diesen Letzteren fanden, dass der Kaiser ohne Schädigung seines Gewissens die Artikel nicht bewilligen könne und deuteten damit an, dass auch der Papst die Zustimmung verweigern werde. Lamormains Gutachten liegt nicht vor, aber nach dem Berichte des spanischen Gesandten, Marques von Castañeda, eiferte er am meisten gegen den Friedensabschluss und befürwortete die Befriedigung Frankreichs. Der Gesandte fand keine andere Erklärung für sein Verhalten, als dass er entsprechende Weisungen von seinem Ordensgeneral erhalten und dass auf den Letzteren der Papst eingewirkt haben dürfte. Diese Erklärung wurde in Spanien als richtig angenommen und man beschloss deshalb, dem Ordensgeneral in ironischer Weise für die Dienste Dank sagen zu lassen, die er dem Könige leiste.

Als die Theologen ihr Gutachten erstattet hatten, traten (am 27. Februar 1635) eine Anzahl der hervorragendsten kaiserlichen Räte, unter denen sich neben anderen die Kardinäle Dietrichstein und Pazmann, der Bischof von Wien, der Graf Trauttmansdorff, der Präsident des Reichshofrates Strahlendorf und Lamormain befanden, zu einer Beratung zusammen. Eggenberg beteiligte sich nicht mehr an derselben, da er bereits am 18. Oktober 1634 gestorben war. Auch der Kaiser hielt sich von dieser Sitzung fern, die jedenfalls Beschlüsse von hervorragender Tragweite fassen musste, da von ihnen die ferneren Geschicke Österreichs und Deutschlands abhingen, er hatte am frühen Morgen den Kardinal Dietrichstein zu sich entboten und ihm aufgetragen, den übrigen Räten zu sagen, „dass er in einer so überaus wichtigen Sache, die das Seelenheil betreffe, keinen selbständigen Entschluß fassen wolle. Um sein eigenes Gewissen zu entlasten, belaste er dasjenige seiner Räte und trage ihnen auf, ihm einen solchen Rat zu erteilen, den sie vor dem Richterstuhle Gottes verantworten könnten". Keine Tat und kein Ausspruch setzt die mit den Jahren sich steigernde Unselbständigkeit des Kaisers in ein so grelles Licht, als diese wenigen Worte. – Alle Räte, die in der Sitzung das Wort ergriffen, sprachen sich für den Frieden mit Sachsen aus, am entschiedensten tat dies Strahlendorf, der die Unmöglichkeit betonte, der Häresie in Deutschland Herr zu werden und deshalb jeden weiteren Kampf für verderblich erklärte. Zum Schluss riet die Versammlung dem Kaiser die Fortsetzung der Verhandlungen mit Sachsen an, doch empfahl sie womöglich eine Änderung mehrerer Friedensartikel. Mit den vorgeschlagenen Änderungen erklärte sich der Kaiser einverstanden und regelte darnach die Instruktion der zu den schließlichen Verhandlungen nunmehr nach Prag und nicht nach Aussig deputierten Räte, des Grafen von Trauttmansdorff, des Freiherrn Kurz von Senftenau und des Dr. Gebhard.

VI

Am 2. April trafen die kaiserlichen und sächsischen Friedensunterhändler in Prag zusammen und eröffneten die Verhandlungen in der prachtvollen Reichsratsstube des Schlosses. Die Sachsen (Dr. Döring, Sebottendorf und Dr. Oppel) erklärten, dass der Kurfürst die in Pirna vereinbarten Friedensartikel samt und sonders annehme und waren deshalb zur unmittelbaren Unterzeichnung erbötig, allein die Kaiserlichen entgegneten, dass Ferdinand die Bedingungen nicht ratifizieren könne, weil die Zustimmung der katholischen Fürsten mangle und dass er deshalb einige Änderungen beantragen müsse. So begannen denn die Verhandlungen aufs Neue, sie bezogen sich auf die Kirchengüterfrage, auf die zu erteilende allgemeine Amnestie und wer von derselben auszuschließen sei, auf die Befriedigung Sachsens, auf die Kinder des Pfalzgrafen Friedrich, auf die Verbindung der sächsischen mit den kaiserlichen Waffen usw. und dauerten mehrere Wochen, bis sie endlich am 30. Mai zum Abschluss gelangten und den Frieden zwischen dem Kaiser und dem Kurfürsten herstellten.

Bezüglich des Friedensvertrages, über den wir uns wegen seiner großen Tragweite etwas näher auslassen wollen, bemerken wir zuerst, dass derselbe nicht bloß den Kaiser und Kursachsen betraf, sondern ganz Deutschland umfassen sollte, er enthielt nämlich eine Lösung der wechselseitigen katholischen und protestantischen Beschwerden, wie sie der Kaiser und Kursachsen vereinbart hatten und den deutschen Fürsten anboten. Wer mit dieser Lösung zufrieden war, sollte in den Frieden aufgenommen werden, gegen die anderen und namentlich gegen die Fremden wollte man einander getreulich beistehen.

Die erste Entscheidung betraf die geistlichen Güter. Diejenigen, die bis zum Jahre 1627 im Besitz irgendeines geistlichen Gutes waren, sei es, dass sie sich desselben vor oder nach dem Augsburger Religionsfrieden bemächtigt hatten, sollten durch die nachfolgenden vierzig Jahre in demselben verbleiben oder falls sie daraus vertrieben worden waren, wieder restituiert werden. Um nach Ablauf der vierzig Jahre neuen Zwistigkeiten vorzubeugen, verpflichteten sich beide Teile schon vordem, eine friedliche Einigung der Streitfrage anzubahnen; im Falle die Einigung nicht erzielt werden würde, behielten sich der Kaiser und seine Nachfolger das Recht der Entscheidung nach vorhergehendem ordentlichen Prozess vor. Die katholische Kirche sollte fortan ungeschmälert in ihrem Besitz gelassen und ihr auf keine Weise ein Bistum oder eine Abtei entzogen werden. Das Reservatum ecclesiasticum sollte also stete Gültigkeit haben.

Nach diesen Bestimmungen setzt der Friedensvertrag die dem Kurfürsten von Sachsen zu erteilenden Konzessionen fest. Das Stift Magdeburg fiel dem Sohne des Kurfürsten, dem Herzog August zu, doch sollten vier Ämter, Querfurt, Jüterbog, Dama und Borg, davon abgetrennt und dem Kurfürsten erblich überlassen und dem früheren Administrator von

Magdeburg, dem Markgrafen Christian Wilhelm von Brandenburg, so lange er lebe, 12.000 Taler von dem Herzog August als Pension gezahlt werden. In einem Nebenrezesse wurde dem Kurfürsten außerdem die Markgrafschaft Lausitz als Entschädigung für die Kosten der dem Kaiser im Jahre 1620 und 1621 geleisteten Hilfe zugestanden. Der Kaiser wahrte in dem Friedensinstrument das Recht seines Sohnes des Erzherzogs Leopold Wilhelm auf das Stift Halberstadt, wohin er seinerzeit postuliert worden war, und erklärte zugleich, dass er in seinen Ländern die Anhänger der Augsburger Konfession um der Ruhe willen nicht dulden könne und nur bezüglich Schlesiens eine Ausnahme machen wolle. Diese Ausnahme, die in einem Nebenrezesse genauer spezialisiert wurde, lautete dahin, dass die freie Übung der Augsburger Konfession nur in jenen Fürstentümern, die nicht unmittelbar von der böhmischen Krone abhingen, gewährleistet werden solle, in allen unmittelbar unterstehenden Fürstentümern behielt sich der Kaiser das Reformationsrecht vor. Gleichzeitig wurde den Herzögen von Liegnitz und der Stadt Breslau für ihre in der letzten Zeit bewiesene Untreue volle Verzeihung zugesagt.

In Betreff des Reichskammergerichts wurde bestimmt, dass die Beisitzer in gleicher Zahl aus Katholiken und Protestanten gewählt werden sollten; die Reichshofratsordnung sollte einem kurfürstlichen Gutachten unterbreitet werden. In der pfälzischen Angelegenheit, der brennenden Wunde seit so vielen Jahren, bequemte sich der Kurfürst dem kaiserlichen Standpunkte an, die Kur und die Länder sollten also verwirkt sein und Maximilian im Genusse beider nicht gestört werden, doch versprach der Kaiser, dass, wenn sich die Kinder des Pfalzgrafen gebührend demütigen würden, er ihnen aus Gnaden und nicht aus Schuldigkeit einen fürstlichen Unterhalt anweisen werde. Dagegen wurden die Herzöge von Mecklenburg zu Gnaden aufgenommen und ihnen ihre Länder wieder eingeräumt und ebenso sollten alle übrigen Fürsten, Katholiken und Protestanten, soweit sie davon nicht ausdrücklich ausgeschlossen wurden, in den Besitz restituiert werden, den sie vor dem Jahre 1630 innegehabt hatten. Um Frankreich und Schweden zum Aufgeben aller von ihnen besetzten Orte zu zwingen, verpflichteten sich Sachsen und alle diejenigen, die diesen Frieden annehmen würden, dem Kaiser mit gewaffneter Hand Hilfe zu leisten; ebenso wollten sie dem Herzog von Lothringen in den Besitz seiner ganzen Herrschaft, wie er sie bis zum Jahre 1630 innegehabt, wieder verhelfen.

Es wurde eben bemerkt, dass nur diejenigen Fürsten in ihren Besitz restituiert werden sollten, die nicht ausdrücklich davon ausgeschlossen wurden. Bezüglich der Letzteren enthält jener Paragraph des Friedensschlusses, welcher die Amnestie behandelt und ein demselben Gegenstande gewidmeter Nebenrezess, bestimmte Verfügungen. Der Kurfürst von Sachsen bemühte sich ursprünglich, alle Reichsstände ohne Ausnahme in die Amnestie einzuschließen und wollte nur die pfalzgräflichen Kinder von derselben ausnehmen. Nicht so nachsichtig waren die Vertreter des Landgrafen von Darmstadt, die sich schon an den Leitmeritzer Verhandlungen beteiligt hatten und jetzt auch nach Prag gekommen waren. Sie verlangten, dass auch der Landgraf von Kassel von ihr ausgeschlossen werden und dass sein Besitz an Darmstadt fallen sollte. Dr. Wolf, der Vertreter des Darmstädters bei den Prager Konferenzen, variierte dieses Thema in allen Tonarten, er erklärte, dass der Kaiser keinen grimmigeren Feind habe, als den Landgrafen von Kassel, die pfälzischen und weimarischen Fürsten und dass er sich nur dann beruhigen könne, wenn sie vollständig ruiniert wären. Für den Fall, dass seine Wünsche bezüglich des Landgrafen von Kassel befriedigt würden, bot er die Allianz seines Herrn und eine starke Kriegshilfe an. Der Kaiser hätte diesem Verlangen gern nachgegeben, allein die Einsicht, dass er den Landgrafen dadurch vollends in die Arme der Franzosen treiben würde und der Wunsch, den Frieden nicht durch neue Schwierigkeiten zu verzögern, bewogen ihn, auf diese Forderungen nicht einzugehen. Die Folge war, dass von der Amnestie der Pfalzgraf und die durch die Konfiskationsprozesse nach dem Jahre 1620 in Böhmen und Oberösterreich Betroffenen ausgeschlossen wurden und außerdem nur einige Fürsten und Grafen im Reiche, die sich durch ihre Verbindung mit Schweden besonders gebrandmarkt hatten, also namentlich die Grafen von Löwenstein, Georg Friedrich von Hohenlohe, die Grafen von Erbach-Isenburg, der Herzog von Württemberg, der Markgraf von Baden-Durlach, die Grafen von Öttingen und Nassau und einige minder bedeutende, reichsunmittelbare Stände. Doch wurde auch diesen das Gnadentor nicht völlig verschlossen und dem Kaiser nur das freie Verfügungsrecht über sie zugestanden, wenn er nicht Milde walten lassen wollte. Von den Weimarer Herzögen wurde ausdrücklich bestimmt, dass sie zu Gnaden angenommen werden, wenn sie sich dem Kaiser mit ihrem Kriegsvolk verbünden würden. Schließlich wurden von der Amnestie alle jene (doch nicht namentlich)

ausgeschlossen, welche Mitglieder des von den deutschen Reichsständen dem Kanzler Oxenstierna an die Seite gestellten Consilium formatum seien.

Eine der wichtigsten Angelegenheiten, die durch den Friedensschluss
geregelt wurde, betraf das Heer, welches der Kaiser und der Kurfürst
gegen die gemeinsamen Feinde aufstellen wollten. Es wurde bestimmt,
dass die Armee eine einheitliche sein und den Titel eines kaiserlichen
und Reichsheeres führen, dass ein Teil derselben dem Kommando des
Kurfürsten, das übrige Volk dem kaiserlichen Feldherrn, der zugleich
das Oberkommando führen würde, untergestellt sein solle. Zur Unterhaltung des gesamten Heeres sollten alle Reichsstände ohne Unterschied
angehalten werden. Alle Ligen, Unionen und sonstigen Bündnisse sollten aufgehoben, im Reiche die alte Einigkeit hergestellt und die Fürsten
des Reiches zum Gehorsam gegen den Kaiser verpflichtet sein. In einem
Nebenrezess wurde bestimmt, dass wenn das unter dem kaiserlichen
Kommando befindliche Heer sich auf etwa 60.000 Mann belaufe, dem
Kommando des Kurfürsten von Sachsen 20.000 Mann untergestellt werden sollten.

Der Kaiser begrüßte den Abschluss des Friedens, dessen Ratifikation
am 15. Juni ausgewechselt wurde, mit der größten Genugtuung, er war
aufrichtig entschlossen, denselben zu halten, die religiösen Gegner in
Deutschland nicht anzugreisen und seinen Einfluss daselbst nicht mehr
in gewaltsamer Weise zu erhöhen. Er gab jeden ehrgeizigen und undul-
samen Gedanken auf, soweit er Deutschland betraf, er wollte nur Frieden
und wieder Frieden. Den Bevollmächtigten, welche die Unterhandlungen zu Ende geführt hatten, dankte er mit kaiserlichen Geschenken und
dehnte seine Großmut auch auf die sächsischen Unterhändler aus, indem
er dem Dr. Döring 30.000, dem Sebottendorf 20.000 und dem Dr. Oppel
10.000 Taler schickte. Auch für den Hofprediger Hoë sollen 10.000 Taler
abgefallen sein, jedenfalls suchte er sich dieses Geschenk durch seinen
Friedenseifer und durch eine Schrift zu verdienen, in der er den Beweis
führte, dass der Friede sich nicht auf die Kalviner erstrecken dürfe. Dem
Papste gab Ferdinand von dem Friedensschlusse in einer Weise Nachricht, die demselben deutlich zeigte, dass auf einen Widerspruch seinerseits kein Gewicht gelegt werden würde und dass das Vertrauen in ihn als
würdigen Stellvertreter Christi geschwunden sei. Der Kaiser verhehlte
diese abschätzige Meinung auch nicht vor dem Kapuziner P. Alexander,

der damals in Wien als eine Art päpstliche Vertrauensperson lebte; er sagte ihm gerade zu, dass er dem Papste nicht trauen könne und dessen Verbindung mit Frankreich entschieden tadeln müsse. Der Papst mochte als Italiener Recht haben, wenn er die Habsburger anfeindete, als Haupt der Christenheit fügte er den katholischen Interessen durch seine, wenn auch nur moralische Hinneigung zu Frankreich entschiedenen Abbruch zu. Es bedurfte der überzeugendsten Beweise, dass der Papst in dieser Weise handelte, um Ferdinand in seiner Ehrfurcht gegen ihn zu erschüttern und so weit zu bringen, dass er seinem Unwillen Ausdruck gab.

VII

Selbstverständlich verursachte die Tatsache der Friedensverhandlung Sachsens mit dem Kaiser und des sich dadurch vorbereitenden, vollständigen Bruches mit Schweden und Frankreich viel Aufsehen in Deutschland. Im Allgemeinen wurde dem Gedeihen der Verhandlung der beste Erfolg gewünscht und nur die Fürsten, die sich zu tief mit Schweden und Frankreich eingelassen hatten, waren demselben entgegen. Zum Beweis unserer Behauptung führen wir den Beschluss der brandenburgischen Prälaten, Herren, Ritter und Städte an, als diese von ihrem Kurfürsten anfangs Februar 1635 berufen wurden und ihnen der Inhalt der Pirnaer Artikel bekannt gegeben wurde. Alle ohne Ausnahme baten den Kurfürsten, dem Frieden beizutreten, sich an Sachsen anzuschließen und sich um die Schweden nicht zu kümmern, sollte es selbst zum Bruche mit ihnen kommen. In dieser Erklärung dürfen wir mit Recht die allgemeine Meinung Deutschlands sehen, es musste ja jedem klar geworden sein, dass die Franzosen und Schweden in Deutschland wie in einem herrenlosen Gute schalteten, dass sie nur ein egoistisches Interesse leitete und dass alle ihre Behauptungen von der Wahrung der deutschen „Libertät und der Freiheit des Glaubens" nichtsnutzige Lügen seien, durch die sie die Getäuschten noch weiter ausbeuten wollten. Unzweifelhaft hat der Beistand Gustav Adolfs die Protestanten vor großem Schaden und vielleicht vor dem Untergange bewahrt, diesen Dienst wollten sich aber die Schweden im Verein mit den Franzosen durch die völlige Unterdrückung des deutschen Staatswesens bezahlt machen. Die Zukunft Deutschlands war hundertmal mehr gefährdet, wenn Frankreich und Schweden einen Teil seiner Bewohner knechteten, als durch die Unterdrückung der inneren Entwicklung, mit der die Herrschaft des Katholizismus den deutschen Norden bedrohte.

Aus diesem Grunde bemühten sich die Feinde Deutschlands, als welche man fortan Schweden und Frankreich betrachten und beide in gleiche Linie stellen muss, die Friedensverhandlungen zu vereiteln. Oxenstierna wollte den Kurfürsten von Brandenburg mit Schlesien ködern und dadurch bei der Allianz festhalten, ja er zog bezüglich Pommerns gelindere Saiten auf und machte dem Kurfürsten Hoffnung auf einen Teil dieses Gebietes, aber es half ihm nichts, dem Kurfürsten war die Falschheit Oxenstiernas offenbar geworden, seitdem er eingesehen hatte, dass man ihn schwedischerseits mit der Hoffnung auf die Hand Christines für seinen Sohn nur locken wollte. – Energischer waren die Anstrengungen Frankreichs gegen diesen Friedensschluss. Der nach Dresden abgeschickte Gesandte Rorté versprach dem Kurfürsten eine weit bedeutendere Vergrößerung seines Gebietes, als sie der Kaiser bot, wenn er sich an Frankreich anschließen würde; er versprach auch, dass Ludwig die Wählbarkeit der böhmischen Krone aufrecht erhalten und daselbst die freie Religionsübung zur Geltung bringen wolle. Als alle diese Einflüsterungen nicht zum Ziele führten und der Kurfürst den Abschluss des Friedens nur beschleunigte, erklärte Rorté, dass sein Herr sich dadurch nicht abschrecken lassen werde, den Kaiser zu bekriegen und die deutsche „Libertät" zu beschützen.

Die nächste Sorge des Kaisers und des Kurfürsten von Sachsen bestand nun in der Bemühung, dem Frieden bei den deutschen Fürsten Anerkennung zu verschaffen, um dadurch die ersehnte Vereinigung ihrer Waffen zu erzielen. Der Kaiser übernahm diese Aufgabe bei den Katholiken, der Kurfürst bei den Protestanten. Auf die Anzeige von der in Prag getroffenen Vereinbarung erhoben die katholischen Bischöfe keine Einwendungen mehr, sie waren mit dem Frieden einverstanden und beugten sich vor der unbestreitbaren Tatsache, dass sie der Protestanten nicht mehr Herr werden könnten, nur Maximilian von Bayern machte Schwierigkeiten, weil ihm die begehrte weitere Entlohnung nicht zugesagt und er nicht auf demselben Fuß wie Sachsen behandelt worden war. In den Artikeln bezüglich des Reichsheeres war bestimmt worden, dass der vom Kaiser ernannte Feldherr zwar das Oberkommando führen, dass aber seinem unmittelbaren Befehl nur drei Viertel der Armee, das letzte Viertel aber dem Kurfürsten von Sachsen untergestellt sein solle. Gegen diese Bestimmung erhob Maximilian Einsprache, er wollte nicht schlechter gestellt sein als Kursachsen und wenn der Kaiser ihn nicht tödlich verletzen wollte, so musste er sich entschließen, seinem unmittelbaren Kommando gleicherweise den vierten Teil der Reichsarmee, der zunächst aus bayerischen Truppen bestehen sollte, zu unterstellen. Jetzt nahm Maximilian den Frieden an und publizierte ihn im bayerischen Kreise. Die Liga nahm nun ein Ende, denn die Streitkräfte, welche die Bischöfe aufbieten konnten, standen fortan unmittelbar unter kaiserlichem Kommando.

Schwieriger war die Aufgabe, deren Lösung der Kurfürst von Sachsen übernommen hatte. Die Protestanten konnten sich nicht so leicht dem Glauben hingeben, dass man in Wien endgültig und aufrichtig jeden Gedanken an ihre Unterdrückung fallen gelassen habe und dass man es mit den Versicherungen des Prager Friedens ernst meine. Allein die Bemühungen Sachsens, die Überzeugung von der steigenden Not des Kaisers und seiner entschiedenen Friedensbedürftigkeit, die furchtbaren und durch das rücksichtslose Ausbeutungssystem der Schweden immer unerträglicheren Kriegsleiden stimmten sie nachgiebiger für die angebotene Versöhnung und so sehen wir, dass bis Ende August fast alle bedeutenderen deutschen Fürsten und die meisten und angesehensten Reichsstädte ihre Zustimmung einschickten. Es waren dies vor allem Kurbrandenburg, mehrere Herzöge von Sachsen, die Herzöge von Holstein, Mecklenburg, Lüneburg, Braunschweig, Pommern und Württemberg, die Fürsten von Anhalt, der Landgraf von Darmstadt, der Markgraf Wilhelm von Baden, die Städte Hamburg, Lübeck, Frankfurt, Ulm, Heilbronn, Worms, Speier, Straßburg usw., außerdem die meisten Reichsgrafen, die Ritterschaften einzelner Kreise, kurz so zahlreich waren die Anmeldungen, dass es schien, als würden nur der Landgraf von Kassel, Bernhard von Weimar und die Erben des Pfalzgrafen in der bisherigen Feindschaft verharren. Man hätte nach den Leiden der Jahre 1626 bis 1630 und nach den Verwünschungen, die damals gegen Ferdinand II. ertönten, nie vermuten können, dass je zwischen ihm und den geschädigten Fürsten eine freundliche Verbindung würde hergestellt werden können und doch war dem so und dass dies der Fall war, war das Verdienst der früheren „Retter", Schwedens und Frankreichs, welche jetzt als Vampire das Blut aus dem deutschen Staatskörper saugten. Neben der Gewinnung der deutschen Protestanten hatte der Kurfürst von Sachsen noch eine besondere Aufgabe zu lösen, er sollte mit Schweden einen Ausgleich herbeiführen. Gelang dies, so hatte der Krieg ein Ende, denn Frankreich konnte denselben nicht allein fortführen, wenn es das gesamte Deutschland gegen sich hatte. Johann Georg gab unmittelbar nach vollzogener Ratifikation dem General Banér, der bei Magdeburg stand, Nachricht von dem Abschlusse des Friedens, gleichzeitig mag er auch Oxenstierna, der damals in Hamburg weilte, davon verständigt haben. Der Reichskanzler wurde durch diese Nachricht sehr bestürzt, denn die Gefahr für Schweden lag nicht etwa darin, dass der Kaiser einen Bundesgenossen fand, sondern vielmehr darin, dass die unter schwedischem Kommando in Deutschland stehende Armee, die kaum dem zehnten Teile nach aus Schweden bestand, sich aufzulösen drohte, wenn die deutschen Fürsten ihren Untertanen die fernere Leistung der Kriegsdienste verboten und dass dann jede Entlohnung Schwedens ins Wasser fiel. Er richtete deshalb an den Kurfürsten von Brandenburg die inständigste Bitte, sich dem Frieden nicht anzuschließen; allein da er keine guten Nachrichten über die Absichten desselben erhielt und sich selbst sagen musste, dass der Kurfürst wegen Pommern keine freundliche Gesinnung gegen Schweden hegen könne, so biss er zuletzt in den sauren Apfel und trat in Unterhandlungen mit Johann Georg von Sachsen, als derselbe eine eigene Gesandtschaft an ihn abschickte, um ihm den Prager Frieden genehm zu machen und sich über die Bedingungen, unter denen er für ihn gewonnen werden könnte, ins Einvernehmen zu setzen.

Die Anträge, welche die sächsischen Gesandten dem Reichskanzler stellten, waren die möglichst ungünstigen. Kein Zollbreit deutschen Landes sollte an Schweden oder an Oxenstierna fallen, Ersteres sollte also Pommern, Letzterer Mainz nicht bekommen, denn, so hieß es, man könne doch von den Protestanten nicht verlangen, dass sie ihren eigenen Besitz hergäben und die Katholiken hätten seit der Nördlinger Schlacht die Herrschaft über ihr Gebiet wiedererlangt. Nur für eine Geldentschädigung, die in einigen Jahren vom Reiche bezahlt werden sollte, wollte sich der Kurfürst verbürgen. Als dem Reichskanzler diese Mitteilung in Magdeburg, wohin er mittlerweile gereist war, gemacht wurde, war er, trotzdem er auf dieselbe gefasst fein konnte, da er ja den Wortlaut des Friedens kannte, wie niedergeschmettert. Da gerade ein brandenburgischer Gesandter bei ihm weilte, so kehrte er sich an ihn mit bitteren Klagen über die Undankbarkeit der deutschen Fürsten, die ohne Gustav Adolfs Dazwischenkunft dem Verderben anheimgefallen wären und beschwor ihn, seinen Herrn von dem Anschlusse an den Frieden abzuhalten. Als Blumenthal, so hieß der Gesandte, nun fragte, ob in dem Falle, als sich Brandenburg Schweden anschließen würde, dieses auf Pommern verzichten würde, wich Oxenstierna einer offenen Antwort aus und vernichtete damit die Wirkung seiner Vorwürfe, deren Bedeutung man sonst jedenfalls anerkannt hätte.

Die beiden sächsischen Gesandten, Hans von der Pforten und Dr. Münch, die in Magdeburg am 27. Juli anlangten und daselbst mit Oxenstierna und Banér zusammentrafen, entledigten sich ihres Auftrages, verhandelten aber nicht bloß mit den beiden genannten Häuptern, sondern mit dem Grafen Brandenstein, dem General Lohausen und dem Rat Schwallenberg, die als Vertreter Schwedens zu ihnen geschickt wurden. Auf ihr wiederholtes Andringen, dass Oxenstierna, wenn er mit der angebotenen Geldentschädigung nicht zufrieden sei, seine Bedingungen bekanntgeben möge, wurde ihnen entgegnet, dass man den Zeitpunkt nicht für geeignet halte, um Frieden zu schließen und deshalb dem Wunsche nicht entsprechen könne. Dieselbe Ansicht erläuterte Oxenstierna, als die Gesandten sich später von ihm verabschiedeten. Der Friede, sagte er, hätte nicht ohne Zuziehung der vier oberen Kreise und Schwedens geschlossen werden dürfen; das Los einzelner Reichsfürsten, wie z.B. des Landgrafen von Kassel, sei gar nicht gesichert und Schweden schmählich behandelt worden, da ihm die Abtretung Magdeburgs und Pommerns, welche beiden Gebiete es dem Kaiser entrissen habe, einfach anbefohlen werde. Schließlich erklärte er, er werde an den Kurfürsten eine eigene Gesandtschaft abschicken. Als die Gesandten einer Einladung Lohausens folgten und sich am Abend bei ihm einfanden, trafen sie daselbst die größtenteils deutschen Obersten der in und bei Magdeburg stationierten Armee, die sich bitter beklagten, dass man sie durch den Frieden einfach auf die Straße setzen, ihre Dienste nicht entlohnen, ja noch mehr, dass man sie wegen ihrer Verbindung mit Schweden ächten wolle. Vergeblich bemühten sich die Gesandten, ihnen den Irrtum, als ob sie geächtet werden sollten, zu benehmen, die Erbitterung der Obersten stieg so hoch, dass die Gesandten in Furcht gerieten, es werde noch zu einem Egerer Blutbad kommen.

Als Johann Georg von der Absicht des Reichskanzlers, eine eigene Gesandtschaft an ihn zu schicken, unterrichtet wurde, war er in Verlegenheit, ob er dieselbe annehmen solle oder nicht. Er fragte deshalb beim

Kaiser an und gab selbst seine Meinung dahin ab, dass die Unterhandlungen zu nichts führen würden, dass man schwedischerseits nur Zeit gewinnen wolle und dass es deshalb am besten wäre, wenn er die Gesandten gar nicht annehmen würde. Der Kurfürst war dafür, dass man den Schlag gegen Schweden ohne Säumen führen und sämtliche deutschen Offiziere und Soldaten durch kaiserliche Mandate unter Androhung der Acht von dem schwedischen Heere abberufen solle. Trotzdem zögerte er selbst und erteilte den Herren von Brandenstein, Lohausen und Schwallenberg eine Audienz, als sie bei ihm erschienen und in eingehender Weise die Gründe erörterten, um derentwillen Schweden sich dem Prager Frieden nicht anschließen könne. Der Vornehmste war der, dass Schweden mit den vier oberen Kreisen und mit Frankreich innig verbunden sei und ohne deren Zustimmung keinen so weittragenden Entschluss fassen dürfe. Wie undankbar man in Deutschland handle, wenn man der Dienste Schwedens uneingedenk ihm jetzt die Tür weise, wurde von den Gesandten des längeren erörtert. Auch auf diese Vorstellungen verharrte der Kurfürst bei seinem früheren Beschlusse, nur wolle er im äußersten Falle Stralsund so lange im Besitze Schwedens lassen, bis dieses die zu stipulierende Entschädigung erhalten haben würde.

Da das Anerbieten von Stralsund wieder in etwas die geschwundenen Hoffnungen Oxenstiernas weckte, so schickte er abermals den Herrn von Schwallenberg an den Kurfürsten ab und stellte an ihn die Frage, ob er für die Befriedigung der Ansprüche des schwedisch-deutschen Heeres eintreten und wie er endgültig die Entschädigung Schwedens geordnet wissen wollte. Um ihn zu gewinnen, bot ihm Oxenstierna den Verzicht auf das Stift Magdeburg an, auf welches der Kurfürst nach dem Prager Frieden für sich und seinen Sohn Anspruch machte. So um eine klare, unzweideutige Antwort ersucht, erklärte Johann Georg, dass er keine andere Entschädigung beantragen könne, als eine Geldsumme, deren Höhe zu bestimmen er den Reichskanzler ersuche. Auf diese Antwort äußerte der Letztere, dass Schweden sich nur mit der Erwerbung eines Gebietes begnügen könne und darauf ebenso viel Anspruch zu haben glaube als der Kurfürst, der, obwohl er den Kaiser bekämpft habe, doch mit der Lausitz und den vier magdeburgischen Ämtern belohnt worden sei. Mit dieser Erklärung und der Forderung, dass man auch auf die Entlohnung des schwedisch-deutschen Heeres bedacht sein müsse, schickte Oxenstierna den General Lohausen und den Obersten Krakow zu Johann Georg, der diesmal sich der Befriedigung des Heeres nicht abgeneigt zeigte, aber auch für Schweden nur eine Geldentschädigung zugeben wollte. Er forderte zugleich die beiden hohen Offiziere, die im Namen der im schwedischen Heere dienenden Deutschen erschienen waren, auf, sich mit ihren Landsleuten den kaiserlichen Fahnen anzuschließen und erbot sich, sie in diesem Falle samt und sonders in kaiserliche Dienste mit ihrem Rang aufzunehmen. Als diese Anerbietungen den übrigen Obersten und Offizieren mitgeteilt wurden, waren sie mit ihnen höchlich unzufrieden, denn auch sie wollten von einer bloßen Geldentlohnung oder Wahrung ihres Ranges nichts wissen, sondern hatten ihre begehrlichen Augen auf einzelne Güter gerichtet, deren Besitz ihnen von Schweden zugesichert oder übertragen worden war. Einstimmig erklärten sie deshalb, dass sie mit dem Angebote nicht zufrieden seien und treu zu Schweden halten würden.

Die Hartnäckigkeit des Kurfürsten von Sachsen, mit der er sich weigerte, den schwedischen Wünschen mehr Rechnung zu tragen, war nicht allein die Folge seiner eigenen Überzeugung, sondern auch der Bemühungen Kurbrandenburgs. Georg Wilhelm wollte nur unter der Bedingung sich dem Prager Frieden anschließen und seine Bedenken gegen die Beschränkung der Amnestie aufgeben, wenn den Schweden kein Teil von Pommern abgetreten würde, ja er wollte ihnen nicht einmal Stralsund überlassen, sondern verwies sie aus den mecklenburgschen Hafen von Wismar. Nachdem er sich in dieser den Schweden feindlichen Weise entschieden hatte, teilte er dem Kaiser mit, dass er ihm alle Pässe an der Havel eröffnet habe und seine Kavallerie mit Ausnahme von drei Kompanien zu den sächsischen Truppen habe stoßen lassen. In seinem neuen Eifer ging er so weit, dass er dem Kurfürsten von Sachsen vorwarf, er vertrödle mit seinen schwedischen Verhandlungen die Zeit und dass er verlangte, man sollte die Schweden je eher je lieber angreifen. Man sieht also, Kursachsen durfte schon wegen Brandenburgs um keinen Preis in die territorialen Ansprüche Schwedens einwilligen.

Trotzdem fand noch ein letzter Versuch einer Einigung zwischen Schweden und Sachsen, und zwar zu Schönbeck statt, zu dem von schwedischer Seite der Generalmajor Vizthum und der Oberst Mitzlaff abgeschickt wurden. Diesmal ließ Schweden von der Forderung einer territorialen Entschädigung ab und verlangte 1) eine Belohnung in Geld für die geleisteten Dienste; 2) einen Ersatz für die Kriegskosten, zu denen sich einzelne Reichsstände verpflichtet hatten; 3) die Bezahlung der Soldforderungen des schwedischen Kriegsvolkes und 4) die Überlassung einiger Städte bis zur Erledigung dieser Bedingungen. Man sieht, Schweden wollte eine Anzahl Orte nur als Pfand behalten, doch war zu befürchten, dass diese Pfandschaft ewig gedauert hätte, da niemand imstande gewesen wäre, die unter Punkt 1 und 2 enthaltenen Ansprüche zu befriedigen. Nichtsdestoweniger muss man zugeben, dass Schweden diesmal seine Forderungen auf das geringste Maß beschränkte. Sachsen bot dagegen ein für alle Mal die Zahlung von 2.500.000 Taler an, womit alle Forderungen welches Namens immer beglichen werden sollten und dazu nur noch Stralsund als Hypothek. Von jeder weitern Nachgiebigkeit wurde der Kurfürst durch die Bemühungen des bei ihm angekommenen kaiserlichen Gesandten Kurz von Senftenau abgehalten, der nach dem Beispiele Kurbrandenburgs in ihn drang, die Verhandlungen rasch abzubrechen, sie nur mit den deutschen Obersten und Offizieren fortzusetzen und ihnen für den Fall einer Einigung mit dem Kaiser volle Amnestie und zwei Millionen Taler anzubieten. Die Gefahr für Schweden, dass es um jeden Lohn kommen würde, war die größtmögliche: wäre diese Angelegenheit durch geschickte Unterhändler geführt und von dem Kurfürsten von Brandenburg offener unterstützt worden, so hätten sich vielleicht die Offiziere gewinnen lassen. Es geschah nicht, aber die Angst, die Oxenstierna mittlerweile marterte, lässt sich kaum beschreiben; er fürchtete sogar für seine eigene Sicherheit und war deshalb nach Wismar gereist. Der Kurfürst folgte endlich dem Rate des kaiserlichen Gesandten und brach die Verhandlungen ab, weil er die Überzeugung gewann, dass er sich mit dem Gegner nicht würde einigen können. Der Bruch erfolgte am 12. Oktober bei Egeln, das durch einen Angriff auf die daselbst liegende schwedische Besatzung zur Kapitulation gezwungen wurde. Banér war dadurch mit seinem Heere dem unmittelbaren Angriff Kursachsens preisgegeben.

Drittes Kapitel

Die Wahl Ferdinands III. auf den deutschen Thron und der Tod Ferdinands II.

I.   Die Bemühungen Frankreichs zur Stärkung seiner Allianzen.
II. Der Krieg im Jahre 1635. Die Verhandlungen Frankreichs mit Bernhard von Weimar, mit Schweden und Hessen-Kassel.
III. Der Krieg des Jahres 1686. Schlacht bei Wittstock.
IV. Der Reichstag von Regensburg. Die Wahl Ferdinands III. Tod Ferdinands II.
V.   Die kaiserliche Familie.

I

Während Schweden mit Sorgen die Verhandlungen verfolgte, die zum Abschlusse des Prager Friedens führten und nur in seinem deutsch-schwedischen Heere eine Schutzwehr vor den unangenehmen Folgen desselben erblickte, arbeitete Frankreich an der festeren Knüpfung von Allianzen mit Holland und einigen italienischen Fürsten. Der neue Vertrag mit Holland wurde am 8. Februar 1635 geschlossen, er verpflichtete beide Teile zur Aufstellung einer Armee von 30.000 Mann, um die spanische Herrschaft in den Niederlanden zu bekämpfen und setzte zugleich eine Teilung des zu erobernden Gebietes fest. Einige Monate später, am 11. Juli, wurde der Allianzvertrag zwischen Frankreich, Savoyen, Parma und Mantua zum Zwecke der Eroberung von Mailand geschlossen; auch in diesem wurde die Beute für jede der vertragschließenden Mächte im Voraus festgesetzt. Frankreich, dem Mailand zu ferne lag, sollte von Mantua mit Casal und von Savoyen mit einigen piemontesischen Tälern, die Richelieu wahrscheinlich gegen Savoyen selbst umtauschen wollte, entschädigt werden. Der offene Angriff Frankreichs gegen Spanien erfolgte einige Wochen vor Abschluss dieses letzteren Vertrags, am 30. Mai.

Solange Frankreich bloß die festen Plätze am linken Rheinufer, namentlich im kurtrierischen Gebiet mit seinen Garnisonen besetzte, sah der Kaiser dies noch als keinen offenen Friedensbruch an; als die Franzosen jedoch über den Rhein hinüber griffen, konnte er dies nicht länger mit Stillschweigen übergehen, sondern schickte einen gewissen Lustrier nach Paris, um sich darüber zu beschweren und die Abberufung der Garnison aus Philippsburg, das sich auch in französischen Händen befand, zu verlangen. Die Heuchelei, die den ganzen damaligen diplomatischen Verkehr kennzeichnet, gab sich auch in der Antwort kund, die Lustrier erhielt. Der König habe einige Städte in Deutschland nur zu seinem Schutze besetzt und jedenfalls sei es besser, wenn sie in seinen Händen seien, als in denen der Protestanten, denn er wahre die Rechte der Katholiken und habe sich überhaupt bei der Besetzung nur von guten (!) Vorsätzen leiten lassen. Ludwigs Absicht war, das ganze linke Rheinufer womöglich bis ans Meer zu gewinnen, solange er in diesem Bestreben durch die selbstmörderische Haltung der Deutschen gefördert werden konnte, nützte er sie aus, sobald dieses Mittel nicht ausreichte, nahm er seine Zuflucht zur Gewalt.

Lustrier verwertete seine Beobachtungen in Paris, indem er eine kurze und scharfe Schilderung der dortigen hervorragenden Persönlichkeiten und Zustände nach Wien schickte. Die Charakteristik, die er von dem Könige entwirft, ist nicht schmeichelhaft, er nennt ihn einen furchtsamen, melancholischen, frommen und leichtgläubigen Fürsten von kaltem, zurückhaltenden und die Einsamkeit liebenden Wesen. Den Kardinal Richelieu schildert er als einen falschen, arglistigen, übermütigen, rachgierigen und zugleich furchtsamen Menschen. An dem Herzog von Orleans, dem Bruder des Königs, lobt er den guten Verstand und die Freigebigkeit, tadelt ihn aber wegen seiner Unbeständigkeit, Gottlosigkeit, seiner Spiel- und Genusssucht, die ihn an Geist und Körper verdorben und ihn zu einem verlogenen Menschen gemacht habe. Das ist die naturgetreue Charakteristik eines Mannes, der damals mit Österreich einen Bund schließen wollte, um an dieser Macht eine Stütze für seine gegen den eigenen Bruder gerichteten, rebellischen Gelüste zu finden. Die französischen Truppen flößten dem kaiserlichen Gesandten keine Achtung ein, er erkennt ihre Tapferkeit wohl an, tadelt aber ihren Mangel an Ausdauer, wodurch sie kaum in doppelter Zahl einem deutschen Kriegsheere gewachsen seien. Dieser Übelstand wurde, wie wir schon angedeutet haben, im Laufe des Krieges durch die gewonnene Schulung ausgeglichen.

Als man in Spanien Kenntnis davon erhielt, dass Frankreich die Niederlande angreifen wolle, geriet der König in heftigen Zorn, dem er aber
nicht dadurch Luft machte, dass er alle Anstalten traf, um sich des Gegners zu erwehren, sondern indem er die heftigsten Vorwürfe gegen den
Papst erhob. Er erwarte von ihm, schrieb er, dass er als Haupt der Kirche
gegen Frankreich Maßnahmen treffen und Erklärungen abgeben werde,
welche seinem erhabenen Amte entsprechen. Es wäre beispiellos und das
größte Ärgernis für die Christenheit, wenn der König von Frankreich,
der sich den Allerchristlichsten nenne, unter seinen, des Statthalters
Christi, Augen und mit seinem unzweifelhaften Vorwissen, Bündnisse
mit den Ketzern abschließen und sie zum größten Nachteile für die Kirche unterstützen dürfte, wenn sogar der Friede unter der Intervention
der päpstlichen Gesandten und nicht ohne ihre Mitschuld vielfachen
Nachteil erfahre und die katholischen Fürsten besitzlos herumirrten. Der
Papst werde angesichts dieser Vorgänge hoffentlich nicht säumen, seiner
Pflicht nachzukommen, von seiner Schlüsselgewalt Gebrauch machen
und den König von Frankreich mit Kirchenstrafen bedrohen, wie dies
andere Päpste bei weit geringeren Anlässen getan hätten. – Man mag es
naiv finden, dass Philipp in seinem Streit mit Frankreich mittelst kirch-
licher Waffen und Strafen siegen oder sich wenigstens eines Verlustes
erwehren wollte, uns erscheint es wie der letzte Aufschrei einer ebenso
gut von kirchlichen wie von weltlichen Interessen geregelten Politik; von
nun an musste man in Spanien einsehen, dass der Egoismus allein die
wechselseitigen Beziehungen der Staaten leite und dass die Ungleichheit
des Glaubens kein Hinderungsgrund für den Abschluss eines Bündnisses
mit einem kirchlichen Gegner sei. Die Haltung des Papstes änderte sich
auch nach dem scharfen Briefe Philipps nicht, er blieb den Habsburgern
nach wie vor abgeneigt, wenn er gleich seine Feindseligkeit in dem Grade
minder betätigte, als es mit diesem Fürstenhause abwärts ging.

II

Der Kurfürst von Sachsen verfügte um diese Zeit über ein Heer von über
40.000 Mann, das zum Teil aus seinen eigenen Truppen, zum Teil aus
den Kontingenten einiger Fürsten des obersächsischen Kreises, darunter
Brandenburgs und endlich aus einigen Regimentern kaiserlichen Kriegs-

volks bestand. Es war an Zahl der bei Magdeburg stationierten Armee der Gegner überlegen und dabei, was noch mehr in die Waagschale fiel, nicht gelockert in der Disziplin, wie dies damals wegen der Verhandlungen mit den Offizieren bei dem feindlichen Heere der Fall war. Die Folge davon war, dass sich Banér nach Norden zurückzog und in Magdeburg nur eine Besatzung zurückließ. Hätten die Sachsen einen hervorragenderen Mann an ihrer Spitze gehabt, so wäre Banér unzweifelhaft zugrunde gegangen, da sich auch der Herzog Georg von Lüneburg zum Anschluss an Sachsen bereit erklärte. Allein der Mangel an Tüchtigkeit im Oberkommando und die beginnende schlechte Jahreszeit bewirkten, dass die Sachsen dem Gegner nicht auf den Leib rückten und es so Banér ermöglichten, das Feld zu behaupten.

Die Anstrengungen Banérs wurden zu gleicher Zeit durch den französischen Gesandten St. Chamont auf politischem Gebiete unterstützt. Der französische Diplomat begab sich nach Deutschland, um den Reichskanzler Oxenstierna zur Unterzeichnung des noch immer bloß mit den vier oberen Kreisen geschlossenen Vertrage zu vermögen und bemühte sich, auf seiner Reise zu ihm einige deutsche Fürsten von dem Beitritt zum Prager Frieden abzuhalten. Zugleich suchte er die in Westfalen stationierten deutschen Regimenter, die ehedem zu Schweden hielten, neuerdings für dasselbe zu gewinnen und da er über viel Geld verfügte, so gelang ihm sein Vorhaben und die betreffenden Regimenter stellten sich unter dem Kommando des Feldmarschalls Knyphausen der schwedischen Krone abermals zur Verfügung. Der wichtigste Erfolg, den Frankreich jedoch für Schweden erlangte, betraf Polen. Der Waffenstillstand, der vor einigen Jahren zwischen Schweden und Polen abgeschlossen worden war, sollte (am 1. Juli 1635) zu Ende gehen und es handelte sich nun darum, denselben um jeden Preis zu verlängern; geschah dies nicht, so musste Schweden seine tüchtigsten Offiziere vom deutschen Kriegsschauplatze abberufen. Der Kardinal Richelieu schickte deshalb den Marquis von Avaux nach Polen und trug seine Vermittlung in den polnisch-schwedischen Differenzen an. Dem geschmeidigen Wesen Avaux's und seinen Bestechungen gelang es, die Polen friedfertig zu stimmen, obgleich die Gelegenheit zur Erwerbung Livlands für sie so günstig war als möglich und so wurde (am 12. September) ein Friedensvertrag abgeschlossen, der es Schweden ermöglichte, die an der Weichsel zur Abweisung der politischen Angriffe aufgestellte Armee nach Deutschland zu führen und mit ihr die Banérschen Scharen zu verstärken. Der abgeschlossene Vertrag traf den Kaiser sehr unangenehm und es war nur ein schwacher Ersatz für den ihm dadurch zugefügten Schaden, dass ihm von Polen einige tausend Kosaken zu Hilfe geschickt wurden, die ihre Entlohnung wieder wie ehedem in der Beute finden sollten, die sie auf deutschen Boden machen würden.

Etwas günstiger als in Norddeutschland gestalteten sich mittlerweile die Verhältnisse in Süddeutschland durch die kriegerische Tüchtigkeit des Reiterführers Johann von Werth. Dieser Haudegen hatte sich durch eigenen Verdienst von der Stellung eines gemeinen Reiters zum Range eines Obersten hinaufgeschwungen. Sein stürmischer Feuereifer, der ihn überall rücksichtslos den Feind angreifen ließ, machte ihn zu dem gefährlichsten und gefürchtetsten Gegner, schon sein Name flößte dem Feinde Schrecken ein. Man kann ihn einen Vorläufer Blüchers nennen, dem er nur dadurch unähnlich war, dass er über eine noch geringere Schulbildung verfügte als sein hochberühmter Nachfolger, er verstand nämlich weder zu lesen noch zu schreiben. Im Beginn des Jahres war Philippsburg in kaiserliche Hände gefallen, darauf gelang es dem kühnen Reiterführer, die Franzosen aus Speier zu verjagen und an diesen Erfolg noch andere zu reihen. Der Herzog Karl von Lothringen drang über den Rhein nach dem Elsass vor und regte dadurch in den Lothringern die Hoffnung an, dass es ihm gelingen werde, seinen Besitz den Franzosen wieder zu entreißen. Mittlerweile versuchte eine Schar spanischer Truppen unter der Leitung des Grafen Rittberg, sich des Kurfürsten von Trier durch einen kühnen Handstreich zu bemächtigen und damit seiner verräterischen Verbindung mit Frankreich ein Ende zu machen. Der Anschlag gelang, der Kurfürst wurde gefangen und dem Kaiser ausgeliefert, der ihn nach Wiener Neustadt abführen ließ, wo er zehn Jahre durch gefangen gehalten wurde. Das Kapitel nahm jetzt die Verwaltung des Erzstiftes, soweit es nicht durch französische Besatzung gedrückt war, in die Hand und trat in freundliche Beziehungen zum Kaiser. Die Gefangennahme des Kurfürsten war der äußere Anlass, um dessentwillen Frankreich mit Spanien offen brach.

Unterdessen versuchte der Herzog von Lothringen, aus dem Elsass nach Lothringen vorzudringen, wurde aber daran von dem Marschall Laforce gehindert und bemühte sich nun, die festen Plätze im Elsass nach Möglichkeit in seine Gewalt zu bringen. Anfangs Juli (1635) glückte es ihm wirklich, in Lothringen einzurücken und er beabsichtigte nun, dem Gegner eine entscheidende Schlacht zu liefern, da er aber seinen Plan nicht ausführen konnte, weil Laforce sich zurückzog, so rückte er nach Rambervilliers vor und verblieb dort in einer befestigten Stellung dritthalb Monate lang, während Laforce bei Luneville stand. Bei allen Kämpfen zeichnete sich Werth in so hervorragender Weise aus, dass seine Person allein ein Regiment aufwog. Die Möglichkeit, noch glänzendere Erfolge zu erlangen als die bisherigen, schien dem Herzog von Lothringen gegeben, als er im Oktober seine Vereinigung mit Gallas bewerkstelligte.

Der kaiserliche General hatte seit dem Frühjahr im Verein mit einem bayerischen Hilfskorps hauptsächlich gegen den Herzog Bernhard von Weimar, der durch einen Beschluss der vier oberen Kreise zu ihrem gemeinsamen Bundesfeldherrn erklärt worden war, operiert und seine Manöver mit Glück durchgeführt. Er eroberte Kaiserslautern, schloss Mainz ein, musste sich aber von dieser Stadt zurückziehen, als sich Bernhard von Weimar mit einem französischen Korps unter dem Kardinal de la Valette vereinigte. Beide feindlichen Armeen brachten den Sommer mit allerlei Manövern und einzelnen Angriffen zu, bald war die eine Armee auf dem rechten Rheinufer, bald beide, bis sich im September die Franzosen mit Bernhard wieder auf das linke Ufer begaben, wohin ihnen jetzt auch Gallas folgte. Zeigte schon dieser Zug die Überlegenheit der kaiserlichen Waffen, so trat dies in den folgenden Tagen noch mehr hervor, indem die Gegner Schritt für Schritt zurückgedrängt wurden und sich endlich in Metz festsetzten. Auf diese Weise konnte sich Gallas dem Herzog von Lothringen nähern und sich mit ihm am 20. Oktober bei Hellecourt vereinen. Die vereinigte Armee zählte gegen 40.000 Mann; der Erfolg, den man nun erwartete, blieb aber aus, da unter den Truppen aus Mangel an Lebensmitteln eine furchtbare Hungersnot ausbrach, welcher Tausende zum Opfer fielen und die den Anführern die Lust zu energischem Vorgehen benahm. Zuletzt entschloss sich Gallas zum Rückzuge und brach am 23. November auf, um sich nach Zabern zurückzuziehen.

Der Kardinal Richelieu hatte dem Kriege im Jahre 1635 mit großen Hoffnungen entgegengesehen und deshalb die Maske sowohl gegen den Kaiser, wie gegen Spanien fallen gelassen und nun sah er sich in allen seinen Berechnungen getäuscht. Durch den Prager Frieden hatten sich die kaiserlichen und sächsischen Streitkräfte aneinandergeschlossen und den General Banér bis an die Meeresküste zurückgedrängt und nun war es dem

Herzog Bernhard im Verein mit den französischen Streitkräften nicht besser ergangen, der Krieg war sogar in das französische Gebiet hinübergespielt worden. Der Kardinal bemühte sich nun, für das nächste Jahr einen besseren Erfolg vorzubereiten, indem er den Herzog Bernhard enger mit Frankreich zu verbinden suchte und so der Anschauung des Kardinals de la Valette Rechnung trug, der wiederholt erklärte, dass an einen Erfolg nicht zu denken sei, wenn der König nicht zugleich über eine deutsche Armee verfüge. Es wurde also mit dem Herzog Bernhard ein Vertrag zu St. Germain en Laye abgeschlossen, durch welchen sich der König zur jährlichen Zahlung von vier Millionen Livres verpflichtete, wofür der Erstere eine Armee von 18.000 Mann bereithalten sollte. Gleichzeitig wurde ihm der Marschallstitel erteilt und der Besitz der Landgrafschaft Elsass zugestanden; Frankreich wollte also auf diese Erwerbung zu seinen Gunsten verzichten, eine Verzichtleistung, die damals nicht schwer fiel, da Ludwig in seinem eigenen Gebiete bedrängt wurde. Dafür musste sich Bernhard verpflichten, dass er das Heer unter französischer Oberhoheit führen, allen Befehlen des Königs unbedingt gehorchen und entgegengesetzten Weisungen, die ihm von Schweden oder den vier oberen Kreisen zukämen, nicht Folge leisten würde. Der Herzog sollte also sein Feldherrntalent zu Nutzen und Frommen Frankreichs verwenden, für französische Interessen sollte sein Heer bluten, das von dem eigentlichen Inhalt des Vertrages keine Kenntnis hatte, sondern nur wusste, dass Bernhard als Bundesgenosse Frankreichs mit Subsidien unterstützt wurde.

In ähnlicher Weise suchte Richelieu Schweden sich dienstbar zu machen. Oxenstierna hatte den im Jahre 1634 in Paris mit den vier oberen Kreisen abgeschlossenen Vertrag nicht ratifiziert und als er dann im folgenden Jahre selbst nach Paris ging und in Compiègne einen neuen Vertrag mit Frankreich schloss, verweigerte die vormundschaftliche Regierung in Schweden die Ratifikation desselben, weil sie sich nicht des Rechtes begeben wollte, nach eigenem Ermessen mit dem Kaiser Frieden abzuschließen. Da der Reichskanzler selbst im Zweifel war, ob der Bund mit Frankreich zum Heile führen werde und ob nicht angesichts der Schwenkung Sachsens ein Friede vorzuziehen sei, so musste sich Richelieu bemühen, nicht bloß den schwedischen Reichsrat für sich zu gewinnen, sondern auch den Zweifeln Oxenstiernas ein Ende zu machen. Zu diesem Behufe schickte er den Marquis von St. Chamond an den Reichskanzler und den Herrn von Avaugour nach Schweden ab.

Chamond sollte sich gleichzeitig um die Allianz von Brandenburg und Kassel bemühen und beiden Fürsten Subsidien für die Unterhaltung einer Armee von 18.000 Mann, deren Kommando ihnen überlassen bleiben sollte, anbieten. Wir bemerken hierzu, dass die Unterhandlungen mit Brandenburg keinen Erfolg hatten, wohl aber die mit Kassel, die zunächst zu einem provisorischen Vertrag führten, durch welchen sich Frankreich zur jährlichen Zahlung von 160.000 Talern verpflichtete, später wurde er (21. Oktober 1636) definitiv abgeschlossen und die Summe auf 200.000 Taler erhöht.

Als Avangour in Stockholm anlangte, wollte man sich daselbst noch immer nicht zur Unterzeichnung eines der abgeschlossenen Verträge verstehen, sondern über einen neuen verhandeln; ähnliche Schwierigkeiten machte auch Oxenstierna, indem er wiederholt gegen St. Chamond die Friedenssehnsucht Schwedens betonte, von diesem aber der Heuchelei geziehen wurde. Wenn, so erklärte er dem Reichskanzler, Schweden nur den Schutz der deutschen Protestanten im Auge habe, dann könne es Frieden schließen, denn deren Interessen seien jetzt gewahrt, da es aber auf deutschem Boden Eroberungen machen wolle, so könne es diese nur mit französischer Hilfe bewerkstelligen und deshalb solle es mit dem Abschluss des Bündnisses nicht zögern. Oxenstierna war schließlich dazu bereit, verlangte aber, dass Frankreich dem Kaiser offen den Krieg erkläre und die bisherigen heuchlerischen Vorwände, als ob es sich nur um den Schutz der geistlichen Fürsten handle, fallen lasse. Die Verhandlungen führten in Wismar zu einem doppelten Vertragsentwurf (am 30. März 1636), einem französischen und einem schwedischen, welcher Letztere von Oxenstierna selbst verfasst wurde und schließlich auch die Genehmigung Frankreichs erhielt. In Schweden selbst wurde die Ratifikation noch während dieses und eines großen Teils des folgenden Jahres hingezogen und tatsächlich erst kurz vor Ende Oktober (1637) vollzogen. Die Zögerung mag darin ihren Grund gehabt haben, dass bei einem Teil der Reichsräte die Einsicht vorherrschte, die Bedrückung Deutschlands liege nicht im schwedischen Interesse oder sei auf die Dauer nicht aufrechtzuhalten und deshalb seien Friedensverhandlungen mit dem Kaiser mehr zu empfehlen als der Abschluss eines Bündnisses mit Frankreich.

Ein anderer Teil der Reichsräte wollte sich dagegen ihre Zustimmung für teures Geld erkaufen lassen und zögerte deshalb. Als die Ratifikation endlich stattfand, wurde sie auf den 1. August 1636 zurückdatiert, weil von diesem Tage an die Subsidien, zu deren jährlicher Zahlung im Betrag von einer Million Livres sich Frankreich verpflichtete, berechnet werden sollten. Die übrigen Vertragsartikel bestimmten, dass der Krieg gemeinsam gegen das Haus Österreich, insbesondere gegen den Kaiser zum Schutze der deutschen „Freiheit" und der Ost- und Nordsee so lange geführt werden solle, bis ein gerechter Frieden erreicht würde. Schweden sollte die erblichen Besitzungen des Kaisers, also Böhmen usw., angreifen, Frankreich vom Rhein her vorrücken; beide Mächte verpflichteten sich, nur in Gemeinschaft mit dem Gegner zu verhandeln und einander in der Gewinnung deutscher Bundesgenossen nach Kräften beizustehen.

Nicht ohne Interesse für den Leser dürfte es sein, dass Richelieu gleichzeitig ein Bündnis mit dem Papst abzuschließen und ihn zur Anwerbung von 15.000 Mann zu bewegen suchte, die ihre Operationsbasis in Oberitalien haben sollten, um die Spanier dort im Schach zu halten und es ihnen zu erschweren, Truppen nach Deutschland zu schicken. Um den Papst für dieses Bündnis zu gewinnen, das in der Folge zu einem gewaltsamen Zusammenstoß zwischen diesem und Spanien hätte führen müssen, stellte ihm Richelieu den Gewinn von Neapel in Aussicht. Urban VIII. gab zu, dass er die Habsburger hasse und die Spanier aus Italien hinausdrängen wolle, zum völligen Ruin dieses Hauses wollte er aber nicht die Hand bieten. Sein Nepote, der Kardinal Antonio Barberini, der von den Franzosen gewonnen worden war, bearbeitete ihn jedoch im Sinne dieser Anträge und erreichte zuletzt soviel, dass der Papst zu rüsten versprach. Es scheint jedoch nicht, dass er diesen Vorsatz auch nur annähernd ausführte, wohl aber bot er im Laufe des Jahres seine Dienste zur Vermittlung eines Friedens an ; tatsächlich wurde Köln zum Sitz der künftigen Konferenzen bestimmt, allein weder der Kaiser noch Frankreich legten diesen Verhandlungen einige Bedeutung bei, obwohl sie sie nicht ganz von sich wiesen und so endete der päpstliche Vermittlungsversuch ohne jegliches Resultat.

III

Nachdem Frankreich durch seine Verhandlungen die Schweden, den Landgrafen von Kassel und Bernhard von Weimar enger an sich geknüpft hatte und so über die Kräfte eines bedeutenden Teiles von Deutschland verfügte, glaubte es, den Krieg im Jahre 1636 mit besseren Aussichten beginnen zu können. Der Kriegsschauplatz teilte sich, wie im vorigen Jahre, hauptsächlich in zwei Hälften: in den französischen, wo die Franzosen und Bernhard von Weimar gegen den Kaiser und Maximilian von Bayern kämpften und in den schwedischen, wo Banér den Sachsen, den Brandenburgern und den Kaiserlichen gegenüberstand. Der schwedische General rastete nicht und trat schon im Januar, nachdem er sich durch die früher gegen Polen verwendete Armee verstärkt hatte, den Marsch nach Süden an und lagerte sich wieder bei Magdeburg. Nicht lange darauf überschritt er die Saale, rückte in das sächsische Gebiet ein und ermüdete den Kurfürsten durch seine Kreuz- und Querzüge. Als der Letztere schließlich gegen Magdeburg rückte, fühlte sich Banér zur Verteidigung zu schwach und überließ die Trümmer dieser Stadt dem Gegner. Nichtsdestoweniger freute sich der Kurfürst über die Maßen, in den Besitz derselben gekommen zu sein und so eines der seinem Hause im Prager Frieden zugesicherten Gebiete erlangt zu haben. Die weiteren Kriegsoperationen gestalteten sich glücklich für die verbündeten sächsischen und kaiserlichen Waffen. Banér musste sich nach Lüneburg zurückziehen, der kaiserliche General Morzin dehnte seinen Vormarsch bis Pommern aus, wurde aber von dem schwedischen General Wrangel zum Rückzuge genötigt. Anfangs September vereinten sich die Sachsen wieder mit den Kaiserlichen und überschritten die Elbe bei Tangermünde. Banér, der sich durch dieses Manöver gefährdet sah, zog eilig herbei, zersprengte bei Perleberg einige kaiserliche Regimenter und suchte sich dann auf den Rest der kaiserlichen Truppen und auf die Sachsen zu werfen, nachdem eine Vereinigung derselben mit dem brandenburgischen Kontingent vereitelt worden war. Die Sachsen, die von ihrem Kurfürsten geführt wurden, suchten diesen Angriff abzuweisen, indem sie bei Wittstock eine gesicherte Position einnahmen, die den Schweden einen Frontalangriff unmöglich machte. Durch ein glänzendes Manöver lockte jedoch Banér die Gegner aus ihrer Stellung heraus und nun entwickelte sich ein Kampf (am 4. Oktober 1636), bei dem die Schweden gleich einer ehernen Mauer fest standen und alle Angriffe zurückschlugen. Trotzdem gaben sich die Kaiserlichen, auf denen der Kampf hauptsächlich lastete, der Hoffnung auf den Sieg hin, allein eine gelungene Schwenkung der Schweden, durch welche sie im Rücken bedroht wurden, führte die Entscheidung zu ihren Ungunsten herbei. Der Verlust der Schweden an Toten und Verwundeten wird auf 5000, der der Kaiserlichen und Sachsen auf 11.000 Mann berechnet, dazu büßten die Letzteren noch mehrere tausend Gefangene ein – man sprach von 8000 Mann – dann sämtliches Geschütz, einen großen Teil des Gepäckes und das ganze Silbergeschirr des Kurfürsten.

Die Niederlage bei Wittstock war eine der schwersten, welche eine der kämpfenden Parteien während des langjährigen Krieges erlitten hatte. Der Kriegsruhm der Schweden, der seit Nördlingen erblichen war, strahlte wieder im hellen Glanze; sie hatten gegen eine viel zahlreichere Armee einen vollständigen Sieg errungen und die Folgen zeigten sich für die kaiserliche Sache dadurch, dass ein Teil der niederdeutschen Fürsten trotz ihrer Friedenssehnsucht dem schwedischen Siegeswagen folgen musste.

Im selben Jahre stand an der Spitze der bayerischen Armee der Feldmarschall Götz, dessen Operationen hauptsächlich auf das Gebiet zwischen dem Rhein und der Weser gerichtet waren. Nachdem er zuerst dem Landgrafen von Kassel einigen Schrecken eingejagt und ihn dadurch zu Verhandlungen mit dem Kaiser geneigter gemacht hatte, durchzog er siegreich das bezeichnete Gebiet und nahm Paderborn und andere wichtige Orte ein. Johann von Werth suchte mittlerweile an der Spitze der kurkölnischen und eines Teiles der bayerischen Truppen im Einverständnisse mit den Streitkräften der spanischen Niederlande an der Maaß festen Fuß zu fassen und namentlich die Stadt Lüttich zur Kapitulation zu zwingen. Nachdem er sich vergeblich bemüht hatte, dies zuwege zu bringen, rückte er am 9. August von da fort, um sich mit dem Kardinal-Infanten zu vereinen und ihn bei dem geplanten Einfall in Frankreich zu unterstützen. Das Unternehmen war von glänzendem Erfolg begleitet, Werth schlug den Feind überall, erbeutete seine Proviantzüge und rückte dann mit dem Kardinal-Infanten bis in die Nähe von Paris. Panischer Schrecken verbreitete sich in der Stadt, viele Einwohner flüchteten bis hinter die Loire, weil sie sich nur dort sicher glaubten. Wäre der Kardinal-Infant rasch vorgedrungen, wie ihm dies Werth anriet, so wäre vielleicht Paris in seine Hände gefallen; er zauderte jedoch und ließ Richelieu Zeit, die Bürgerschaft zu bewaffnen und das Heer beträchtlich zu verstärken, sodass Ludwig XIII. bald mit einer Armee von 50.000 Mann bei Compiègne stand. Gegen diese Massen konnte nichts mehr ausgerichtet werden und so mussten sich die Bayern und Spanier im Herbste wieder aus Frankreich zurückziehen.

Gallas stand, wie erinnerlich, zu Ende des Jahres 1635 bei Zabern und musste sich mit den Streitkräften Bernhards von Weimar und des Kardinals de la Valette messen. Er begann seine Operationen ziemlich spät im folgenden Jahre, vielleicht, weil er die Ankunft des Königs von Ungarn abwarten musste, der erst am 14. Mai von Wien abreiste und darauf wochenlang ohne zwingende Gründe im südlichen Deutschland verweilte. Da die Streitkräfte Bernhards um diese Zeit kaum 7500 Mann betrugen und de la Valette auch nicht besonders stark war, so hätte Gallas bei raschem Vordringen vielleicht bedeutende Vorteile errungen, allein er litt auch an Mangel an Einsicht: statt vorwärts zu gehen, zog er sich zurück und konnte nicht einmal Zabern unterstützen, als dieses von den Gegnern zur Kapitulation gezwungen wurde. Das kaiserliche Heer wurde endlich durch die Ankunft von 8000 Kosaken verstärkt, die unter furchtbaren Verwüstungen ganz Deutschland durchzogen hatten und sich am Rhein mit Gallas verbanden. Da sie aber große Soldforderungen an ihn stellten und von Gehorsam nichts wissen wollten, so suchte er sich ihrer wieder zu entledigen und tatsächlich kehrte ein großer Teil von ihnen wieder nach Polen zurück, der Rest verlief sich oder ging auf dem Zuge zugrunde. Der Kaiser hatte von diesen Hilfstruppen nicht nur keinen Gewinn, sondern nur Schaden, da er wegen dieser seiner Bundesgenossen tausendfach verwünscht wurde. Trotzdem hatte Gallas jetzt Glück mit seinen Kriegsoperationen, er vereinigte sich im September in der Franche Comté mit dem Herzog von Lothringen, statt aber den Kardinal de la Valette und den Herzog von Weimar, die ihnen auch vereint gegenüberstanden, anzugreifen, bezog er bei Champlitte ein verschanztes Lager, welches Beispiel der Feind befolgte, aber gleichzeitig die Gelegenheit zu einzelnen erfolgreichen Angriffen ausnutzte. Erst in der zweiten Hälfte des Monats Oktober brach Gallas sein Lager ab und erstürmte das feste Mirabeau, allein schon anfangs November musste er wegen der schlechten Jahreszeit wieder an den Rückzug denken. Die Nachricht von der unglücklichen Schlacht bei Wittstock lähmte den Rest seiner Energie und so kehrte er zu Ende des Jahres sogar über den Rhein zurück und bezog im Schwarzwald die Winterquartiere. Würde der Einfall in Burgund mit dem gleichzeitigen Vorrücken des Kardinal-Infanten kombiniert worden sein, so hätten sich die kaiserlichen Heere auf französischem Boden während des Winters erholen können; stattdessen lasteten alle Drangsale wieder auf den Bewohnern Deutschlands.

IV

Während der Feldzug mit Schweden mit einer entschiedenen Niederlage endigte, und der gegen Frankreich nicht dem anfänglichen Verlaufe entsprach, tagte in Regensburg ein Kurfürstentag, den der Kaiser berufen hatte, um das im Jahre 1630 vergeblich versuchte Werk der Wahl seines Sohnes zu Ende zu führen. Der Kaiser fühlte sich in seiner Gesundheit angegriffen und deshalb handelte es sich ihm diesmal nicht sowohl um die Befriedigung seines Ehrgeizes, als um die eines Herzenswunsches, wenn er die Kurfürsten um die Wahl seines Sohnes zum Nachfolger auf dem deutschen Throne ersuchte. Durch den Prager Frieden war er in freundliche Beziehungen zu den Kurfürsten von Sachsen und Brandenburg getreten, beide waren erbötig, auf seinen Wunsch einzugehen und da dasselbe auch bei den katholischen Kurfürsten mit Ausnahme des von Trier der Fall war, so machte sich kein besonderes Hindernis gegen die Berufung des Kurfürstentages geltend. Am 7. September traf der Kaiser in Regensburg ein und in den folgenden Tagen die Kurfürsten von Mainz, Köln und Bayern, während die von Sachsen und Brandenburg durch Gesandte vertreten waren. Man besprach sich zunächst über die Friedensfrage und alle Teilnehmer stimmten darin überein, dass sie bereit waren, den Franzosen und Schweden den Frieden anzubieten, wenn sie keine Gebietsabtretung verlangen würden. Auch die Erteilung einer allgemeinen Amnestie wurde angeregt und auch da zeigte sich der Kaiser bezüglich Deutschlands zu jeder Konzession geneigt. Als man endlich über die Wahl verhandelte und die Ausschließung des Kurfürsten von Trier als eines Reichsfeindes guthieß, erlitt der Kaiser einen so heftigen Krankheitsanfall, dass man glaubte, er werde die Nacht nicht überleben. Man beschloss deshalb, die Wahl zu beschleunigen, aber trotzdem vergingen noch einige Wochen, bis sie wirklich (am 22. Dezember 1636) vorgenommen wurde. Die Wahlkapitulation, die für den Nachfolger Ferdinands II. entworfen wurde, zog der bisherigen Kaisermacht noch engere Grenzen und bestimmte namentlich, dass keine Ächtung ohne vorherige Zustimmung der Kurfürsten verfügt werden dürfe.

Der glatte Verlauf der Wahl ärgerte die Feinde des Kaisers nicht wenig und wir dürfen uns daher nicht wundern, dass sowohl Frankreich wie Schweden sie nicht anerkennen wollten, sondern Ferdinand III. auch nach dem Tode seines Vaters nur als König von Ungarn titulierten. Jedenfalls war die Wahl, wie sehr sie auch angefochten werden mochte, ein glückliches Ereignis für die Habsburger, denn man kann mit Bestimmtheit annehmen, dass die deutschen Kurfürsten, wenn Ferdinand II. vorher gestorben wäre, kaum den Lockungen und Einflüsterungen Frankreichs widerstanden und ihre Stimme keinem habsburgischen Prinzen gegeben hätten. Froh, der Sorge enthoben zu sein, trat der Kaiser die Rückreise aus Regensburg an, obwohl der Zustand seiner Gesundheit große Schonung verlangte, denn er hatte sich von seinem Krankheitsanfall nur wenig erholt. Eine große Schwäche und zeitweises Fieber zehrten an seiner Kraft und weckten in ihm die Überzeugung seines nahen Todes. Wie vorauszusehen war, strengte ihn die Reise sehr an und so langte er mit geschwollenen Schenkeln in Wien an, woselbst alle Vorbereitungen zu einem festlichen Empfang im Vorhinein abbestellt worden waren. In den folgenden Tagen wohnte er den Sitzungen seines Geheimrates bei, las und unterzeichnete noch dem Tag vor seinem Tode viele Bittschriften, ließ aber auch wiederholt seinen Beichtvater zu sich kommen, um sich mit ihm über religiöse Gegenstände zu unterhalten. Am Abend nahm er ein Mahl zu sich, betete darauf eine Stunde und legte sich dann zur Ruhe. Nachdem er zwei Stunden geschlafen hatte, erwachte er schwer atmend und fiebernd, das Gefühl der Todesangst erfasste ihn jetzt, er hielt sich für verloren, nahm Abschied von seiner bei ihm weilenden Gemahlin und rief seinen Beichtvater zu sich. Als Lamormain kam und mit den Ärzten die Überzeugung gewann, dass der Tod herannahe, befahl er der Kaiserin, den kaiserlichen Kindern, einigen vornehmen Herren, den Ärzten und mehreren Geistlichen, die sich mittlerweile alle im Krankengemach versammelt hatten, sich zu entfernen, damit er seines Amtes walten könne. Er nahm dem schwer atmenden Kranken in einigen allgemeinen Ausdrücken die Beichte ab, erteilte ihm das Abendmahl und sprach dann die Sterbegebete über ihn. Die letzten Worte sprach der Kaiser bei der Kommunion, danach lag er bis zum folgenden Morgen in einem apathischen Zustande und hauchte endlich um 9 Uhr früh am 15. Februar 1637 seinen letzten Atemzug aus.

Wir haben gleich bei dem ersten Auftreten Ferdinands von seiner Erziehung, seinen Kenntnissen und Eigenschaften eine eingehende Schilderung entworfen und in der Art, wie wir ihn handelnd aufgeführt haben, seine weitere Entwicklung gekennzeichnet. Wenn wir unsere Beurteilung, die durch die Tatsachen hundertfach erhärtet wurde, nochmals in wenigen Worten zusammenfassen, so lautet dieselbe dahin, dass Ferdinand ein frommer und gutmütiger Regent war, dessen Einsicht und Tatkraft allein auf die Bewältigung und Ausrottung seiner religiösen Gegner gerichtet und damit auch erschöpft war, denn in allen andern entscheidenden und tiefgehenden Fragen bewegte er sich nur auf der Oberfläche und scheute die eingehende und mühevolle Arbeit. Auf Macht und Herrschaft war sein Streben nicht gerichtet, er würde sich stets mit dem beschieden haben, was er von seinen Ahnen ererbt hatte; seine auf die Wiederherstellung der alten Kaiserwürde gerichteten Schritte, wenn ja von solchen die Rede sein kann, waren nicht das Ergebnis seiner Überzeugung und seiner Wünsche, sondern das Resultat der Erfolge Waldsteins, die er eben hinnahm. Der mangelnde Ehrgeiz ist durch seine Scheu vor Anstrengungen genugsam erklärt. Da er sich durch mancherlei treffliche auf Güte des Herzens hinweisende Eigenschaften und durch einen strengsittlichen Lebenswandel auszeichnete, so kann man das Bedauern nicht unterdrücken, dass sein Andenken in der Geschichte nicht mit Unrecht verlästert wird. Die erste Veranlassung dazu bot die Art und Weise, wie er den böhmischen Aufstand nicht bloß an den Urhebern, sondern an dem ganzen Lande durch die furchtbarsten Konfiskationen rächte. Er wollte vielleicht ursprünglich die Besitzverhältnisse nicht so radikal umgestalten, wie sie es tatsächlich wurden, aber die steigenden Kriegsbedürfnisse, die grenzenlose Liederlichkeit seiner Finanzverwaltung und die unersättliche Raubsucht seiner nächsten Diener und Anhänger und seiner hohen Offiziere drängten ihn immer weiter auf die abschüssige Bahn. Er tat nichts selbst, aber er ließ es geschehen, dass soweit seine Macht reichte, seine religiösen und politischen Gegner jegliche Sicherheit ihres Eigentums einbüßten und Zustände sich entwickelten, wie sie zur Zeit der Völkerwanderung gewesen sein mochten. Die Verwünschungen, welche in Böhmen gegen ihn ausgestoßen wurden, hallten in Deutschland zehnfach verstärkt wieder, denn in seinem Namen wurden daselbst bis an die Ost- und Nordsee Konfiskationen verhängt oder Kontributionen erhoben, die kaum zur Hälfte für die Kriegskosten nötig gewesen wären, wenn er ordentlich hauszuhalten verstanden und Herr und Meister nicht bloß dem Namen, sondern auch der Tat nach über sein Heer und seine Beamten geblieben wäre. Er hätte dann vielleicht jene Erfolge erlangt, die sein Feldhauptmann Waldstein einige Zeit für ihn anstrebte und die, wenn sie bleibend behauptet worden wären, seinen Namen zu einem glanzvollen gemacht und den vielfachen Härten seines Vorgehens eine mildere, wenn nicht geradezu rechtfertigende Beurteilung gesichert hätten. Aber die Kaisermacht erhob sich unter ihm nicht aus ihrem Verfall, sondern sank nach einem vorübergehenden Aufflackern noch tiefer herab, als je zuvor; und alle von ihm direkt und indirekt verursachten Leiden dienten nur dazu, den Fremden zur Herrschaft über deutsche Gebiete zu verhelfen und das heimische Staatswesen vollends zu zerrütten. Auf seine persönlichen guten Eigenschaften nahm man später bei seiner Beurteilung keine Rücksicht, sondern nur auf seine staatliche Wirksamkeit und mit Recht, denn ein Fürst muss mit einem andern Maßstabe gemessen werden als ein Privatmann.

Indem das ungünstige Urteil über die Gesamtregierung Ferdinands hauptsächlich auf der finanziellen Unordnung fußt und diese durch seine militärische Misswirtschaft begründet wurde, war die Letztere doch nicht die einzige Ursache jenes finanziellen Elends. An der bankrotten Wirtschaft trug seine unendliche Freigebigkeit fast gleiche Schuld. Seine Günstlinge wurden von ihm mit Geschenken überhäuft, den Löwenanteil trug der Fürst von Eggenberg davon, dessen Einkommen sich schließlich auf die Summe von jährlich 400.000 Talern gesteigert haben soll. Ebenso freigebig sorgte Ferdinand für die Geistlichkeit und die Ordensklöster, deren Einkünfte er in verschwenderischer Weise vermehrte. Er begnügte sich nicht damit, die alten Stiftungen aus ihrem Verfall zu heben und zu neuem Glanz zu bringen, ihm dankten auch zahlreiche Orden ihre Einführung in Österreich, so die Barnabiter, die Kamaldulenser, die Paulauer, die unbeschuhten Karmeliter, die reformierten Augustiner, die Benediktiner von Montferrat, die Serviten und die irländischen Franziskaner. Für alle diese alten und neuen Kongregationen hatte er bei den steten an ihn gerichteten Bitten immer einen gefüllten Beutel, während er für die sonstigen Staatsbedürfnisse nie ordentlich sorgte. Die geistlichen Orden dankten ihm für die Freigebigkeit, indem sie ihn mit seiner Familie ihren Genossenschaften affiliierten; dies taten namentlich die Zisterzienser, die Olivetaner und Karmeliter; wahrscheinlich befolgten auch die übrigen Orden dieses Beispiel.

V

Von den fünf Kindern, die Ferdinand mit seiner ersten Gemahlin, der bayerischen Prinzessin Maria Anna, hatte, überlebten ihn nur vier, sein ältester Sohn Karl, der präsumtive Thronerbe, starb schon im Jahre 1619 und so wurde sein zweiter Sohn Ferdinand III. sein Nachfolger. Einen dritten Sohn, Leopold Wilhelm, der im Jahre 1614 geboren war, bestimmte er für den geistlichen Stand und überhäufte ihn schon in seiner frühesten Jugend mit den hervorragendsten kirchlichen Würden, so erhielt er die Bistümer von Passau und Straßburg, die nach der Resignation seines Oheims Leopold frei wurden und später das Bistum Halberstadt, das Erzbistum Magdeburg, endlich die Großmeisterwürde des deutschen Ordens und die Bistümer Breslau und Olmütz. Alle diese kirchlichen Würden vereinte Leopold Wilhelm in seiner Person, ohne je die Weihen empfangen zu haben. Wir werden ihm in der Folgezeit auf dem Schlachtfelde begegnen, denn unbeschadet seines geistlichen Standes übertrug ihm später sein Bruder das Kommando über die kaiserlichen Truppen.

Von den Töchtern des Kaisers war die ältere, Maria Anna, im Jahre 1610 geboren und wurde im Jahre 1635 mit dem Kurfürsten Maximilian von Bayern verheiratet. Dem Kurfürsten war im Anfang dieses Jahres seine Gemahlin gestorben und da weder er noch sein gleichfalls verheirateter Bruder Albrecht Kinder hatten, so beeilte er sich, eine zweite Frau heimzuführen, deren Jugend ihm vielleicht den heiß ersehnten Erben geben konnte. Seine Werbung um die Hand der kaiserlichen Tochter wurde in Wien günstig aufgenommen, denn man sicherte sich dadurch seine Allianz und eröffnete sich die Möglichkeit, im Falle die Ehe nicht mit Kindern gesegnet war, das Kurfürstentum später einzuziehen, wenn die Neuburger Agnaten den Kaiser bekämpfen würden und deshalb geächtet werden konnten. Auf den Wunsch ihres Vaters reichte die in Frömmigkeit und Gehorsam erzogene Tochter dem Bräutigam, der nahezu ihr Großvater hätte sein können, die Hand und sie kam so treu den übernommenen Pflichten nach, dass sich dieser nie über seine Wahl zu beklagen hatte. Die Hochzeit wurde in Wien gefeiert, wohin Maximilian zur Ersparung der Kosten auf der Donau reiste und wohin er, um seiner Ökonomie konsequent zu bleiben, alle nötigen Gerätschaften und Lebensmittel aus

München mitnahm, um ja für die eigene Zehrung und die seines Gefolges nur das Notwendigste verwenden zu müssen. Maria Anna ward ihrem Gatten eine treue Frau und sorgsame Pflegerin und da sie ihm einen Sohn gab, erfüllte sie seinen sehnlichsten Wunsch und bewahrte damit die bayerischen Wittelsbacher vor der Gefahr des Aussterbens.

Die zweite Tochter Ferdinands II., Cäcilia Renata, wurde einige Wochen nach seinem Tode mit dem Könige Wladislaw von Polen vermählt.

Von seiner zweiten Gemahlin Eleonore von Mantua hatte der Kaiser keine Kinder. Auf ihren Gemahl, der sie außerordentlich liebte, hatte sie einen großen Einfluss, doch kann man sie nicht beschuldigen, dass sie ihn missbraucht und auf die staatlichen Angelegenheiten – mit der einzigen berechtigten Ausnahme in der mantuanischen Erbschaftsfrage – einen Einfluss geübt habe. Ihre Stiefkinder waren eifersüchtig auf sie, es fehlte ihnen an jener Hingebung und Liebe, die man allerdings nur gegen die eigene Mutter empfinden kann. Infolgedessen und da sie mit der Gemahlin ihres Stiefsohnes, der spanischen Prinzessin, auf schlechtem Fuße stand, lebte sie nach dem Tode ihres Gatten vereinsamt, weil sich die Höflinge der aufgehenden Sonne zukehrten. Der junge Kaiser behandelte sie mit der ihr schuldigen Achtung, wies ihr aber, um Streitigkeiten mit seiner Frau zu vermeiden, Graz zum Aufenthalt an. Es gefiel ihr daselbst nicht und so kehrte sie später wieder nach Wien zurück.

In seinem Testamente, das Ferdinand II. im Jahre 1621 entworfen hatte, bestimmte er, in welcher Weise er seine Kinder versorgt wissen wollte und ergänzte diese und andere Bestimmungen durch das Rodicill vom Jahre 1635, in dem er für ewige Zeiten die Unteilbarkeit sämtlicher Erbkönigreiche und Fürstentümer festsetzte und auf diese Weise die österreichische Monarchie dauernd begründete. Er wollte jeden seiner Nachfolger gegen die Zumutungen jüngerer Prinzen um Zuweisung eines Ländergebietes sichern und vor jenem Schmerz bewahren, der ihm selbst nicht erspart worden war, indem ihn einer seiner Brüder, der Erzherzog Leopold, zu einer Teilung genötigt hatte.

Ferdinand II. überlebte alle seine Geschwister, obwohl er selbst das Alter von 60 Jahren nicht erreichte. Von seinen Schwestern hatten zwei nacheinander den König Sigismund von Polen, eine dritte den Fürsten von Siebenbürgen, Sigismund Bathory, eine vierte den König von Spanien, Philipp III., eine fünfte den Großherzog von Toscana geheiratet, und wie diese Verschwägerungen ihm im Kampfe gegen den böhmischen Aufstand von Vorteil waren, ergibt sich aus dem Verlaufe unserer Erzählung. Von den zwei Brüdern, die mit ihm zum männlichen Alter gelangten, dem Erzherzog Leopold und dem Erzherzog Karl, die beide die geistliche Laufbahn betraten und die bischöfliche Würde erlangten, wurde der Erstere später seiner geistlichen Würde überdrüssig und trug sich mit Heiratsgedanken. Das Hindernis, dass er bereits das Subdiakonat erlangt hatte, glaubte er mittels päpstlicher Dispens beseitigen zu können und seine Hoffnung täuschte ihn nicht, da der Papst Urban gern zur Teilung des habsburgischen Besitzes beitrug, die nun infolge der berechtigten Ansprüche Leopolds eintreten musste. Tirol und die österreichischen Vorlande, die Kaiser Ferdinand I. seinem gleichnamigen Sohn hinterlassen hatte, waren durch den unbeerbten Tod des Letztern und anderer berechtigten Erben an die steirische Linie, also an Ferdinand II. und seine beiden Brüder heimgefallen, denen jedem ein Drittel der Erbschaft gehörte. Nach mancherlei Verhandlungen, die im Jahre 1623 ihren Anfang nahmen, wollte Ferdinand auf seinen Bruder zwei Drittel der Erbschaft übertragen, da Erzherzog Karl auf seinen Anteil verzichtet hatte, später aber, und zwar im Jahre 1625, einigte er sich mit Leopold dahin, dass er demselben Tirol, Vorarlberg und einen Teil der österreichischen Vorlande übertrug, den andern Teil der Vorlande aber für sich behielt; beide Teile sollten von Erzherzog Leopold allein verwaltet werden. Da der Letztere später fortwährend über unzureichendes Einkommen klagte und um Überlassung auch dieses Teiles in sein volles Eigentum ersuchte, gab der Kaiser seinen Bitten nach und so fand im Jahre 1630 der Erbvergleich auf dieser Grundlage statt. Schon vordem und zwar am 19. April 1626 hatte sich Leopold, nachdem er zuvor auf die Bistümer Passau und Straßburg resigniert hatte, mit der Witwe des letzten Herzogs von Urbino, der Tochter des Großherzogs von Toscana, Claudia, vermählt, welcher Ehe zwei Söhne und zwei Töchter ihr Dasein verdankten. Er selbst starb schon am 13. September 1632 und da sein ältester Sohn erst fünf Jahre alt war, so führte seine Witwe durch mehrere Jahre die vormundschaftliche Regierung.

Erzherzog Karl war zuerst Bischof von Breslau, dann von Brixen und zuletzt auch Hoch- und Deutschmeister geworden. Im Jahre 1624 wurde er nach Spanien berufen und sollte mit der Statthalterschaft von Portugal betraut werden, allein der Tod ereilte ihn daselbst, bevor er noch sein Amt angetreten hatte.

Viertes Kapitel

Die steigende Übermacht Frankreichs (1637–1643).

I.   Ferdinand lll. und seine Heirat.

II.   Die Feldzüge 1637, 1638 und 1639.

III. Die Verhandlungen Bernhards von Weimar mit Frankreich, sein Tod und dessen Folgen.

IV. Die Verhandlungen des Kaisers mit der Landgräfin von Kassel. Der Reichstag von Regensburg.

V.   Der Krieg in Deutschland im Jahre 1640 und 1641. Verhandlungen mit den Welsen. Brandenburgs Neutralität.

VI. Der Aufstand in Katalonien und Portugal und die Unruhen in Frankreich.

VII. Der Krieg des Jahres 1642. Tod Richelieus und Ludwigs XIII. Sturz des Herzog-Grafen von Olivares.

I

Ferdinand III. war im Jahre 1608 in Graz geboren und hatte von seiner Mutter eine schwächliche Naturanlage ererbt, die jedoch durch eine sorgfältige physische Erziehung, durch fleißiges Reiten, Jagen und Schwimmen so gekräftigt wurde, dass er sich später einer hinreichenden Körperkraft erfreute. Von Gestalt war er größer als sein Vater, hatte schwarze Haare und mahnte in seiner äußern Erscheinung weniger an seine Eltern als an seinen Oheim mütterlicherseits, an Maximilian von Bayern. Auf seine geistige Bildung wurde die nötige Aufmerksamkeit verwendet, da er aber geringere Fähigkeiten besaß als sein Vater, so blieb er auch in seinen Leistungen hinter diesem zurück. An sprachlichem Talent scheint es ihm jedoch nicht gemangelt zu haben, wenn es wahr ist, dass er sich in sechs Sprachen mehr oder weniger gut auszudrücken verstand. Aber wie sehr der Sohn auch in geistiger Beziehung hinter dem Vater zurückstehen mochte, in einem Punkte war er ihm doch überlegen:

er war sparsam und machte der unsinnigen Verschwendung am Hofe ein Ende. Schon dadurch allein war seine Regierung unendlich besser als die vorhergehende und der Mangel an Begabung wurde tausendfach ersetzt. Es wird berichtet, dass sich zwischen Vater und Sohn schon frühzeitig ein Gegensatz entwickelte und dass es der Letztere an verdeckten tadelnden Bemerkungen über die schlechte Finanzwirtschaft nicht habe fehlen lassen. Bei der unendlichen Verehrung für seinen Vater, in der er erzogen worden war, dürfen wir derartigen Berichten nicht aufs Wort glauben, wenngleich ein Körnchen Wahrheit in ihnen liegen mag· Den Jesuiten flößte er bezüglich seiner künftigen Haltung Misstrauen ein, sein diesem Orden angehörender Beichtvater soll sich bei Ferdinand II. beklagt haben, dass sein Sohn sich in der Beichte nur im Allgemeinen anklage und zu wenig auf seine einzelnen Vergehen eingehe. Jedenfalls bekundete Ferdinand III. nicht den kaum erreichbaren Religionseifer seines Vaters, er entzog den Jesuiten jeglichen Einfluss auf die Staatsgeschäfte, bewegte sich aber im Übrigen in den katholischen Traditionen seines Vorgängers.

Der neue Kaiser war bei seiner Thronbesteigung schon seit sechs Jahren mit seiner Base, der spanischen Infantin Maria, verheiratet. Um diese Prinzessin bewarb sich ursprünglich der Sohn Jakobs von England, da man es aber spanischerseits nie ernstlich mit dieser Heirat meinte, so zerschlugen sich später die Verhandlungen und Philipp IV. konnte über die Hand seiner Schwester nach Belieben verfügen. Da schon sein Vater gewünscht hatte, sie mit dem Sohne Ferdinands II. zu vermählen und man in Wien davon Kenntnis hatte, entschloss sich der Kaiser im Jahre 1621, um ihre Hand für seinen Sohn zu werben, doch nur ungern, denn der Bräutigam war zwei Jahre jünger als die Braut und noch von sehr gebrechlicher Gesundheit. Man sagte ihm ihre Hand schon damals halb und halb zu, doch ging man erst sieben Jahre später an den Entwurf eines Heiratskontrakts, der für die Prinzessin eine Mitgift von 500.000 Kronen bestimmte. In weiteren Verhandlungen wurde derselben das Recht eingeräumt, ein zahlreiches Gefolge von Ehrendamen, Dienerinnen, Wäscherinnen Näherinnen, einem Leibarzt, einem Apotheker, einem Aderlasser und ähnlichem Volke mitzunehmen und ihren bisherigen Beichtvater, den Kapuziner Diego de Quiroga, beizubehalten, wiewohl man ihr in Wien gern einen Jesuiten an die Seite gegeben hätte. Am 7. Januar 1629 sollte die Prinzessin ihre Reise nach Wien antreten, sodass man erwarten konnte, die Heirat werde etwa im März stattfinden.

Die Abreise verzog sich jedoch, weil der König von Spanien seine Schwester bis Barcelona begleiten wollte und im Augenblick das für die Reise des ganzen königlichen Hofstaates nötige Geld nicht vorhanden war. Man begnügte sich also vorläufig damit, die Heirat mittels Prokuration am 21. April zu vollziehen und die Prinzessin ruhig zu Hause zu lassen. Alle Bitten und Vorstellungen des kaiserlichen Gesandten, Grafen Khevenhiller, wegen der ungebührlichen Verzögerung der Abreise und der damit verbundenen Beleidigung seines Herrn halfen nichts, der König verlangte sogar, dass die Prinzessin die Niederkunft seiner Gemahlin, der man im Oktober entgegensah, zuerst abwarten sollte. Da man in Wien schon aus Dankbarkeit gegen die spanischen Wünsche nachgiebig sein musste, so willigte man in den Aufschub der Reise bis zum 1. Dezember ein, aber auch dieser Termin wurde nicht eingehalten und die Reise erst am 26. Dezember wirklich angetreten. Wenn man nicht aus politischen oder anderen Gründen so lange gezögert hatte, sondern wegen der Unbequemlichkeit, von der man unterwegs bedroht war, so hatte man Recht, denn die Straßen waren so elend, dass man nicht mehr als 5 bis 6 spanische Meilen (die kleiner sind als die deutschen) täglich zurücklegen konnte und zugleich fand man in den am Wege liegenden Dörfern und Städtchen das elendeste Unterkommen. Als man z.B. im Orte Gaxamexos übernachtete, befand sich dort kein Haus mit einem heilen Dache, sodass es nach dem Berichte des·mitreisenden kaiserlichen Gesandten während der Nacht in das Schlafzimmer der Braut schneite (!). Philipp IV. begleitete seine Schwester bis Saragossa, dort verabschiedete er sich von ihr und übergab dem Herzog von Alba die Direktion der ganzen Reisegesellschaft. Statt weiterzureisen, blieb dieselbe jedoch über 14 Tage in dieser Stadt, angeblich, um Nachrichten über die Pest einzuholen, die an einem Orte an der Straße ausgebrochen sein sollte. Auf diese Weise kam die Infantin erst am 8. Februar 1630 in Barcelona an und da die Schiffe zur Überfahrt nach Italien nicht bereit standen, so hielt sie sich in dieser Stadt länger als vier Monate auf. Als sie sich endlich am 12. Juni einschiffte, fuhr die Flotte bei Toulon an, wo die Infantin über Aufforderung ihrer Schwester, der Königin von Frankreich, mit der Letzteren zusammentreffen wollte. Da aber Anna von Österreich wahrscheinlich von ihrem Gemahl und dem Kardinal Richelieu keine Erlaubnis zu dieser Zusammenkunft erhielt, so musste Maria unverrichteter Dinge ihren Weg nach Genua fortsetzen. Hier wurde wieder während eines ganzen

Monats Halt gemacht und Tag für Tag zwischen dem Herzog von Alba und dem Grafen Khevenhiller über die Richtung gestritten, welche die Weiterreise nehmen sollte. Alba wollte über Mailand und Graubünden reisen, wogegen Khevenhiller diesen Weg vermeiden wollte, weil er unsicher war. Der Streit wurde zuletzt dahin entschieden, dass man den Weg über Neapel einschlug, hier abermals ungefähr drei Monate Halt machte und diese Zeit mit stetem Gezänke über den Vorrang ausfüllte, den der Herzog von Alba und der Vizekönig von Neapel, der Herzog von Alcala, jeder für sich in Anspruch nahm. Am 25. Oktober wollte man endlich von Neapel ausbrechen, allein die Infantin verschob die Abreise selbst bis zum 20. November, weil angeblich wegen der großen Hitze das Reisen noch zu gefährlich sei. Gegen diese abermalige Verzögerung, der noch ein zweiter Aufschub bis zum 12. Dezember folgte, protestierte Khevenhiller vor der Braut, indem er die Schuld daran den Ratschlägen des Herzogs von Alba zumaß und gleichzeitig einen Befehl König Ferdinands III. vorwies, der ihm auftrug, seine Gemahlin ohne jede Zögerung zur Reise zu veranlassen und sie dem Einfluss der spanischen Begleitung zu entziehen, deren Autorität ein Ende zu nehmen habe.

Wenn Alba nicht nachgegeben hätte, so wäre es wahrscheinlich zum Bruche gekommen und Khevenhiller wäre allein abgereist, da man ihm die Infantin nicht ausgeliefert hätte, aber infolge seines energischen Auftretens nahmen die Zögerungen ein Ende. Die Reise wurde am 18. Dezember angetreten, ging quer durch die Halbinsel und wurde dann zu Lande längs des adriatischen Meeres bis nach Ancona fortgesetzt. Hier angekommen, wollte jedoch der Herzog von Alba mit der Infantin wieder nach Neapel zurückkehren, weil die zur Überfahrt nach Triest von der Republik Venedig beigestellten Schiffe angeblich nicht pestfrei seien. Wieder sah sich Khevenhiller gezwungen, energisch aufzutreten; er richtete einen Brief an die Infantin, in dem er ausdrücklich alle Pestgerüchte als Lügen brandmarkte, da die venezianischen Behörden das Vorhandensein einer Pestgefahr in Abrede stellten. Zum Überfluss wolle er eine Untersuchung der Schiffe anstellen und wenn er sie für ihren Zweck tauglich befunden haben würde, einem derselben seine Frau und sein Kind, welche die Reise mitgemacht hatten, anvertrauen und sie nach Triest vorausschicken.

Da die Untersuchung der Schiffe nichts Gesundheitsgefährliches ergab, so schickte Khevenhiller Frau und Kind fort, als er aber von dem

Fahrzeug zurückkehrte, wohin er sie begleitet hatte und ans Land steigen wollte, bedrohte ihn die im Hafen stehende Schildwache mit dem Tode, wenn er landen würde, weil er von einem verpesteten Orte komme. Der Gesandte befand sich in einer kritischen Lage: landen wollte und musste er, er entschloss sich also kurz, sprang auf die Schildwache zu, stürzte sie nach kurzem Handgemenge über die Böschung ins Meer und flüchtete sich in das Haus, wo die Infantin wohnte und wo sie aus dem Fenster dieser peinlichen Szene zusah. Der Gesundheitsaufseher von Ancona erschöpfte sich gegen Khevenhiller in Entschuldigungen, das Verbot des Landens habe sich nur auf das gemeine Volk bezogen und sei aus Übereifer auch auf ihn angewendet worden, allein die Vermutung liegt nur zu nahe, dass der Herzog von Alba seine Hand dabei im Spiele hatte und sich auf diese Weise des kaiserlichen Vertreters entledigen wollte, indem er ihn unter dem Vorwand der Quarantäne nicht mehr landen ließ.

Auf diese Weise aller Vorwände beraubt, musste Alba endlich in die Abfahrt willigen, die auch am 24. Januar 1631 vor sich ging. Zwei Tage später landeten die Schiffe in Triest, wo die Infantin, die seit ihrer durch Prokuration vollzogenen Vermählung den Titel einer Königin führte, von dem Erzherzog Leopold, dem Bruder des Kaisers, begrüßt und darauf von Alba demselben feierlich übergeben wurde. Auf einer Station der weiteren Fahrt wurde sie von der Erzherzogin Claudia, der Gemahlin Leopolds, empfangen und weiter begleitet, nachdem vorher eine Verhandlung eingeleitet worden war, ob die Erzherzogin an den Mahlzeiten der Königin teilnehmen dürfe. Die Antwort lautete bejahend, weil Maria noch nicht Kaiserin sei und die Erzherzogin zur Familie gehöre. Als sie in Mürzzuschlag eintraf, erfuhr sie, dass ihr Gemahl sie auf dem Semmering begrüßen wolle und dass sein Oberthofmeister, Graf Tun, an der Spitze einer Anzahl vornehmer Kavaliere ihr entgegengezogen sei und um die Erlaubnis bitte, sie zu begrüßen. Als sie die Erlaubnis gegeben, stellten sich ihr ungefähr 30 prachtvoll gekleidete junge Edelleute vor, unter denen einer durch seine besondere Verneigung die Aufmerksamkeit der Königin auf sich lenkte. Sei es, dass ihr heimlich mitgeteilt worden war, wer der Grüßende sei, sei es, dass sie ihn nach seinem Bilde erkannte, kurz sie erwiderte seinen Gruß mit einer gleich tiefen Verneigung und gab dadurch zu erkennen, dass sie in dem Kavalier ihren Gemahl vermute. Tatsächlich hatte Ferdinand III. diese Form für das erste Zusammentreffen gewählt.

Nahezu 14 Monate hatte die Reise von Madrid bis Märzzuschlag in Anspruch genommen und gewiss wird mancher unserer Leser die vielen Zögerungen nicht begreifen und hinter denselben besondere Gründe gesucht oder die Königin einer grenzenlosen Apathie gegenüber ihrer spanischen Begleitung beschuldigt haben. Der Grund lag jedoch nicht in der Willenlosigkeit der Braut, sondern in ihrer Voreingenommenheit gegen den ihr bestimmten Gatten. Irgendeine Persönlichkeit in Spanien, die ihr Zutrauen besaß, hatte ihr von der äußern Gestalt und den geistigen Gaben ihres Gemahls eine sehr unvorteilhafte Beschreibung gemacht, sodass die Prinzessin vor dem Anblick des ihr bestimmten Gatten zurückbebte und diesen beängstigenden Augenblick so lange als möglich hinauszuschieben suchte. Das erste Zusammentreffen mit ihm überzeugte sie nun, dass die abschätzige Schilderung der äußern Gestalt ihres Gatten übertrieben war; er war weder schöner noch hässlicher als die meisten Männer und dass es um seine geistigen Gaben nicht so schlecht bestellt sei, konnte sie schon einige Augenblicke später aus der Unterhaltung entnehmen, die er mit ihr in spanischer Sprache führte. Ohne begabt zu sein, bekundete er oft ein richtigeres Urteil als sein Vater und so kann man auch gewiss sein, dass er im Privatverkehr einen guten Eindruck hervorbrachte, wenn es sich ihm darum handelte, liebenswürdig zu sein. Da er von seiner Gattin nach ihrer ersten Bekanntschaft sehr entzückt war und die bis dahin in klösterlicher Zurückgezogenheit gehaltene Prinzessin vielleicht einen Teil der Lebendigkeit ihrer Schwester, der französischen Königin Anna, entwickelte und ihren Gemahl mit einer ungeahnten Liebenswürdigkeit bezauberte, so gestaltete sich das eheliche Leben beider vom ersten Augenblick an freundlich, denn die Königin, gerührt durch die aufrichtige Bewunderung und Liebe ihres Gatten, vergalt ihm dieselbe in herzlicher Weise.

II

Ferdinand III. befand sich zur Zeit als sein Vater starb in Regensburg, wohin er einige Generale zur Beratung über den nächsten Feldzugsplan berufen hatte. Als ihn die Todesnachricht erreichte, trat er augenblicklich die Reise nach Wien an, wo seine erste Sorge auf Erzielung der nötigen Ersparnisse gerichtet war. Die Kosten des Hofhalts hatten in den letzten

Jahren jährlich eine Million Gulden betragen, diese Ausgabe beschränkte er auf 394.000 Gulden, also auf weniger als die Hälfte. Die erste Stelle an seinem Hofe räumte er dem Grafen Maximilian von Trauttmansdorff ein, indem er ihn zu seinem Obersthofmeister ernannte, also zu jener Stellung beförderte, die ehedem der Fürst von Eggenberg besessen hatte. Der neue Premierminister zeichnete sich durch Rechtschaffenheit, durch klare Beurteilung der verwickelten Verhältnisse und durch eine entsprechende Arbeitskraft aus. Im Übrigen behielt Ferdinand III. die meisten Diener seines Vaters in ihren früheren Stellungen bei, sodass mit Ausnahme der sparsamen Tendenzen die neue Regierung sich in den Bahnen der früheren bewegte.

Der Feldzug des Jahres 1637 begann am Rhein mit glücklichem Erfolg für die kaiserlichen Waffen. Der bayerische General Werth war beauftragt, von den Niederlanden aus rheinaufwärts zu ziehen und sich mit dem kaiserlichen General Götz zu verbinden; er eroberte auf dem Marsche die Festung Ehrenbreitstein, wodurch die Franzosen gezwungen wurden, ihre Positionen im Kurfürstentum Trier aufzugeben, da sie schon früher aus Trier und Koblenz vertrieben worden waren. An diesen Erfolg schloss sich die Eroberung von Hanau an. Nicht so günstig gestalteten sich die Dinge zu gleicher Zeit auf dem südlicher gelegenen Kriegsschauplatze. Hier stieß Bernhard von Weimar bei Ray an der Saone auf das kaiserliche Heer unter Mercy und dem Herzog von Lothringen und brachte demselben (am 22. Juni) eine Niederlage bei. Der Kaiser suchte durch allerlei Anordnungen die Folgen dieser Niederlage wiedergutzumachen, er übertrug das Kommando über die Rheinarmee an Piccolomini, der nun sämtliche verfügbaren Streitkräfte an sich zog und befal dem unfähigsten seiner Generale, dem Fürsten Savelli, sich dem Herzog von Weimar bei seinem Vorrücken an den Rhein entgegenzustellen, konnte aber durch alle diese Maßnahmen nicht hindern, dass Bernhard den Rhein bei Rheinau mit 12.000 Mann überschritt. Der Übergang glückte besonders deshalb, weil Werth, der auch herbeigerufen worden war, zu spät ankam. Jetzt aber hatte die Siegeslaufbahn Bernhards ein vorläufiges Ende, denn die Gegner, deren Zahl täglich wuchs, nötigten ihn wieder zum Rückzug über den Rhein.

Auch an der Elbe neigte sich das Kriegsglück schließlich zugunsten des Kaisers. Banér hatte zu Anfang des Jahres Erfurt und Torgau erobert und Leipzig bedroht, allein zuletzt vereinigten sich die kaiserlichen und die bayerischen Truppen unter dem Kommando Geleens, Hatzfelds und Götzs am linken Elbeufer bei Torgau und drohten Banér in seinem Lager einzuschließen. Der Letztere sah sich zum Rückzug über die Elbe und Oder genötigt, statt aber in Landsberg, wie er hoffte, mit Wrangel zusammenzutreffen, stieß er hier auf Gallas, der mit der Hauptarmee ihm vorausgeeilt war. In dieser großen Gefahr rettete sich Banér durch eine Kriegslist, er ließ ausstreuen, dass er sich nach Polen zurückziehen wolle und schickte seine Frau und einen Teil seines Gepäckes in dieser Richtung ab. Gallas eilte nun, ihm den Vorsprung abzugewinnen und Banér konnte auf diese Weise ungehindert den Rückzug nach der Oder antreten, sich dann bei Schwedt mit Wrangel vereinen und in Stettin einen sichern Zufluchtsort aufsuchen. Im darauffolgenden Herbste erlitten die Schweden in Pommern große Verluste gegen die Kaiserlichen, sie mussten einen Platz nach dem andern räumen und obzwar sie nicht vollständig verdrängt werden konnten, so büßten sie jedenfalls sämtliche Resultate des von Banér im vorigen Jahre bei Wittstock erfochtenen Sieges ein.

Im Laufe des Jahres 1637 war der letzte Herzog von Pommern, Bogislaw, gestorben und dadurch der Moment gekommen, in dem Brandenburg seine Erbrechte geltend machte. Der Kaiser unterstützte die Ansprüche des Kurfürsten, so weit er konnte, allein Schweden stellte sich denselben mit aller Macht entgegen und so blieb der Besitz von Pommern in allen folgenden Kriegsjahren ein Zankapfel zwischen den beiden Bewerbern. Im selben Jahre erlag auch einer der grimmigsten Feinde des Kaisers, der Landgraf Wilhelm von Hessen-Kassel (am 21. September) einem Zehrfieber, die Verleumdung jener Tage behauptete dagegen, er sei an Gift zugrunde gegangen, das ihm ein in Wien gedungener Giftmischer gereicht habe. Für seinen minderjährigen Sohn Ludwig Vl. führte die Witwe Amalie Elisabeth die Vormundschaft und bemächtigte sich auch der Regierung, obwohl der Kaiser die Administration des Landes dem Landgrafen Georg von Darmstadt übertragen hatte. Als der General Götz die Exekution gegen die ungehorsame Landgräfin durchführen wollte, legte sich der Herzog Georg von Lüneburg ins Mittel und half ihr zu einem Waffenstillstande, indem ihr unter der Bedingung der Annahme des Prager Friedens und Aufgebung aller feindlichen Bündnisse die Regentschaft über die Besitzungen ihres Sohnes übertragen wurde.

Noch mit einem andern Fürsten schloss der Kaiser im selben Jahre einen Vergleich in der Hoffnung, ihn dadurch für immer aus der Reihe seiner Gegner entfernt zu haben. Es war dies der Herzog Eberhard von Württemberg, der seinem Vater im Jahre 1633 gefolgt war und sich den Schweden angeschlossen hatte, infolge der Schlacht von Nördlingen aber aus seinem Lande flüchten musste. Ferdinand II. wollte ihn anfangs nicht in den Prager Frieden einschließen, später ließ er aber doch Verhandlungen über seine Begnadigung zu, die im Herbst 1637 zu Ende geführt wurden. Der Herzog musste sich verpflichten, bis zum Friedensschlusse alle seine Festungen, eine einzige ausgenommen, in kaiserlichen Händen zu lassen, das feste Hohentwiel, das von einer württembergischen Besatzung gehalten wurde, zu übergeben und für den Unterhalt der kaiserlichen Besatzungen Sorge zu tragen. Der Kommandant von Hohentwiel weigerte sich jedoch, der Bedingung nachzukommen, weil er nicht bloß im Dienste des Herzogs, sondern auch des Königs von Frankreich stehe und fast wäre die Restitution des Herzogs zunichte geworden, wenn er es nicht verstanden hätte, sich von dem Verdachte zu reinigen, dass der Kommandant in Übereinstimmung mit ihm handle. So wurde ihm trotz mancherlei Verzögerung durch ein kaiserliches Dekret (27. August 1638) sein Land wieder zurückgegeben und die vom Kaiser eingesetzte provisorische Regierung aufgelöst.

Auch die pfälzische Streitfrage suchte der Kaiser zu lösen, indem er zu Ende 1637 auf den vom König Karl I. von England gemachten Vorschlag einging und Verhandlungen über einen entsprechenden Ausgleichsvorschlag in Brüssel einleiten wollte.

Es kam indessen nicht zu diesen Konferenzen, dagegen scheiterte auch ein von dem Sohne des Winterkönigs, dem Pfalzgrafen Karl Ludwig, im Jahre 1638 gemachter Versuch, sich mit Gewalt in den Besitz seines Erbes zu setzen, sodass diese Angelegenheit in dem früheren Zustande blieb.

Da der Feldzug des Jahres 1637 nicht die von Frankreich erwartete Niederlage des Kaisers zur Folge hatte, so sollte sie im folgenden Jahre bewerkstelligt werden und zu diesem Behufe setzte Richelieu den Krieg gegen den Kaiser und seinen Vetter, den König von Spanien, energisch fort. Trotzdem erlitten die vereinigten Franzosen und Piemontesen in Italien durch die Spanier zu Anfang des Jahres einige Schlappen und ihre Lage daselbst gestaltete sich noch bedenklicher, als die Witwe des Herzogs von Mantua, der diesen Besitz nur der Intervention Frankreichs verdankte, mit den Spaniern in geheime Verhandlungen trat und auch die Regentin von Savoyen, die Witwe des Herzogs Viktor Amadeus, die französische Allianz lösen wollte. Spanien gewann vorläufig noch keine der beiden Fürstinnen, aber es war sichtlich, dass die Franzosen in dem Kampfe in Italien allein auf ihre eigenen Kräfte rechnen mussten. – Im Norden rückte die französische Armee in die Grafschaft Artois ein in der Hoffnung, dass die Holländer durch einen Angriff auf die spanischen Niederlande diesen Feldzug unterstützen würden. Der Kardinal-Infant leitete jedoch die Verteidigung mit ebenso viel Geschick als Glück und da er darin von dem kaiserlichen General Piccolomini unterstützt wurde, so scheiterten alle Anstrengungen der Holländer und Franzosen. Noch schlimmer erging es den Letzteren in diesem Jahre, als sie Spanien selbst angriffen, indem sie bei der Belagerung von Fuentarabia eine Niederlage erlitten. Alle diese Misserfolge wurden jedoch durch das Ergebnis des deutschen Feldzuges ausgeglichen, der diesmal zu Ungunsten des Kaisers verlief.

Richelieu hatte dem Herzog von Weimar die ausgiebigste Unterstützung zuteilwerden lassen, damit er mit einem hinreichend starken Heere die Eroberung von Breisach bewerkstelligen und so am Oberrhein festen Fuß fassen könnte. Bernhard leitete sein Unternehmen durch die Belagerung von Rheinfelden ein, von der er aber ablassen musste, weil das kaiserliche Heer, an dessen Spitze Savelli und Werth standen, im Anzuge war. Die kaiserlichen Truppen hatten den Gegner am 28. Februar zum Rückzuge von Rheinfelden genötigt, da Savelli es aber geschehen ließ, dass seine Truppen sich in den anliegenden Dörfern zerstreuten, so benutzte Bernhard diese große Achtlosigkeit und rückte am 3. März vor, griff die zerstreuten Gegner an und erfocht einen vollständigen Sieg. Fast der ganze kaiserliche Generalstab, darunter Savelli und Werth, fielen in dieser zweiten Schlacht von R h e i n f e l d e n in seine Hände. Johann von Werth wurde nach Frankreich abgeführt, zuerst in Vincennes und später in Paris interniert. Savelli gelang es zu entfliehen, worauf er trotz seiner notorischen Unfähigkeit noch eine kurze Zeit im kaiserlichen Dienste verwendet, dann aber endgültig entlassen wurde.

Nach der Niederlage bei Rheinfelden suchte sich die Besatzung dieses Ortes noch so lange als möglich zu halten, musste aber am 24. März kapitulieren. Dieser Kapitulation folgte vier Wochen später die von Freiburg und nun schickte sich Bernhard zur Belagerung von Breisach an. General Götz suchte die Festung mit Lebensmitteln und Munition zu versehen, was ihm auch wirklich gelang, aber eine Pulverexplosion zerstörte diese

Vorräte. Ein zweiter Versuch, diesen Schaden gutzumachen, glückte besser und Bernhard musste von der Belagerung ablassen, da Götz mit seinem Heere zum Entsatz von Breisach heranzog. Er hatte mittlerweile durch französische Zuzüge sein Heer auf 16.000 Mann verstärkt, denen 18.000 Mann gegenüberstanden. Diese geringe Überzahl würde ihm ein längeres Manövrieren und ein Hinausschieben der Entscheidung gestattet haben, wenn er nicht durch den heranziehenden Herzog von Lothringen bedroht worden wäre, zwischen zwei Feuern gefasst zu werden. Er entschloss sich deshalb rasch zum Angriffe gegen die von Götz und Savelli kommandierten Truppen und fügte ihnen bei W i t t e n w e i h e r (am 9. August) eine Niederlage zu. Der Kaiser war über den Verlust dieser Schlacht so entrüstet, dass er eine Untersuchung anordnete. Mittlerweile rückte der Herzog von Lothringen heran, statt aber von Götz, der durch frische Zuzüge wieder über 16.000 Mann gebot, unterstützt zu werden, musste er den Kampf gegen Bernhard allein bestehen und verlor so die Schlacht bei T a n n (15. Oktober 1638). Erst vier Tage darnach schritt Götz zum Angriff, indem er das hart bedrängte Breisach um jeden Preis retten wollte, allein auch er musste sich geschlagen zurückziehen.

Obwohl Breisach jetzt nicht mehr zu halten war, so verteidigte sich doch die Besatzung unter ihrem überaus tüchtigen Kommandanten, dem Feldzeugmeister Reinach, in energischer Weise und bewährte dabei die seltenste Opferwilligkeit. Die Not war in der Festung zuletzt auf eine furchtbare Höhe gestiegen, um den Hunger zu stillen wurde Brot aus Kleie, Asche und Eichenrinde gebacken oder man aß aufgeweichtes Leder und verzehrte Hunde, Katzen und Ratten, ja sogar Menschenfleisch. An 5000 Menschen gingen während der letzten Wochen der Belagerung zum größten Teil durch Hunger zugrunde. Die pestinzialischen Ausdünstungen, welche die unbestatteten Leichname um sich verbreiteten, nötigten den Feldzeugmeister endlich zur Kapitulation, die nach mehrtägigen Verhandlungen am 17. Dezember abgeschlossen wurde und bei der der Sieger der Besatzung freien Abzug mit fliegenden Fahnen gewährte. Als die Soldaten aus der Festung herausrückten, hatte mancher nicht mehr die Kraft, den Säbel zu tragen, viele gingen jetzt zugrunde, als sie heißhungrig das ihnen dargereichte Brot verschlangen. Zum Gouverneur der Festung ernannte der Herzog den Generalmajor Erlach, der sich ihm durch besonderen Eifer im Dienst bemerkbar gemacht hatte.

Unglücklich wie der Krieg am Rhein endete im selben Jahre auch der Feldzug gegen die Schweden, die, wie erinnerlich, auf Hinterpommern beschränkt waren. Durch die gewonnenen Erfolge berauscht, war Gallas fahrlässig geworden und trug dadurch, sowie durch mancherlei andere Fehler, zur Auflösung des kaiserlichen Kriegsheeres bei, sodass Banér, der sich mittlerweile durch neue Werbungen verstärkt hatte, zum Angriff übergehen konnte und einen Erfolg nach dem andern errang. Als sich Gallas dann mit den Truppen der beiden Kurfürsten von Sachsen und Brandenburg vereinte und stärker als sein Gegner geworden war, tat er doch nichts, um ihm die gewonnenen Plätze zu entreißen, sondern zog sich schließlich nach Böhmen und Schlesien in die Winterquartiere zurück, ohne von Banér weiter verfolgt zu werden. Die niedersächsischen Kreisfürsten setzten dem Letzteren trotz des im Prager Frieden stipulierten Anschlusses an den Kaiser keinen Widerstand entgegen, sondern verhielten sich vorläufig neutral. Für die Neutralität bemühte sich insbesondere der Herzog Georg von Lüneburg, der sich später (zu Anfang des Jahres 1640) sogar den Schweden wieder anschloss, welchem Bündnis sich dann auch der Herzog von Braunschweig beigesellte.

Nachdem die in Köln angebahnten Friedensverhandlungen resultatlos geendigt hatten, wurde zu Ende des Jahres neuerdings ein Versuch gemacht und zwar in Hamburg, wo der kaiserliche Gesandte Graf Kurz mit dem Franzosen Avaux und mit dem Schweden Salvius zusammenkam, um die Grundlagen eines Friedens zu vereinbaren. Kurz berichtete einige Wochen später an den Kaiser, dass er sich keine Hoffnung auf ein gedeihliches Resultat machen dürfe, denn während der schwedische Vertreter vorgebe, nichts ohne Zustimmung Frankreichs tun zu können, entschuldige sich Avaux mit mangelnder Instruktion. Dazu verlange der Letztere die Ausstellung kaiserlicher Geleitsbriefe für sämtliche den Verhandlungen zuzuziehenden deutschen Fürsten, in denen ihnen alle Titel und Würden beigelegt werden sollten, auf die sie Ansprüche machten, wenngleich der Kaiser sie nicht alle anerkannte und jedenfalls darüber erst verhandeln musste. Ferdinand würde in diesen Formfragen vielleicht nachgegeben haben, aber die Franzosen stellten noch andere Forderungen, die sonnenklar bewiesen, dass es ihnen nur um Verschleppung der Zeit zu tun sei. Kurz bemühte sich, wenigstens die Schweden zu gewinnen und bot ihnen unter Vorbehalt der Zustimmung Brandenburgs, Stralsund und Rügen an. Dieses Anerbieten scheiterte jedoch an der

Weigerung Kurbrandenburgs, es zu bewilligen und so endeten die Hamburger Verhandlungen resultatlos.

Banér setzte im folgenden Kriegsjahr (1639) seine vorwärts schreitende Bewegung fort, überschritt bei Halle die Saale, besetzte Zwickau und belagerte Freiberg, musste sich aber nach seiner daselbst erlittenen Schlappe wieder nach Zwickau zurückziehen. Am 14. April schlug er bei C h e m n i t z die kaiserlichen Truppen und richtete durch diesen Sieg auch die sächsische Armee zugrunde. Er zog nun gegen die Elbe, griff Pirna an und zeigte damit deutlich seine Absicht, in Böhmen einzufallen. Gallas traf eilige Anstalten, den Angriff zurückzuschlagen, er konzentrierte von allen Seiten Truppen bei Prag, konnte aber doch nicht hindern, dass die Schweden Tetschen, Leitmeritz und Melnik einnahmen und nach einem glücklichen Treffen bis vor Prag rückten (29. Mai). Banér begann nun die Belagerung dieser Stadt, konnte sie aber nicht einnehmen, da sie tapfer verteidigt wurde und musste sich schließlich zurückziehen, weil er sich den unter Hatzfeld zum Entsatz heranziehenden kaiserlichen Truppen nicht gewachsen glaubte. Der Kaiser ernannte jetzt seinen Bruder, den Erzherzog Leopold Wilhelm, zum Oberbefehlshaber des in Böhmen stehenden Heeres. Dieser langte gegen Ende September in Prag an und musste sich bald darauf gegen Banér verteidigen, da dieser abermals vor Prag rückte. Am 29. Oktober zog sich der Letztere wieder nach Leitmeritz zurück, nachdem er während seines mehrmonatlichen Aufenthalts das nördliche Böhmen nach allen Richtungen gebrandschatzt hatte. – Da diese Vorgänge den Kaiser nötigten, seine meisten Kriegsmittel in Böhmen zu konzentrieren, so konnte er nur wenig auf die Verteidigung von Schlesien bedacht sein. Zu Ende des Jahres fiel Neumark in die Hände der Schweden und die Schilderung, welche der kaiserliche General Graf Wolf von Mansfeld dem Kaiser von der feindlichen Stimmung der Schlesier gab, macht es fast unbegreiflich, dass daselbst nicht alles verloren ging.

Im selben Jahre lieferte Piccolomini an der Spitze kaiserlicher und spanischer Truppen den Franzosen bei D i e d e n h o f e n am 7. Juni eine Schlacht, in der die Letzteren geschlagen wurden und große Verluste erlitten. Dieser Erfolg paralysierte einigermaßen den Verlust der Seeschlacht bei Dünkirchen, in welcher die Spanier von den Holländern geschlagen worden waren. Dem Kaiser drohte jetzt ein empfindlicher Verlust, indem sich das Band, das den Herzog Karl von Lothringen an ihn knüpfte, allmählich lockerte. Von der reizenden Gräfin Contecroix umgarnt, wollte der Herzog sie heiraten und da sie die Auflösung seiner ersten Ehe durch französische Vermittlung erhoffte, so suchte sie ihn für Frankreich zu gewinnen. Es fanden infolgedessen Verhandlungen zwischen dem Herzog und Richelieu statt, die mit seinem Übertritt zur französischen Partei endigten. Dieser Anschluss dauerte jedoch nur äußerst kurze Zeit, denn schon während der Verhandlungen über das neue Bündnis fasste der Herzog den Entschluss, sich wieder mit dem Kaiser zu verbinden und wechselte in der Tat seine Allianz, sodass Ferdinand III. mit dem bloßen Schrecken davonkam.

III

Der Herzog von Weimar konnte nach der Eroberung von Breisach ohne Gefährde in Süddeutschland einbrechen und dadurch die Absicht Banérs, mit ihm in Österreich zusammenzutreffen, unterstützen. Statt aber diesem weit ausgreifenden Plane entsprechend vorzugehen, suchte er sich das Elsass durch weitere Eroberungen zu sichern und so die im Vertrage von St. Germain en Laye versprochene Herrschaft über dasselbe zu einer tatsächlichen umzugestalten. Dadurch erregte er aber im höchsten Grad die Eifersucht Richelieus, der es mit dem Vertrag nie ernst gemeint hatte, denn durch die Klausel, dass Bernhard das mit französischem Gelde unterhaltene Heer nur nach Belieben des Königs verwenden und seinem obersten Kommando unterstellen müsse, beabsichtigte er ihn im entscheidenden Augenblicke um die Früchte seiner Siege zu betrügen. Der Gegensatz der beiderseitigen Absichten, derjenigen Bernhards nach dem Besitze des Elsasses und jener Richelieus, dieses Gebiet mit Frankreich zu vereinigen, konnte nach den glänzenden Erfolgen des vorigen Jahres nicht länger verborgen bleiben. Der Kardinal suchte sich den Weg zur Erreichung seines Zieles dadurch zu bahnen, dass er den Herzog zur Übergabe Breisachs an den König aufforderte, damit dieser die Besatzung und den Kommandanten für sich vereidigen könne. Bei dieser Forderung konnte er sich allerdings nicht auf den mit dem Herzog vereinbarten Vertrag berufen, wohl aber auf den, welchen er im Jahre 1634 mit den vier oberen Kreisen abgeschlossen hatte, in dem es ausdrücklich hieß, dass das Elsass unter den Schutz des Königs von Frankreich gestellt und ihm auch Breisach eingeräumt werden solle. Bernhard konnte dagegen geltend machen, dass dieser Vertrag durch den später mit ihm abgeschlossenen hinfällig geworden sei.

Um zu dem gewünschten Ziele zu gelangen, beauftragte Richelieu den Anführer der gleichzeitig mit Bernhard operierenden Truppen, den Grafen Guébriant, sich mit dem Herzog in Unterhandlungen einzulassen und ihn durch freundliche Worte und Anerbietungen dahin zu vermögen, dass er einen Franzosen zum Kommandanten der Festung ernenne und eine teilweise französische Besatzung in dieselbe hineinlege. Guébriant scheint keine ernstlichen Verhandlungen mit Bernhard gepflogen zu haben, denn auf die ersten Andeutungen bezüglich Breisachs erklärte der Letztere, dass er selbst nach Paris gehen werde, um darüber sowie über den künftigen Feldzug zu verhandeln. Einige seiner Freunde widerrieten ihm die Reise, weil er in Paris den französischen Forderungen machtlos gegenüberstehe und Breisach, die Perle seines künftigen Besitztums, werde preisgeben müssen; selbst die verwitwete Pfalzgräfin Elisabeth, die Gemahlin des Winterkönigs, schloss sich den Warnern an und riet ihm, Breisach nicht aus den Händen zu geben. Da Bernhard diesen Ratschlägen umso zugänglicher war, als er die erlangten Erfolge für sich und nicht für Frankreich auszubeuten gedachte, so gab er den Plan zur Reise auf, rief aber damit in Paris den heftigsten Unwillen hervor. Statt seiner schickte er den General Erlach und verlangte durch diesen die vertragsmäßigen Subsidien und außerdem noch eine besondere Unterstützung, welches Gesuch auf keine besondere Bereitwilligkeit stoßen konnte, da Erlach bezüglich Breisachs zu keinen Anerbietungen ermächtigt war. Richelieu bewilligte schließlich die verlangten Subsidien unter der Bedingung, dass sich der Herzog schriftlich verpflichte, alle eroberten Plätze unter des Königs Oberhoheit zu bewachen und namentlich Breisach für den Fall seines Todes oder seiner Gefangennahme in keines andern als des Königs Hand zu liefern. Gleichzeitig wurde Erlach durch eine Pension von 12.000 Livres für das französische Interesse gewonnen, und wenn es auch nicht wahr ist, dass er sich eidlich verpflichtete, Breisach für Frankreich zu bewahren, im Falle Bernhard mit Tode abginge, so erklärte er doch gesprächsweise vor einigen französischen Ministern, dass er „im Falle dem Herzog Bernhard ein Unfall zustoßen sollte, lieber sterben, als Breisach nicht für den Dienst des Königs bewahren würde". Auch Graf Guébriant stellte nun dieselbe Forderung an Bernhard, die

Erlach übermitteln sollte; es kam zu einem äußerst lebhaften Gespräch zwischen den beiden Feldherren, Bernhard berief sich auf den Vertrag von St. Germain en Laye, der ihm den Besitz des Elsasses sichere, ohne etwas von der Einräumung einzelner Orte zu erwähnen; Guébriant behauptete dagegen, dass der Herzog seine Eroberungen nur unter denselben Bedingungen behaupten dürfe, unter denen er den Marschallstab trage, nämlich unter französischer Hoheit. Am folgenden Tage (22. Juni 1639) übergab Bernhard dem französischen General eine schriftliche Erklärung, in der er den unbeschränkten Besitz des Elsasses und einen Teil des von ihm eroberten Hochburgunds verlangte und dem König von Frankreich nur den Rest der gegen Spanien gemachten Eroberungen anbot. Diese unumwundene Sprache musste den Kardinal überzeugen, dass der Herzog die Habsburger nur zu seinem eigenen Vorteil bekriege.

Richelieu wollte sich dies um keinen Preis gefallen lassen, denn wenn er gestattete, dass das Resultat der nur mit französischer Unterstützung zustande gebrachten Leistungen anderen zugute kam, so musste er darauf gefasst sein, dass die Welt ihn und seinen König verspotten würde. Er befürchtete zugleich, dass Bernhard sich mit dem Plane der Begründung einer eigenen Partei in Deutschland trage, zu der er eine Anzahl protestantischer Fürsten ziehen und dann selbständig mit dem Kaiser verhandeln wolle. Alles dieses war gleich nachteilig für Frankreich und deshalb beschloss der Kardinal, energisch aufzutreten, dabei aber womöglich den Bruch mit dem Herzog zu vermeiden. Da geschah es, dass der Letztere, der schon längere Zeit am Fieber gelitten hatte, am·14. Juli in Hüningen ernstlich erkrankte, sich aber trotzdem nach Neuenburg bringen ließ, wo seine Truppen eben den Rhein überschritten. Trotz aller ärztlichen Mittel verschlimmerte sich seine Krankheit zusehends, sodass er über den schlimmen Ausgang derselben nicht im Zweifel sein konnte. Da er die Früchte seiner Eroberungen nicht den Franzosen überlassen wollte, obwohl er sie ihrer Unterstützung zu danken hatte, so traf er eine letzte Anordnung, kraft deren das Elsass in den Besitz seiner Brüder übergehen sollte. Für den Fall, dass keiner von ihnen sich mit diesem gefährlichen Geschenk belasten wollte, sollte es Frankreich bis zum allgemeinen Friedensschluss überlassen bleiben, nachher aber wieder an das Reich fallen. Mit der Führung der hinterlassenen Armee betraute er vier Männer, den Generalmajor Erlach, den Grafen von Nassau und die beiden Obersten von Ehm und Rose, ohne zu bestimmen, unter wessen Hoheit sie stehen sollten. Am 18. Juli hauchte er seinen letzten Atemzug aus. Mit ihm war eine der hochbegabtesten und glänzendsten Persönlichkeiten dahingegangen, deren Talenten man volle Bewunderung zollen kann. Leider schlugen seine Taten nicht zum Heile seines Volkes aus, sondern zum Vorteil der Fremden und damit verurteilen sie sich von selbst. Doch müssen wir gerecht sein und anerkennen, dass es in jener Zeit schwer, wo nicht unmöglich war, den richtigen Weg zu finden oder stets einzuhalten.

Kaum war Bernhard tot, so eilte Guébriant nach Breisach, um die dortigen Offiziere für den König zu gewinnen und ohne Rücksicht auf das Testament, das er noch nicht kannte, das Elsass Frankreich untertan zu machen. In Breisach gelang es ihm, von dem Inhalte des Testamentes Kunde zu bekommen, obwohl es erst in Gegenwart der herbeigerufenen Weimarer Herzöge veröffentlicht werden sollte und er schickte alsbald eine Abschrift davon nach Paris. Im Heere brachen mittlerweile Unordnungen aus, was bei dem vierköpfigen Oberkommando und bei dem Umstande, dass es keinem Lande angehörte, sondern nur durch die Persönlichkeit Bernhards und durch die französischen Subsidien zusammengehalten worden war, nicht anders zu erwarten stand. Zudem machten die Truppen Ansprüche auf die Bezahlung des rückständigen Soldes; wurden dieselben nicht alsbald befriedigt, so war noch Schlimmeres, vielleicht die Auflösung der Armee zu befürchten und damit hätten die höheren Offiziere ihre Erwartungen, dass der Krieg ihnen eine glänzende Stellung schaffen würde, aufgeben müssen. Um dieses Schicksal zu vermeiden und der Armee bei den voraussichtlichen neuen Verhandlungen mit Frankreich eine gesicherte Stellung zu geben, entnahm Erlach aus dem hinterlassenen Schatze des Herzogs 30.000 Pistolen und befriedigte mit Zuhilfenahme des eigenen Kredits und des einiger hohen Offiziere die Soldforderungen des Heeres. Die sämtlichen Obersten einigten sich nun und schickten einen Unterhändler nach Paris, durch den sie dem König ihre Dienste anboten, wenn der Vertrag, der seinerzeit mit Bernhard abgeschlossen worden, als gültig anerkannt und ihnen die bisherigen Subsidien weitergezahlt würden. Nach mancherlei Zögerungen wurde endlich zwischen Frankreich und den Anführern des Heeres (am 9. Oktober) ein Vertrag abgeschlossen, in welchem das Letztere den König als seinen Herrn anerkannte, wogegen dieser die Offiziere in ihren Würden bestätigte und in die festen Orte Breisach und Freiburg zur Hälfte eine französische Besatzung legte. Zum Statthalter in Breisach wurde Erlach ernannt und ihm der Franzose Ochonville zur Seite gesetzt. Am 1. November leisteten sämtliche Anführer dem König den Eid der Treue und dadurch trat dieser in den Besitz aller Vorteile, die Bernhard im Elsass für sich erkämpft hatte. Das Oberkommando über das Heer übertrug König Ludwig anfangs dem Herzog von Longueville, später dem Grafen von Guébriant und nach dessen Tode dem Marschall Turenne.

Als die Herzöge von Weimar von dem Inhalte des Testamentes ihres Bruders Kenntnis erhielten, hatten sie wohl Lust, die Erbschaft anzutreten, allein da sie einsahen, dass sie bei ihrer Behauptung sich sowohl mit dem Kaiser wie mit Frankreich verfeinden würden, so entwickelten sie nicht die nötige Energie, um den französischen Machinationen zuvorzukommen. Endlich einigten sie sich dahin, dem Herzog Wilhelm alle Anrechte zu übertragen, damit er mit der Zustimmung des Königs von Frankreich die Anführung des Heeres und den Besitz von Breisach erlangen könne, allein alle seine Bitten waren vergeblich, der König gab keinen der erlangten Vorteile mehr auf.

Ludwig XIII. und der Herzog Wilhelm waren nicht die einzigen Personen, welche das Heer Bernhards für sich zu gewinnen trachteten, auch Schweden, der Kaiser und Karl Ludwig, der Sohn des unglücklichen Winterkönigs, bewarben sich um dasselbe. Die schwedischen Ansprüche wurden gleich zurückgewiesen, da weder die Königin Christine noch Oxenstierna den verwaisten Regimentern einen Sold boten. Die Verhandlungen für den Kaiser führte ein gewisser Hausner von Wandersleben, der den Anführern volle Amnestie und große Belohnungen in Aussicht stellte; man schickte auch von Wien einen eigenen Unterhändler an den Herzog Wilhelm von Weimar ab, um ihn für denselben Zweck zu gewinnen, allein alle diese Bemühungen hatten keinen Erfolg, da die Offiziere die große Geldnot des Kaisers kannten und mit Recht befürchteten, dass die Versprechungen spät, wenn überhaupt je gehalten werden würden. Größere Hoffnung durfte sich der Pfalzgraf machen, da er bei den Verhandlungen auf die Unterstützung seines Oheims Karls l. von England hinweisen durfte. In der Tat begab er sich nach Bernhards Tode von London, wo er eben weilte, nach Frankreich, um von da nach Breisach zu reisen und das Heer, mit dessen Offizieren er einige Verbindung unterhielt, für sich zu gewinnen. Seine Absicht war nicht, sich des Elsasses für sich zu bemächtigen, er wollte es nur gegen die Pfalz eintauschen und hatte hierfür schon die Zustimmung Spaniens erlangt, in

dessen Dienste er sich dann mit dem Heere begeben wollte. Richelieu
hatte keine Ahnung von diesen Abmachungen, es genügte aber, dass er
die Absichten des Pfalzgrafen auf das Oberkommando kannte, um seinen Schritten ängstlich nachspähen und ihn verhaften zu lassen, als er
Moulins erreichte (14. Oktober 1639). Trotz aller Proteste des Pfalzgrafen und trotz der Intervention des englischen Gesandten wurde er
nach Vincennes gebracht und dort eingekerkert; später wurde zwar seine
Haft erleichtert, freigegeben wurde er aber erst nach Jahresfrist, nachdem er sich verpflichtet hatte, nichts gegen das französische Interesse zu
unternehmen.

IV

Mitten unter den Kriegsunruhen und dem Getöse der Waffen bemühte
sich der Kaiser unablässig, einen oder den anderen seiner Gegner durch
friedliche Verhandlungen zur Ruhe zu bringen, namentlich suchte er die
verwitwete Landgräfin von Hessen-Kassel zu befriedigen. Der Kaiser
hatte ihr auf Verwendung des Herzogs Georg von Lüneburg nach längeren Verhandlungen, die bis in das Jahr 1638 hineinreichten, die vormundschaftliche Regierung über die Besitzungen ihres Sohnes übertragen und sie dadurch zu gewinnen gesucht. Richelieu war nicht wenig
erbittert, als er das Resultat dieser Verhandlungen kennen lernte und
bemühte sich nun mit doppeltem Eifer, sie zu durchkreuzen. Der französische Gesandte Mr. de la Boderie erhielt den Auftrag, alles anzuwen-
den, um die Landgräfin bei der Allianz mit Schweden und Frankreich zu
erhalten oder, wenn dies nicht ginge, den Anführer der hessischen Truppen Melander und die übrigen Obersten zu bestechen und zum Übertritt
in französische Dienste zu bewegen. Diese Bemühungen hatten vorläufig
nicht den gewünschten Erfolg, die Landgräfin brach die Verhandlungen
mit dem Kaiser nicht ab und dieser erleichterte ihr dieselben, indem er
den Kurfürsten von Mainz beauftragte, sie für die Annahme des Prager
Friedens zu gewinnen und ihr die Stellung der Bedingungen zu überlassen. Die Landgräfin verlangte, dass der Friede sich nicht bloß auf die
lutherischen, sondern auch auf die kalvinischen Reichsstände beziehen
und dass demnach die Letzteren in den Religionsfrieden für alle Zeiten
eingeschlossen sein sollten.

Gegen diese Forderung hatten bisher die Lutheraner ebenso gekämpft wie die Katholiken, diesmal wollte jedoch ein Teil der Letzteren den Kalvinern die Anerkennung nicht versagen und namentlich riet der Kurfürst von Mainz dem Kaiser, die Ansprüche der Landgräfin zu bewilligen. Als sich der Reichshofrat jedoch gegen die Bewilligung aussprach, schlug sich der Kaiser auf die Seite desselben, aber da der Kurfürst von Mainz bei seiner Ansicht verharrte und diese auch von Bayern und einigen deutschen Bischöfen geteilt wurde und endlich auch mehrere um ihre Meinung befragte Wiener Theologen sich ihr anschlossen, so erteilte der Kaiser die Erlaubnis, dass der mit Hessen abzuschließende Vertrag in dem Religionspunkte den Forderungen der Landgräfin entspreche. Als dieselbe nun ihre Truppen in kaiserliche Dienste übertreten lassen sollte, machte sie Schwierigkeiten, weil sie sich jetzt wieder mit Frankreich in Unterhandlungen eingelassen hatte; sie war in Verlegenheit, in welcher Weise sie mit dem Kaiser brechen sollte, da ihr dieser durch seine Nachgiebigkeit den passenden Vorwand zu entziehen im Begriffe war. An der Spitze ihrer Truppen stand damals der General Melander, ein patriotisch gesinnter Mann, der die französischen Neigungen seiner Herrin keineswegs unterstützte und später in kaiserliche Dienste trat. Die Landgräfin gab zuletzt der französischen Verlockung nach und schloss mit Frankreich einen Vertrag (am 22. August 1639) ab, in dem sie sich gegen Zahlung von jährlich 200.000 Talern und einer Pension an ihren Sohn verpflichtete, zur Bekämpfung des „Königs von Ungarn" 7000 Mann zu Fuß und 3000 Reiter zu unterhalten. Diesem Vertrag entsprechend brach sie die weiteren Verhandlungen mit dem Kaiser ab, sodass dieser den erwarteten Lohn für seine Nachgiebigkeit nicht fand.

Während dieser Verhandlungen berief der Kurfürst von Mainz einen Kollegialtag, um sich mit den übrigen Kurfürsten über die Mittel und Wege zu beraten, wie man zu einem allgemeinen Frieden gelangen könnte. Der Tag sollte am 20. Juni 1639 in Frankfurt am Main eröffnet werden, verschob sich aber infolge der Verlegung nach Nürnberg und um anderer Ursachen willen bis zum 4. Januar 1640. Von den Kurfürsten erschien mit Ausnahme des Mainzers keiner persönlich, sie ließen sich durch Gesandte vertreten und dies taten auch eine Anzahl anderer hoher Reichsstände, die sich an dem Tag in Nürnberg beteiligten; auch der Kaiser schickte nur einen Gesandten nach Nürnberg, der die Stände um die größtmöglichste Unterstützung der kaiserlichen Waffen ersuchen sollte, wenn der Friede nicht zu erreichen wäre. Bei den Friedensverhandlungen sollte der Gesandte die größte Nachgiebigkeit in Aussicht stellen und nur bezüglich der Erbländer des Kaisers die allenfalls geforderte Religionsfreiheit ablehnen.

Der Kurfürst von Mainz versuchte nun im Verein mit den Gesandten der anderen Reichsstände, die Landgräfin von Hessen-Kassel und die Herzöge von Lüneburg und Braunschweig von den feindlichen Bündnissen abwendig zu machen und zum Anschlusse an die gemeinsame Sache zu bewegen, er bekam aber auf seine Zuschriften nur ablehnende und lügnerische Antworten. Der bayerische Gesandte teilte mit, dass sein Herr im Auftrage des Kaisers Verhandlungen mit Frankreich eröffnet habe, um zu erfahren, welche Vorteile dieses in dem Kriege zu ernten hoffe, und falls es mit seinen Absichten nicht herausrücken würde, ihm nochmals die Annahme des Vertrages von 1630 zu empfehlen. Mittlerweile fand die Nürnberger Versammlung, dass sie in der Vorbereitung zum Frieden nur dann vorwärtsschreiten könnte, wenn sich auch die ausschreibenden Kreisfürsten an der Versammlung beteiligen und sie sonach ein größeres Ansehen haben würde. Der Kaiser, um seine Zustimmung zu dieser Erweiterung ersucht, meinte, dass es besser wäre, einen Reichstag zu berufen und erteilte dem Kurfürsten von Mainz die Vollmacht zur Ausschreibung eines solchen, worauf dieser die Reichsstände nach Regensburg auf den 26. Juli 1640 berief. Das deutsche Volk, das sich allerorten nach dem Frieden sehnte und nicht die Gelüste einzelner Fürsten teilte, begrüßte die Berufung des Reichstages mit Freuden. Aber was das Volk sehnsüchtig wünschte, das kümmerte nur wenige Fürsten und es zeigte sich in der Beschickung des Reichstages eine solche Teilnahmslosigkeit, wie sie bis dahin noch nie erhört war. Nur ein einziger Reichsfürst erschien persönlich in Regensburg, nämlich der Markgraf Wilhelm von Baden und so musste der Kaiser nach seiner Ankunft die Verhandlungen mit den Gesandten der Nichterschienenen einleiten, die fast alle nach der damals üblichen Höflichkeit später ankamen als er selbst. Allerdings befanden sich einige Reichsfürsten in fast unbeschreiblicher Not und ihre Entschuldigung, dass sie wegen der Kriegsdrangsale nicht reisen und sich durch Gesandte vertreten lassen müssten, war keine erlogene.

Die Verhandlungen begannen am 23. September. Als man sich über die Mittel besprach, wie der Friede herzustellen sei, war Ferdinand erbötig, zu dem künftigen Friedenskongresse auch die ihm bisher feindlich gesinnten Reichsfürsten zuzulassen und schlug zugleich für die Befriedigung der Schweden die Zahlung von 25 Tonnen Goldes vor, für welche Summe ihnen mittlerweile Stralsund und Rügen verpfändet werden solle. Zu den heftigsten Debatten führte die Amnestiefrage, in dem die Mehrzahl der Stände die völlige Restitution aller Reichsstände verlangte und nur bezüglich des Kurfürsten von der Pfalz eine Spezialverhandlung zulassen wollte; Anspach, Württemberg, Anhalt und die Reichsstädte verwarfen selbst diese Beschränkung und erklärten sich für eine allgemeine und unbeschränkte Amnestie. Mit diesem Verlangen drangen sie nicht durch und so blieb es bei dem obigen Vorschlag der Reichstagsmehrheit, mit dem sich der Kaiser schließlich zufrieden erklärte. Bezüglich Braunschweigs und Hessen-Kassels erklärte er ausdrücklich, dass er sie in die Amnestie einschließen wolle, wenn sie ihre Verbindung mit dem Feinde aufgeben würden. Die weiteren Verhandlungen betrafen auch den Unterhalt des kaiserlichen Heeres, wobei der Reichstag sich nachgiebig erwies und sich zu Kontributionen und zur Anweisung von Quartieren erbötig zeigte.

Auf dem Reichstage wurde der Antrag gestellt, dass der Kaiser an Schweden und an Frankreich freie Geleitsbriefe für die Gesandten ausstellen solle, die sich an den künftigen Friedensverhandlungen beteiligen würden. Ferdinand entsprach diesem Wunsch, erhielt aber von Frankreich eine schnöde Zurückweisung, da dieses mit dem Inhalt des kaiserlichen Schreibens nicht zufrieden war. Die Deputierten der welfischen Fürsten und der Landgräfin von Hessen-Kassel, die zum Reichstag zugelassen worden waren, obwohl ihre Herren eine feindliche Rolle spielten, beantragten statt der Berufung der französischen und schwedischen Gesandten an den Ort der künftigen Friedensverhandlungen die unmittelbare Zulassung derselben zum Reichstage, offenbar um noch mehr Verwirrung in die deutschen Angelegenheiten zu bringen und allen Einfluss des Kaisers zu lähmen. Dieser Antrag wurde von Kursachsen mit Entrüstung zurückgewiesen, seinem abweislichen Gutachten schloss sich auch die Mehrheit des Reichstages an. Trotzdem versuchte die Friedenspartei auf alle Weise die Welfen und Hessen-Kassel zu gewinnen, sie forderte ihre Vertreter zur Darlegung ihrer Beschwerden auf und versprach die möglichste Abhilfe. Die welfischen Vertreter traten nun mit ihren Wünschen hervor und verlangten die Überlassung des Stiftes Hildesheim und der von den kaiserlichen Truppen besetzten Festung Wolfenbüttel, sowie die Abstellung von mancherlei Religionsbeschwerden.

Da man auf dem Reichstage beschlossen hatte, die Reichsbeschwerden überhaupt in Verhandlung zu nehmen und über die Mittel zur Abhilfe derselben zu beraten, so forderten beide Parteien einander auf, die ihrigen vorzubringen, damit man die Verhandlung beginnen könne. Die Protestanten machten den Anfang, sie beklagten sich darüber, dass die Katholiken den Religionsfrieden bloß für ein Toleranzgesetz und nicht als für alle Zeit gültig ansähen, dass über streitige Punkte desselben anderswo als auf dem Reichstag entschieden werde, dass man den Besitzern der ehemaligen katholischen Stifter Sitz und Stimme auf dem Reichstage verweigere und dass man endlich den Reichsständen die Reformation mittelbarer Stifter verbiete. Zu den religiösen Beschwerden gesellten sich solche in politischen und militärischen Angelegenheiten, welche die übermäßige Ausschreibung der Kriegssteuern und den Unterhalt der Garnisonen betrafen und endlich solche in Justizangelegenheiten, welche die Gerichtsbarkeit des Reichshofrates anfochten. Wir bemerken, dass manche dieser Beschwerden durch die Bestimmungen des Prager Friedens als erledigt zu betrachten waren und dass demnach ihre Wiederholung nicht am Platze war.

Die katholischen Stände hatten keine Lust, mit ihren Beschwerden aufzutreten, mussten es aber doch tun und so beschwerten sie sich zunächst darüber, dass der Augsburger Religionsfriede an ihnen verletzt worden sei, indem sich die Protestanten zahlreicher Stifter bemächtigt hätten, ihre Herausgabe verweigerten und auch die übrigen Stifter mit einem ähnlichen Schicksale bedrohten, dass sie in streitigen Fällen rechtlos dastünden, indem die Protestanten die Autorität der Gerichte nicht anerkennen wollten. In den Stiftern, deren sich die Protestanten bemächtigt hätten, würden sie nicht einmal zu Kanonikaten zugelassen und eine ähnliche Ausschließung treffe sie in den protestantischen Reichsstädten, wo sie kein Munizipal- und anderes Amt erlangen könnten. Die Verfolgung dehne sich selbst auf den Erwerb aus, indem katholische Bürger in demselben benachteiligt und zur Auswanderung gezwungen würden. Den Katholiken verwehre man ferner das Reformationsrecht, während es die Protestanten überall ungescheut übten. Die Beschwerden ihrer kirchlichen Gegner wiesen die Katholiken mit der Bemerkung zurück, dass einigen bereits abgeholfen worden sei, einige suchten sie mehr oder weniger aufrichtig zu widerlegen, insbesondere aber verwahrten sie sich gegen die Behauptung, als ob sie den Augsburger Religionsfrieden nicht als rechtsbeständig ansähen. Tatsächlich hatte der Vorwurf der Protestanten in dieser Beziehung keinen Sinn, denn eben die Überschreitungen, die sich die Letzteren gegen denselben erlaubt hatten, bildeten den Hauptgegenstand der katholischen Beschwerden und gewiss war nichts aufrichtiger gemeint als die Erklärung der Katholiken, dass sie an demselben halten wollten. Die Protestanten ließen die Beschwerden ihrer Gegner nicht unerwidert, indem sie mancherlei Zugeständnisse derselben mit Freuden begrüßten und sich dadurch befriedigt erklärten, in anderen Punkten dagegen ihre Ansprüche klarer und gemäßigter hinstellten. Jedenfalls hatten beide Parteien Grund zu gegenseitigen Klagen, diesen Klagen konnte aber erst abgeholfen werden, wenn man beiderseits aufrichtig bereit war, von jedem weiteren Angriffe abzustehen und diese Aufrichtigkeit bereitete sich endlich durch die langen Kriegsleiden vor. Die Sprache, die man diesmal auf dem Reichstage führte, war gemäßigt, namentlich hörten die Katholiken auf, die Existenzberechtigung der Protestanten anzukämpfen und verlangten jetzt nur nach gleichen Rechten mit ihnen.

Die Verhandlungen hatten sich bis in den Monat Juni 1641 hingezogen. Da traten die Vertreter von Braunschweig und Hessen-Kassel nochmals mit der von ihnen bereits früher gestellten Forderung nach einer allgemeinen und unbeschränkten Amnestie auf und wollten damit den früheren Streit wieder aufregen. Man gab ihnen keine Antwort und so brachten sie zwei Monate später dasselbe Anliegen wieder vor und ersuchten zugleich um die Wiedereinräumung von Wolfenbüttel. Der Kaiser hatte schon früher die Erklärung abgegeben, dass er Wolfenbüttel zurückstellen werde, sobald es der Krieg gestatte; nun abermals in derselben Angelegenheit bedrängt, fühlte er sich umso mehr beleidigt, als er einsah, dass es weder Braunschweig noch Hessen-Kassel aufrichtig mit der Versöhnung meinten. Er kündigte deshalb den Vertretern dieser Reichsfürsten das freie Geleite und befahl ihnen, binnen vierzehn Tagen nach Hause zurückzukehren.

Auf das Anerbieten des freien Geleites für die Gesandten bei den künftigen Friedensverhandlungen, die man mit Schweden in Hamburg weiter fortsetzen wollte, während die mit Frankreich in Köln geführt werden sollten, war von der Königin Christine eine Antwort eingelaufen, in der sie die Städte Münster und Osnabrück für die Verhandlungen vorschlug. Der Kaiser willigte in diesen Vorschlag ein und zugleich in die Aufschiebung der Verhandlungen auf einige Monate. Am 10. Oktober 1641 endigte endlich der Reichstag seine Sitzungen mit der Vorlesung eines Reichstagsabschiedes, in dem über die verhandelten Gegenstände und gefassten Beschlüsse Bericht erstattet wurde. Bezüglich der Amnestie tat derselbe kund, dass sie sich nicht auf die kaiserlichen Erbländer, nicht auf das Stift Magdeburg (weil dies bereits an Sachsen gegeben war) und nicht auf die pfälzischen Länder beziehen und bei den anderen von ihr ausgeschlossenen Ständen erst dann in Kraft treten solle, wenn sie sich mit dem Kaiser ausgesöhnt hätten. Die Religionsbeschwerden sollten auf einem demnächst zu berufenden Deputationstag erledigt werden, alle Exekutionen in Religionssachen aufhören und der Religionsfriede allgemeine Geltung haben. Für die Unterhaltung der Reichsarmee wurden 120 Römermonate bewilligt, die Annahme fremder Kriegsdienste und die Unterstützung des Feindes untersagt. Nach der Vorlesung des Abschiedes schloss der Kaiser den Reichstag und reiste einige Tage später zu Schiff nach Hause zurück. Es lässt sich nicht verkennen, dass die Friedenssehnsucht diesmal fast das ganze Deutschland um den Kaiser scharte und dass sich bei einem großen Teile der Reichsstände eine Ergebenheit für ihn zeigte, die man längst verschwunden wähnte. Es war sichtlich, dass sich eine nationale Einigung wieder vorbereitete und wenn der Krieg dennoch weiter dauerte, so trugen nicht mehr die deutschen Fürsten die vornehmste Schuld.

Während des Reichstages erschien das in späterer Zeit viel beachtete Buch: Dissentatio de ratione status in imperio romano von Hyppolitus a Lapide, unter welchem Pseudonym sich ein gewisser Chemnitz, ungewiss welcher dieses Namens, deckte. Er suchte in demselben den Beweis zu liefern, dass der Gehorsam, den die Stände dem Kaiser erwiesen, keine gesetzliche Pflicht sei, sondern die Folge eines sklavischen Joches, welches die Kaiser aus dem Hause Habsburg den Ständen auferlegt hätten und deshalb müsse dieses Haus ausgerottet werden. Das Reichsregiment sollte also jeder Bedeutung entkleidet werden, damit die deutsche „Libertät" blühe. Wie heuchlerisch die gebrauchten Argumente und die Beweisführung war und wie sehr sie nur zu Nutzen und Frommen der fremden Unterdrücker dienten, die auf die Zertrümmerung des deutschen Staatswesens hinarbeiteten, so muss doch zugestanden werden, dass die in ihr niedergelegten Anschauungen nicht ersonnen waren, sondern dass viele deutsche Fürsten sich bewusst oder unbewusst von ihnen seit vielen Jahrzehnten leiten ließen. Das Buch hat damals, soweit es bekannt ist, keine Wirksamkeit ausgeübt, am allerwenigsten auf den Reichstag selbst, es enthielt aber unbewusst die Schilderung eines Zustandes, von deren tatsächlicher Richtigkeit man sich auf tausendfache Weise überzeugen konnte.

V

Wir haben berichtet, dass zu Ende des Jahres 1639 Banér in Böhmen stand, nachdem er vor den kaiserlichen Streitkräften bis Leitmeritz zurückgewichen war. Die beiden feindlichen Heere waren einander so ziemlich gleich, jedes zählte über 20.000 Mann. Als Erzherzog Leopold Wilhelm (im Februar 1640) die Elbe überschreiten wollte, zog ihm Banér von Leitmeritz nach Melnik entgegen, weil er vermutete, dass daselbst der Fluss überschritten werden sollte, bewirkte aber dadurch nur, dass die Kaiserlichen die Elbe an einem höher gelegenen Punkte übersetzten. Die weiteren Manöver des Erzherzogs waren von glücklichen Erfolgen begleitet, sodass Banér vielfache Verluste erlitt, Böhmen verlassen und sich nach Zwickau zurückziehen musste, von wo aus er sich mit den hessen-kasselschen und lüneburgischen Truppen zu vereinen suchte. Da einer seiner Untergenerale geschlagen wurde, musste er sich vor dem nachrückenden Erzherzog auch aus Zwickau zurückziehen. Aber nun gelang ihm (am 12. Mai) die Vereinigung mit den erwähnten deutschen Kontingenten und mit dem französisch-weimarischen Korps unter dem Herzog von Longueville und das brachte seine Armee, die trotz des schwedischen und französischen Oberkommandos größtenteils aus Deutschen bestand, auf ungefähr 40.000 Mann. Bei Saalfeld standen die feindlichen Heere einander beinahe drei Wochen lang gegenüber, beide an mancherlei Subsistenzmitteln Mangel leidend, keines aber zum Angriff entschlossen. Banér zog sich zuerst zurück, der Erzherzog folgte ihm und bedrohte nun Hessen-Kassel und Lüneburg mit einem Angriff. Die Landgräfin, sowie der Herzog Georg von Lüneburg forderten ihre Truppen von Banér zur eigenen Verteidigung zurück, Erstere nahm auch Zuflucht zu Verhandlungen, indem sie dem Erzherzog und dem mit ihm ziehenden Piccolomini ihre Geneigtheit zum Frieden entbieten ließ. Da man auf kaiserlicher Seite den Wert dieser Anerbietungen zu würdigen wusste, so ließ man sich durch dieselben in der vorwärtsschreitenden Bewegung nicht hemmen. Die kaiserliche Armee drang unter Nichtbeachtung des bei Waldeck lagernden Banér nach Höxter an der Weser vor (29. September 1640) und eroberte diese Stadt nach viertägiger Belagerung. Nach diesem Erfolg rückte sie weiter gegen Paderborn und später dem Kurfürsten von Mainz und dem Landgrafen von Darmstadt zu Hilfe, um sie gegen die schwedischen Angriffe zu schützen und bezog darauf die Winterquartiere in Franken, Bayern und Schwaben.

Diesen Umstand benutzte Banér zu einem kühnen Zug. Mitten im Winter rückte er aus Niedersachsen gegen Franken und die Oberpfalz vor und rief dadurch die Vermutung wach, dass er es auf Regensburg, wo der Reichstag tagte, abgesehen habe. Der Kaiser, dieselbe Vermutung teilend, traf die nötigen Verteidigungsmaßregeln, verstärkte namentlich die Garnison von Regensburg und rief von allen Seiten Truppen herbei, darunter auch den General Piccolomini. Banér, der sich mittlerweile mit dem französisch-weimarischen Korps, das sich von ihm getrennt hatte und jetzt von Guébriant befehligt wurde, wieder vereinigte und an 18.000 Mann unter seinem Kommando zählte, brach am 21. Januar 1641 von Regenstauf gegen Regensburg auf und wurde in seinem Unternehmen dadurch gefördert, dass die Donau fest gefroren war und den Schweden ohne jede Schwierigkeit den Übergang gestattete. Ein plötzliches Tauwetter und der damit verbundene Eisgang hatten jedoch zur Folge, dass dieser Vorteil sein Ende erreichte; die allmählich bei Regensburg konzentrierte kaiserliche Armee wies alle weiteren Angriffe zurück und so musste sich Banér (am 27. Januar) unverrichteter Dinge nach Cham zurückziehen und sich von Guébriant trennen. Wäre der Zug geglückt und Regensburg in seine Gewalt gefallen, so wäre er dann in Österreich eingerückt und würde dem Fürsten von Siebenbürgen Georg Rákóczi die Hand gereicht haben, der dann die Rolle Bethlens wieder aufgenommen hätte.

In Regensburg befürchtete man, dass Banér den Rückzug durch Böhmen antreten könnte und schickte deshalb einen Teil der hier konzentrierten Truppen dahin ab. Wohl fielen die Schweden in das Land ein, aber nur mit ungenügenden Streitkräften, sodass man sich ihrer so ziemlich erwehren konnte. Der Erzherzog rückte indessen mit dem Gros seiner

Truppen dem General Banér nach und versuchte mit Piccolomini die Belagerung von Neuenburg am Walde, in das Banér eine starke Besatzung gelegt hatte. Nach tapferem Widerstande wurde der Platz erobert und die Verteidiger – einige tausend Mann – zu Gefangenen gemacht. Banér hatte mittlerweile einen so großen Vorsprung gewonnen, dass alle Anstrengungen, ihn zu ereilen, vergeblich waren und er Zwickau erreichte, wo ihn der General Taupadel mit 6000 Mann frischer Truppen erwartete. Guébriant hatte sich in die Gegend von Bamberg zurückgezogen.

Diese Erfolge des kaiserlichen Heeres während der ersten Monate des Jahres 1641 hätten ein weiteres entschiedenes Vorgehen gerechtfertigt, allein ein derartiger Plan lag den kaiserlichen Generalen fern, sie wollten nur zwischen Leipzig und Neuenburg eine gesicherte Defensivposition einnehmen und das Weitere dem Zufall überlassen. Der Zufall begünstigte sie auch weiter, denn Banér musste seinen Rückzug fortsetzen und langte endlich todkrank in Halberstadt an. Die Strapazen des Winterfeldzugs und eine schwelgerische Lebensweise hatten seine Kräfte erschöpft und so endete er sein Leben am 20. Mai 1641. Er hinterließ ein Vermögen von einer Million Taler als Ersparnis aus seinen Raubzügen durch ganz Deutschland.

Nach seinem Tode brach in dem schwedischen Heere eine Meuterei aus. Die Obersten wollten nur dann den von Banér bestimmten Anführern Gehorsam leisten, wenn ihre Forderungen erfüllt würden; später einigte man sich aber und erkannte den General Torstenson als Banérs Nachfolger an. Die kaiserlichen Generale benützten diese Zwischenzeit und den kurz vorher erfolgten Tod des Herzogs Georg von Lüneburg († 2. April 1641), um mit den welfischen Fürsten eine neue Verhandlung bezüglich ihrer Aussöhnung mit dem Kaiser einzuleiten; die Fürsten gingen darauf ein, spielten aber unter der Decke noch immer die Verbündeten Schwedens. Erst als der Erzherzog mit Piccolomini den Entsatz von Wolfenbüttel versuchte, dabei aber von den braunschweigischen, schwedischen und französischen Truppen (am 29. Juni 1641) geschlagen wurde, wobei aber auch die Welfenfürsten große Verluste erlitten, nahmen die Letzteren die Verhandlungen ernstlich auf. Herzog August begab sich ins kaiserliche Lager, worauf die Vergleichsverhandlungen in Goslar begannen und als Piccolomini trotz derselben die Herzöge noch weiter bedrängte, umso eifriger betrieben wurden, sodass am 16. Januar 1642 eine Vereinbarung zustande kam, die durch den „Hauptrezess" vom

16. April vervollständigt wurde. In dem Vertrage nahmen die Herzöge von Braunschweig und Braunschweig-Lüneburg den Prager Frieden an, entsagten allen Verbindungen mit den Feinden des Kaisers, versprachen gegen angemessene Entschädigung die Lieferung von Lebensmitteln und Munition, wofür ihnen der Vollgenuss des größeren Stiftes Hildesheim bis zum Friedensschluss und die Rückgabe von Wolfenbüttel versprochen wurde; sie erfreuten sich also neben der Neutralität noch solcher Vorteile und Begünstigungen, wie sie nur zwei Fürsten (Bayern und Sachsen) vonseiten des Kaisers gewährt worden waren.

Der Kaiser hatte sich auf diese Weise einen Feind vom Halse geschafft, dafür aber die Bundesgenossenschaft eines anderen Fürstenhauses verloren, das seit dem Prager Frieden treu zu ihm gehalten hatte. Der Kurfürst von Brandenburg Georg Wilhelm war im Jahre 1640 gestorben und sein Nachfolger Friedrich Wilhelm hatte zwar dem Kaiser versprochen, dass er bei ihm ausharren werde, aber schon im folgenden Frühling den Schweden die Neutralität angeboten, obwohl er dies leugnete, als Ferdinand III. durch aufgefangene Briefe zur Kenntnis der Verhandlungen gekommen war. Er sah vielleicht ein, dass es ihm trotz kaiserlicher Hilfe nie gelingen werde, den Schweden ganz Pommern zu entreißen, daher wollte er für einen vergeblichen Krieg keine Kosten mehr aufwenden und betrieb die Verhandlungen mit Schweden aufs ernstlichste, sodass sie am 24. Juli 1642 zu einem Waffenstillstand auf zwei Jahre führten, der dem Kurfürsten eine neutrale Stellung sicherte, wenn er in derselben vom Kaiser anerkannt würde. Der Letztere konnte ihn nicht anfeinden, weil er sich damit nur selbst geschadet hätte und so genoss die Mark Brandenburg schon jetzt die Wohltaten des Friedens, nach denen das übrige Deutschland vergeblich seufzte.

VI

Zu gleicher Zeit, als Brandenburg sich von der kaiserlichen Allianz zurückzuziehen begann, knüpfte Frankreich neuerdings sein Bündnis mit Schweden fester. Da der Hamburger Vertrag im Jahre 1641 zu Ende gehen sollte, traf Richelieu schon im Jahre 1640 Vorbereitungen, die auf die Erneuerung desselben abzielten und suchte zugleich, den Unwillen zu zerstreuen, den die Schweden über die Art und Weise empfanden, wie sich die Franzosen des weimarschen Heeres bemächtigt hatten. Rorté wurde nach Stockholm geschickt, um die Verhandlungen einzuleiten und bewirkte, dass der neue Vertrag am 30. Juni 1641 unterzeichnet wurde. Er enthielt zunächst eine Erneuerung des Hamburger Vertrags und traf Bestimmungen für den Fall eines mehrjährigen Waffenstillstandes. Frankreich wünschte den Abschluss eines solchen mit dem Kaiser aufgrund des gegenwärtigen Besitzstandes, was im Gewährungsfalle die deutschen Verhältnisse noch mehr zerrüttet hätte, als der schlimmste Friedensschluss. Durch glückliche Erfolge auf dem Kriegsschauplatz waren nämlich die französischen Ansprüche ganz besonders gestiegen.

Der Krieg, den die Franzosen im Jahre 1640 in Italien und gegen die spanischen Niederlande führten, war reich an Einzelerfolgen, aber trotzdem standen die erlangten Resultate in keinem Vergleich zu dem Schlage, den Spanien im gleichen Jahre durch den Aufstand von Katalonien und Portugal erlitt, da derselbe nicht nur seine Widerstandskraft nachhaltig lähmte, sondern es dem König fortan unmöglich machte, den Kaiser mit ausreichenden Subsidien zu unterstützen. Die Ursache des Aufstandes in Katalonien war der Hass, den die Katalanen seit jeher gegen die Kastilianer empfanden und der jetzt wieder aufloderte, als Olivares den Befehl gab, dass die in Katalonien stationierten Soldaten auf Kosten der Provinz verpflegt werden sollten und diese häufig zu Raub und Mord Zuflucht nahmen, wenn ihnen die Verpflegung verweigert wurde. Die Erbitterung stieg mit jedem Tage, an hundert verschiedenen Orten kam es zu den gewaltsamsten Auftritten, die schließlich zur Folge hatten, dass die Soldaten in großen Abteilungen ganze Ortschaften überfielen und plünderten. Als nun einige tausend Taglöhner von den heimatlichen Bergen nach Barcelona gingen, um sich da als Schnitter zu verdingen, gab sich auch bei ihnen der Hass gegen die kastilianische Unterdrückung kund und da sie durch ihre Zahl des Sieges gewiss zu sein glaubten, erregten sie (am 17. Juni 1640) einen Tumult, infolgedessen der Vizekönig von Katalonien ermordet und die vornehmen Katalonier, die im Laufe der letzten Zerwürfnisse eingekerkert worden waren, befreit wurden. Von welchem Geiste die Tumultanten beseelt waren, zeigten sie bei der Plünderung des vizeköniglichen Palastes, als ihnen daselbst eine Uhr mit einem Affen als Aufsatz in die Hände fiel. Da derselbe beim Stundenschlag mit Augen und Händen Bewegungen machte, glaubten sie, den Teufel vor sich zu haben, nahmen ihn gefangen und trugen ihn vor das Inquisitionstribunal der Stadt.

Die aufrührerische Bewegung Barcelonas fand Nachahmung in allen Städten Kataloniens, überall wurden die Kastilianer misshandelt oder getötet und schließlich behaupteten sich die spanischen Regimenter nur mit Mühe in Perpignan. Die Bemühungen des Herzoggrafen Olivares, den Aufstand durch die Ernennung eines neuen Vizekönigs, des Herzogs von Cardona, eines geborenen Kataloniers und tüchtigen Mannes, zu beschwichtigen, hatten nicht den gewünschten Erfolg und so musste die Regierung Rüstungen anstellen, um den Aufstand mit Gewalt niederzuschlagen, was natürlich die Katalonier nur noch mehr zum Widerstande und zur Aufbietung ihrer Kräfte reizte. Sie suchten bei Frankreich um Hilfe an, welches Gesuch von Richelieu freudig angenommen und dahin beantwortet wurde, dass der König die Errichtung einer katalonischen Republik gutheißen und unter seinen Schutz nehmen würde. Die Verhandlungen führten endlich zum Abschlusse eines Vertrages zwischen den Vertretern von Katalonien und einem französischen Gesandten, welcher dahin lautete, dass der König von Frankreich ihnen die nötigen Offiziere für ihre Truppen und ein Korps von 8000 Mann zu Hilfe schicken werde, dagegen verpflichteten sich die Katalanen für den Fall, dass sie sich je mit Philipp IV. aussöhnen würden, nie gegen Frankreich kämpfen zu wollen.

Als die Kunde von diesem Vertrag nach Paris kam, langte zu gleicher Zeit eine andere für die Herrschsucht des Kardinals Richelieu noch günstigere Nachricht an, die des Aufstandes von Portugal. Seit den sechzig Jahren, die diese Provinz mit Spanien vereint war, hatte sie die Vereinigung als ein schweres Joch empfunden, obgleich alle einsichtigen Leute diese Verbindung als natürlich und vorteilhaft betrachteten, da ja nur durch sie allein die pyrenäische Halbinsel die ihr gebührende Stellung einnehmen konnte. Die provinzielle Gegnerschaft war aber in den Portugiesen nie erstickt und wuchs infolge des schlechten spanischen Regiments zu unbezwingbarer Höhe. Schon im Jahre 1630 begannen geheime Unterhandlungen zwischen einigen portugiesischen Großen und den französischen Ministern, die schon damals einen Ausstand zur Folge gehabt hätten, wenn der Herzog von Braganza den Mut gehabt hätte, sich an die Spitze zu stellen. Das Beispiel der Katalonier feuerte nun die Portugiesen an.

Der Intendant des Herzogs organisierte die Verschwörung und als auf ein gegebenes Zeichen der Aufstand in Lissabon ausbrach, siegte er fast ohne Blutvergießen. Der Herzog von Braganza wurde zum König proklamiert und der spanischen Herrschaft ein Ende gemacht. Die günstigen Nachrichten aus Portugal bewirkten, dass Richelieu das Bündnis mit Katalonien noch enger knüpfte (am 23. Januar 1641) und dass diese Provinz sich unter der Bedingung, dass ihre Rechte und Freiheiten gewahrt würden, für immer mit Frankreich verband.

Die beiden Aufstände, die Spanien so schwere Wunden versetzten, indem sie den König nötigten, seine Mittel zu ihrer Dämpfung zu verwenden, sollten aber auch in Frankreich Nachahmung finden, in dem sich daselbst die Herzöge von Bouillon und Guise mit dem Grafen von Soissons zum Angriffe gegen den König verbanden, wobei ihnen wiederum von Spanien Geld und Truppen versprochen wurden. Die Festung Sedan war der Zentralpunkt der Bewegung, die auch vom Kaiser unterstützt wurde, indem er den General Lamboy mit 7000 Mann zu den Aufständischen stoßen ließ. Ludwig schickte gegen ihre vereinten Streitkräfte den Marschall Chatillon, der aber (am 6. Juli 1641) bei F o u r n o i eine vollständige Niederlage erlitt. Da jedoch der Graf von Soissons bei dieser Gelegenheit fiel und weder Bouillon noch Guise die Bedeutung desselben besaßen, da er dem Königshause angehörte, so konnte der Aufstand nicht weiter um sich greifen. Bouillou schloss einen Ausgleich mit Ludwig XIII., Guise aber flüchtete sich nach Brüssel und so war der Aufstand bald nach seinem Ausbruch wieder erstickt. Im folgenden Jahre knüpfte der unerfahrene und von unvernünftiger Selbstsucht geleitete Günstling des Königs, der Marquis von Cinq-Mars, ein Einverständnis mit Spanien an, vermöge dem Gaston von Orleans und Cinq-Mars an die Spitze einer von Spanien erhaltenen Armee treten sollten, die gegen die Schweden kämpfen sollte. Im Vertrag wurde ausdrücklich betont, dass derselbe nicht gegen den König gerichtet sei, allein jedenfalls wäre dieser um die Frucht der Anstrengungen Richelieus gekommen, wenn das Bündnis zur Wirklichkeit geworden wäre. Zu gleicher Zeit suchten Cinq-Mars und seine Anhänger den König für den Frieden mit Spanien zu gewinnen, ihn gegen Richelieu aufzuhetzen und sogar eine gewaltsame Beseitigung desselben vorzuschlagen.

Vielleicht hätte Ludwig den Einflüsterungen nachgegeben, wenn Cinq-Mars seine Sache besser geführt und sich nicht durch seine lächerliche Eitelkeit und Unwissenheit den König selbst entfremdet hätte. Da kam die Nachricht, dass die französischen Truppen im Kampf gegen die spanischen Niederlande durch den neuen Statthalter (der Kardinal-Infant Ferdinand war im Dezember 1641 gestorben) Francisco de Mello erhebliche Verluste erlitten und mehrere festen Plätze verloren hatten und dass der Marschall Guiche bei Honnecourt (am 26. Mai 1642) geschlagen worden sei. Diese Niederlage machte der friedlichen Stimmung des Königs ein Ende, er sah ein, dass er nur durch entschlossenes Handeln Frankreich den Vorrang vor Spanien verschaffen könne und schloss sich deshalb inniger als je der Politik Richelieus an. Zufällig erhielt der Letztere gerade in diesen Tagen eine Kopie des Vertrags, den der eitle Cinq-Mars mit Spanien eingegangen war und er hatte nun nichts Eiligeres zu tun, als sie dem König zuzuschicken. Die Folge davon war, dass gegen den Günstling und seinen Gesinnungsgenossen de Thou ein Prozess eingeleitet und Gaston von Orleans nur deshalb verschont wurde, weil er durch seine Geständnisse das nötige Beweismaterial gegen die Angeklagten lieferte. Das Urteil lautete auf die Todesstrafe, die an beiden Gefangenen vollzogen wurde.

Bei der glücklichen Entwicklung der äußeren Verhältnisse in Frankreich, die durch die inneren Verschwörungen kaum berührt wurde, ist es begreiflich, dass Richelieu die Friedensverhandlungen nicht von sich wies, weil er den Gewinn des Elsasses hoffen konnte, nachdem Frankreich darin festen Fuß gefasst hatte. Aus diesem Grunde schloss er einen Präliminarvertrag mit Ferdinand III. ab, durch welchen Münster und Osnabrück zum Sitz der künftigen Verhandlungen bestimmt und als Eröffnungstermin der 25. März 1642 festgesetzt wurde. Am selben Tage schloss der Kaiser einen gleichen Vertrag mit Schweden ab. Frankreich gab bei dieser Gelegenheit den Widerstand gegen den Kaisertitel Ferdinands III. auf.

VII

Man hatte also vonseiten des Kaisers, Frankreichs und Schwedens in die Friedensverhandlungen eingewilligt, aber einen Waffenstillstand nicht abgeschlossen, indem jeder Teil hoffte, dass das Glück auf dem Schlachtfelde ihn in die Lage versetzen werde, dem Gegner das Friedensgesetz vorzuschreiben. Der Krieg begann im Jahre 1642 mit einem entscheidenden Vorteil auf französischer Seite, da Guébriant den Kaiserlichen unter Lamboy bei Hulst (zwischen Kempen und Krefeld) eine Niederlage zufügte. Die Kaiserlichen, die von Hatzfeld kommandiert wurden, zogen bayerische Truppen an sich und übergaben das Kommando über ihre

Reiterei dem Johann von Werth, der endlich gegen Horn ausgewechselt worden war. In Frankreich hatte man den Versuch gemacht, ihn seinem Vaterlande abwendig zu machen und zum Verrate zu verleiten, wenn er an die Spitze einer kaiserlichen Heeresabteilung gestellt werden würde; er gab halb und halb das Versprechen, aber, wie die Folge lehrte, nur zum Schein, denn er tat seine Pflicht im vollsten Maße. Hatzfeld war durch mancherlei Verstärkungen wieder in den Stand gesetzt, offensiv vorzugehen. Er vereinte sich mit dem spanischen Statthalter Mello und rückte den Niederländern unter dem Herzog von Oranien entgegen, der wiederum den Marschall Guébriant zu Hilfe rief. Bei dem Städtchen Zons standen beide Armeen einander untätig gegenüber, bis sich endlich die Holländer von den Franzosen trennten und zurückzogen. Guébriant richtete seine Schritte aber nicht nach Frankreich, sondern nach Niedersachsen, um dort die Winterquartiere zu beziehen.

Das missliche Resultat der Schlacht von Hulst rief bei den Kurfürsten von Mainz, Köln und Bayern den Gedanken wach, eine gesonderte Armee aufzustellen, deren Leitung von der kaiserlichen gänzlich getrennt sein und vor allem den Schutz ihrer Gebiete im Auge haben sollte. Dem Kurfürsten von Bayern wollte man den bayerischen, fränkischen und schwäbischen Kreis zuweisen, Hatzfeld sollte mit seinem Korps am Rhein verbleiben, aber den Befehlen von Kurmainz, Köln, Trier und Pfalz-Neuburg folgen, die kaiserlichen Immediattruppen dagegen in die kaiserlichen Erbländer zurückgehen. Das ganze Projekt scheiterte an dem Widerstande des fränkischen und schwäbischen Kreises, welche die Kriegskontributionen nicht allein an Bayern entrichten wollten.

Die Schweden eröffneten in diesem Jahre den Krieg gegen den Kaiser damit, dass sie unter Torstensons Anführung nach Schlesien zogen, um von da aus in die österreichischen Länder vorzurücken. Der schwedische General erfocht gegen den Herzog von Sachsen-Lauenburg, der Schlesien für den Kaiser verteidigte, einen Sieg bei S c h w e i d n i t z , nahm den Herzog gefangen und rückte darauf in Mähren ein, wo er die Festung Olmütz nach kurzem Widerstande eroberte. Nachdem er daselbst eine tüchtige Besatzung zurückgelassen hatte, kehrte er wieder nach Schlesien zurück, eroberte Oppeln und bestürmte Brieg, aber sein Glück brach sich hier an der Treue und Tüchtigkeit des Kommandanten Ranft. Mittlerweile gewannen der Erzherzog und Piccolomini Zeit, mit ihren Truppen nach Schlesien zu ziehen, um den weiteren Fortschritten Torstensons ein Ende zu machen. Der Letztere, sich für zu schwach haltend, zog sich vor den Kaiserlichen zurück und erwartete frische Verstärkungen aus Schweden. Als diese eingetroffen waren, vereinte er sich noch mit den schwedischen Generalen Königsmark und Wrangel, zog über die Elbe und erschien im Oktober vor Leipzig, das er alsbald blockierte. Als der Erzherzog ihm nachzog und ihn am 1. November erreichte, hob der Schwede die Blockade auf und nahm bei Breitenfeld, eben dort, wo im Jahre 1631 die entscheidende Schlacht zwischen Gustav Adolf und Tilly geschlagen worden war, Stellung. Die Kaiserlichen, mit denen die Sachsen verbunden waren, zählten 22.000 Mann, die Schweden 20.000. Der Erzherzog glaubte, eine Schlacht wagen zu müssen, weil er nur so die Vereinigung Torstensons mit dem heranziehenden Guébriant hindern konnte. So entspann sich denn bei B r e i t e n f e l d am 2. November 1642 zum zweiten Male ein grimmiger Kampf, in dem durch die voreilige Flucht der kaiserlichen Reiterei des linken Flügels das kaiserliche Fußvolk desselben Flügels bloßgestellt und trotz des heftigsten Widerstandes fast gänzlich aufgerieben wurde. Nach diesem Erfolge warfen sich die feindlichen Massen auf den rechten Flügel und bereiteten ihm ein ähnliches Schicksal; was nicht getötet oder verwundet wurde, wurde gefangen. Von dem Erzherzog heißt es, dass er so tapfer gefochten habe wie ein gemeiner Soldat und zuletzt mit Gewalt zur Flucht gezwungen werden musste. Auch Piccolomini entkam an der Spitze von 1500 Mann, er floh nach Böhmen und bestimmte Komotau zum Sammelplatz für die der Gefangenschaft entronnene Mannschaft. Es soll sich nur ein Drittel der Armee gerettet haben.

Die Niederlage bei Breitenfeld bedrohte den Kaiser mit größeren Gefahren als je zuvor, denn woher sollte er die Mittel nehmen, um eine neue Armee aufzustellen? Wenn er nichtsdestoweniger der Gefahren Herr wurde, so ist die Ursache darin zu suchen, dass die deutschen Fürsten mit Ausnahme von Hessen-Kassel und Lüneburg ihm freundlich oder wenigstens nicht feindselig gesinnt waren und dass sie deshalb nicht daran dachten, sich den Schweden und Franzosen anzuschließen, um das Reichsoberhaupt zugrunde zu richten. Kaum hatte der Kaiser die Nachricht von der Niederlage erhalten, so suchte er mit mehr als gewöhnlicher Energie, die gelichteten Reihen seiner Truppen zu ergänzen, forderte die Stände seiner verschiedenen Länder zu neuen und nie dagewesenen Opfern auf und brachte so noch vor Schluss des Jahres seine Armee wieder auf eine achtunggebietende Höhe. Die Aufgabe wurde ihm dadurch erleichtert, dass Torstenson statt nach Böhmen zu gehen, sich mit der Belagerung von Leipzig aufhielt und Guébriant sich von ihm trennte, weil er sich gegen Hatzfeld und Wahl sichern musste. Unterdessen ließ der Kaiser zu Rokycan eine Untersuchung über die Ursachen anstellen, welche den Verlust der Schlacht bei Breitenfeld herbeigeführt hatten und diese ergab, dass insbesondere die frühzeitige und unbegründete Flucht des Regiments Madlot den schimpflichen Ausgang verschuldet hatte. Das Regiment wurde infolgedessen aufgelöst, sämtliche Rittmeister und Lieutenants hingerichtet und von der Mannschaft jeder zehnte Mann, auf den das Los gefallen war.

Wir wenden uns nun den Friedensverhandlungen zu, welche laut der Übereinkunft am 24. März 1642 eröffnet werden sollten. Dieselben hatten gar nicht begonnen, weil die Franzosen und Schweden mit der Annahme der kaiserlichen und spanischen Geleitsbriefe zögerten und an ihnen allerlei auszusetzen fanden. In seiner Verzweiflung beschloss der Kaiser, den Provinzial des Predigerordens, Georg von Herberstein, nach Paris abzusenden, damit er dem Kardinal Richelieu ins Gewissen rede und ihn vor dem Fluch warne, den er durch die Begünstigung der Protestanten und des blutigen Krieges auf sich lade. Wenn er den Kardinal nicht mehr am Leben finden würde – es war in Wien bekannt, dass er krank sei, wie er denn tatsächlich noch vor Herbersteins Ankunft starb – so sollte er dieselbe Sprache gegen den Kardinal Mazarin, seinen vermutlichen Nachfolger, führen. Er sollte feierlich versichern, dass der Kaiser die Reichssatzungen unverbrüchlich halten werde und ihn davor warnen, Waisen zu bedrücken und sich ihres Besitztums zu bemächtigen: Gott werde gewiss ein solches Beginnen strafen. Diese Bemerkung bezog sich auf das Elsass, das nach der zwischen Ferdinand II. und seinem Bruder Leopold vorgenommenen Teilung dem Letzteren gehörte und nun nach seinem Tode seinen unmündigen Kindern. Der Kaiser wollte, wie aus diesen Angaben und aus dem sonstigen Inhalte der Herberstein mitgegebenen Instruktion ersichtlich ist, Frankreich für den Frieden gewinnen, ohne einen Teil des Elsasses aufzugeben, den Frieden auch auf Spanien ausdehnen und dann seine Waffen gegen Schweden kehren, falls dieses sich mit billigen Anerbietungen, die in einer Geldentschädigung bestehen sollten, nicht zufrieden geben würde.

Wir haben bereits erwähnt, dass Richelieu bei der Ankunft Herbersteins in Paris nicht mehr unter den Lebenden war. Der Kardinal, dem

Frankreich seine Erfolge zu danken hatte,. weil er nicht nur die Staatsfinanzen in Ordnung hielt und für die steigenden Kriegslasten stets die nötigen Mittel zur Verfügung hatte, sondern auch weil er den faktiösen Geist der französischen Großen im Zaum hielt, die unter den mannigfachsten Vorwänden geplanten Aufstände rücksichtslos unterdrückte und diese Erfolge mit und gegen den schwachen König erkämpfen musste, erlag mitten in seinen Triumphen den Anstrengungen, denen sein erschöpfter Organismus keinen Widerstand mehr leisten konnte. Nachdem er sich von seinem König verabschiedet, ihn bei dieser Gelegenheit zum Ausharren in der bisherigen inneren und äußeren Politik ermahnt und ihm den Kardinal Mazarin besonders empfohlen hatte, starb er am 4. Dezember (1642). Er konnte mit Recht vor seinem Tode behaupten, dass alle seine Handlungen die Größe Frankreichs zum Ziele gehabt hätten und darin ihre Rechtfertigung finden würden. Jedenfalls hat er für die monarchische und einheitliche Gestaltung der Verhältnisse seines Vaterlandes Glänzendes geleistet, die Macht der Großen brach er endgültig und Frankreich betrat fortan ungehindert durch innere Zwistigkeiten den seinem Ehrgeiz wie seiner Eitelkeit gleich zusagenden Weg der Eroberung. Wenn die äußere Macht eines Staatswesens das höchste Ziel ist, das ein Volk anstreben soll, so gehört Richelieu zu den größten Staatsmännern, da er dasselbe vorbereitete. Auf alle Fälle nimmt er einen hervorragenden Platz ein, denn kein Volk geht einer gedeihlichen Zukunft entgegen, dessen Macht nicht im Wachsen begriffen ist oder das nicht wenigstens jeden Angreifer erfolgreich zurückweisen kann.

Ludwig XIII. befolgte die Ratschläge seines sterbenden Ministers, er ließ alle bisherigen Gehilfen Richelieus in ihren Ämtern und berief auch den Kardinal Mazarin in seinen Rat. Doch machte sich insofern ein Wechsel in der Regierung geltend, als die bisherige Strenge gegen die Großen etwas gemildert und mehrere von ihnen aus der Haft entlassen wurden. Der König selbst war nicht mehr in der Lage, der inneren Politik eine bestimmte Richtung zu geben, da er auch seinem letzten Lebensaugenblick entgegenging und sich deshalb beeilte, seinen inneren Widersachern ziemlich allgemein Verzeihung angedeihen zu lassen. Er starb am 14. Mai 1643. Dass nach seinem Tode seine Witwe Anna von Österreich, obgleich sie dem Kardinal Mazarin die allmächtige Stellung Richelieus eingeräumt hatte und sich selbst nicht mehr als die schwache und launische, sondern als eine zielbewusste Frau benahm, ihrem Regiment nicht die bisher eingehaltene Konsequenz und Festigkeit geben konnte, ist begreiflich, jedenfalls wurde aber die von dem großen Kardinal betretene Bahn nicht verlassen und als Ludwig XIV. die Regierung selbst in die Hand nahm,. konnte er ohne jedes Hindernis die Politik Richelieus fortsetzen.

Es zeugte von der Einfalt des kaiserlichen Kabinetts, wenn es mit Berufung auf die Religion und das Gewissen den Franzosen zumutete, die Beute, die sie mit ungezählten Millionen Geldes und mit dem Blute von Hunderttausenden zu erringen suchten, fahren zu lassen. In Mittelalter hat mitunter eine derartige Berufung an das religiöse Gefühl unerwartete und selbstlose Beschlüsse zur Folge gehabt, vielleicht wäre Ferdinand II. im ähnlichen Falle eines solchen fähig gewesen, aber die französische Politik kannte seit drei Jahrhunderten keine derartige Rücksicht. Vielleicht ist dies der letzte religiöse Appell einer Großmacht an eine andere feindliche gewesen, dem die leise Hoffnung eines Erfolges beiwohnte. Mazarin machte derselben jedoch bald ein Ende. Kalt und kurz beantwortete er die Tiraden Herbersteins damit, dass Frankreich sich von seinem Bundesgenossen nicht trennen könne und dass es nur auf dem Kongressorte mit dem Kaiser verhandeln werde.

Nicht so ruhmvoll wie Richelieu beschloss fast gleichzeitig der leitende Minister Spaniens, Olivares, seine Laufbahn. Seit Spanien durch den Aufstand von Katalonien und Portugal so schwer getroffen war, erhoben sich tausend Anklagen gegen ihn, man beschuldigte ihn einer eigenmächtigen Gebahrung mit den königlichen Einkünften, wusste zahlreiche Fälle anzuführen, wie er nur auf den eigenen Vorteil und den seiner Freunde bedacht sei und wies daran hin, dass er sich durch die Vereinigung zahlreicher Würden in seiner Person und durch königliche Gnadengeschenke ein Jahreseinkommen von 432.000 Dukaten gesichert habe. Der Hass gegen ihn steigerte sich, da er in den Finanzbedrängnissen des Jahres 1642 sich nicht anders zu helfen wusste, als indem er den Wert des im geringeren Gehalt geprägten Geldes herabsetzte und dadurch jedermann die Folgen der schlechten Wirtschaft, für die er nach allgemeiner Anschauung allein verantwortlich war, klar machte. Seine zahlreichen Feinde hätten seinen Sturz wohl nicht so bald herbeigeführt, da der König ihm unbedingt traute, wenn sich ihnen nicht die Königin Isabella, die sich durch die ihr von ihm und seiner Frau widerfahrene Behandlung beleidigt fühlte, angeschlossen hätte. Nachdem sie wiederholt verschiedene Anklagen gegen Olivares erhoben hatte, aber von dem König stets zurückgewiesen worden war, trat sie ihm eines Tages, als die äußeren Unglücksfälle sich gerade häuften, mit ihrem Sohne, dem Infanten Balthaser, auf dem Arme entgegen und beschwor ihn um die Entlassung seines Ministers, weil sonst die Herrschaft ihres Sprossen zugrunde gehen müsse. Diese Ansprache und die zahlreichen Beschuldigungen der Hofdamen und Höflinge gegen den gehassten Günstling erschöpften endlich die Geduld des Königs, er entließ seinen früher so geliebten Minister am 17. Januar 1643 aus seinem Dienste und wies ihm einen Aufenthaltsort fern von Madrid an. Die wohltätigen Folgen dieses Entschlusses, die man in Spanien erwartete, blieben natürlich aus, denn es fehlte die Einsicht, dass nur Sparsamkeit die Ordnung in den Finanzen herstellen und man zu diesem Zwecke dem Kampf mit Holland ein Ende machen und die Verwaltung in Spanien in besserer Weise umgestalten müsse. So brachte denn auch der Nachfolger des gestürzten Ministers, der neue Günstling Don Luis de Haro, keine Besserung der Verhältnisse zustande.

FÜNFTES KAPITEL

Die letzten Kriegsjahre (1643–1648).

I. Der Krieg des Jahres 1643 und 1644. Rákóczi.
II. Der Krieg in Böhmen, Mähren und Österreich im Jahre 1645.
III. Der Kurfürst von Bayern im Kampfe mit den Franzosen in den Jahren 1644 und 1645.
IV. Der Krieg des Jahres 1646.
V. Der Waffenstillstand zwischen Bayern, Frankreich und Schweden und seine Folgen.
VI. Der Feldzug des Jahres 1647.
VII. Der Feldzug des Jahres 1648. Eroberung der Kleinseite Prags.

I

Das Jahr 1643 begann mit den vergeblichen Bemühungen des Herzogs von Württemberg, die Feste Hohentwiel zur Übergabe an den Kaiser zu zwingen; die Besatzung hielt sich tapfer und belästigte die Umgebung ununterbrochen durch räuberische Überfälle und Beutezüge. Auch General Erlach unternahm aus seiner gesicherten Position Ausfälle auf die bayerischen Truppen und alle Anstrengungen des bayerischen Feldmarschalls Mercy, ihn aus derselben zu verdrängen, hatten umso weniger Erfolg, als der Letztere sich auch des französischen Marschalls Guébriant erwehren musste, dem er erst gewachsen war, als sich Hatzfeld bei Dünkelsbühl mit ihm vereinte. Guébriant nahm seine Stellung im Februar 1643 zwischen Cannstadt und Waiblingen und wurde hier von dem General Werth angegriffen, der ihm eine tüchtige Schlappe zufügte. Württemberg litt in diesen Tagen furchtbar unter der Last und den Verheerungen des Krieges. Dass der Herzog trotz seiner Aussöhnung mit dem Kaiser unter der Hand die Franzosen unterstützte, ihnen Werbungen gestattete, eine Pension von 6000 Livres von ihnen bezog, bedarf nach der grenzenlosen Verwirrung, welche die deutschen Verhältnisse annahmen, keines weiteren Kommentars. Guébriant war durch die ihm zugefügte Niederlage so geschwächt, dass er sich schließlich zum Rückzug an den Rhein genötigt sah, wobei er von Werth heftig verfolgt wurde. Nach einigen Wochen der Ruhe und Erholung raffte er sich wieder auf und zog an der Spitze von ungefähr 11.000 Mann trotz der Feinde gegen den Lech, um den Krieg nach Bayern zu tragen. Mercy und Werth verlegten ihm jedoch den Weg und so entschloss er sich nach mehreren vergeblichen Manövern zur Belagerung von Rottweil, das er schon zu Beginn des Sommers vergeblich einzunehmen versucht hatte. Am 16. November 1643 wurde die Besatzung zur Kapitulation gezwungen, Guébriant aber, dem während der Belagerung ein Arm zerschossen worden war, verlor infolge einer ungeschickten Operation das Leben. An seiner Stelle übernahm vorläufig der Graf Ranzau das Kommando. Die Bayern zogen im Verein mit den Kaiserlichen und dem Herzog von Lothringen nach T u t t l i n g e n , um das französisch-weimarische Heer anzugreifen und hier kam es am 24. November zu einer Schlacht, in der sie die Gegner, die auf den Angriff nicht vorbereitet waren und jede Vorsicht außer Acht gelassen hatten, vollständig vernichteten; 6000 Mann wurden gefangen, 2000 getötet und viel Silber und Gold, darunter ein für die Truppen bestimmter Monatssold, erbeutet.

Auf dem östlichen Kriegsschauplatze war mittlerweile durch die Opferwilligkeit der österreichischen Erbländer und die Anstrengungen des Kaisers das Heer so weit ergänzt worden, dass Piccolomini an der Spitze von 12.000 Mann im Februar 1643 aus Böhmen hervorbrach und den General Torstenson an der Eroberung von Freiberg hindern konnte. Der Schwede zog darauf in die Niederlausitz, wohin ihm der kaiserliche General folgte. Mittlerweile traf der Kaiser wichtige aber zugleich sehr nachteilige Verfügungen in Betreff des Oberbefehls über seine Truppen, die man wohl als die Ursache der sich nunmehr häufenden Niederlagen ansehen kann. Er ließ es zu, dass der tüchtige Piccolomini in spanische Dienste übertrat und ernannte anstatt des Erzherzogs Leopold Wilhelm, der dem Kriegsdienste entsagte, am 22. März 1643 zum Oberanführer seiner Heere wieder den Grafen Gallas, der mit Recht der „Heerverderber" genannt wurde. Nach dem Feldzugsplane des neuen Obergenerals sollte die kaiserliche Armee an der Elbe unter seinem Kommando die Offensive ergreifen, während Hatzfeld an der Weser und Götz an der Oder operieren sollten. Obwohl Gallas über eine stärkere Armee befehligte als Torstenson, so konnte er den Einmarsch desselben nach Böhmen doch nicht hindern; der Schwede rückte gegen Prag vor, beschoss die Stadt, zog dann nach Chrudim, wo er dem Gallas eine Schlacht anbot, die dieser aber nicht annahm und setzte nun seinen Weg nach Mähren fort, eroberte daselbst einige kleinere Städte, darunter Kremsier und Tobitschau, wurde aber mit bedeutendem Verlust von Ungrisch-Hradisch zurückgewiesen. Während Mähren unsägliche Leiden von den schwedischen Angreifern zu erdulden hatte und die kaiserlichen Truppen dem Lande auch die härtesten Drangsale bereiteten, schloss Gallas mit Torstenson eine Konvention über die Auslösung der wechselseitigen Gefangenen ab, die insofern nicht ohne Interesse ist, als man daraus ersehen kann, wie hoch man damals einen Offizier und einen einfachen Soldaten schätzte. Der Generallieutenant sollte mit 15.000 Dukaten, der Feldmarschall mit 10.000 Talern, der Feldmarschallieutenant mit 3000, der Generalwachtmeister mit 2000, der Oberst mit 1000, der einfache Musketier mit 4, der Reiter mit 8 Talern ausgelöst werden. Mittlerweile streifte ein Teil der Truppen Torstensons unter Wrangels Kommando bis gegen Brünn, später zog er selbst gegen diese Stadt und da Gallas zum Entsatze herbeieilte, schien eine Schlacht unvermeidlich. Plötzlich brach aber Torstenson sein Lager ab (8. September 1643) und zog nach Holstein.

Dieser Rückzug wurde durch den Ausbruch des Krieges zwischen Dänemark und Schweden veranlasst. Christian IV. hatte endlich seiner langjährigen Eifersucht gegen seinen nördlichen Nachbar die Zügel schießen lassen und über eine Allianz mit Polen und dem Kaiser unterhandelt, bevor er zum Kriege übergehen wollte. Das Geheimnis dieser Unterhandlungen wurde verraten und Schweden fasste im Einverständnis mit Frankreich den Entschluss, dem Angriff zuvorzukommen. Torstenson wurde schleunigst nach Holstein berufen und schloss deshalb mit Gallas einen Waffenstillstand ab. Der Kaiser bestätigte denselben, als er aber durch den König von Dänemark von dem Zuge Torstensons benachrichtigt wurde, trug er dem Gallas auf, den Schweden nachzuziehen und erteilte auch Hatzfeld einen ähnlichen Befehl. Gegen Ende des Jahres 1643 stand Torstenson in Holstein, Gallas rückte ihm erst im Sommer 1644 nach, zog in Kiel ein und vereinte sich dort mit einem dänischen Korps, zeigte aber keine Lust, sich mit Torstenson zu messen, sodass ihn die Dänen wieder verließen. Als Gallas darauf in Erfahrung brachte, dass der Gegner wieder nach Schlesien zu ziehen beabsichtigte, um den Krieg abermals in die kaiserlichen Länder zu tragen, entschied er sich für den Rückzug, da er es hierbei jedoch an jeglicher Vorsicht und Entschlossenheit fehlen ließ, sich täglich berauschte und so seines Verstandes eigentlich nie mächtig war, erlitt er auf dem Marsche die größten Verluste und kam endlich im Januar (1645) nach Böhmen kaum mit 2000 Mann zurück, nachdem er mit 22.000 Mann ausgezogen war.

Beinahe ebenso unglücklich gestaltete sich das Schicksal der spanischen Alliierten im Jahre 1643. Der Herzog von Enghien wurde mit dem Kommando der Truppen betraut, die gegen die spanischen Niederlande operieren sollten und erfocht einen glänzenden Sieg bei R o c r o i (am 19. Mai) gegen Don Francisco Mello, infolgedessen fast die ganze spanische Armee zugrunde ging, Enghien aber benutzte den erlangten Vorteil, um Diedenhofen einzuschließen, das nach einer mehrwöchentlichen Belagerung in seine Hände fiel. In Spanien und Italien hielten die Gegner einander so ziemlich die Waagschale, zur See erkämpfte dagegen der Admiral Brézé bei Cartagena einen vollständigen Sieg (3. September).

Während sich der dänische Feldzug des Grafen Gallas in der geschilderten Weise abspielte, musste Ferdinand III. gegen einen neuen Feind in Ungarn Front machen. Der Fürst Georg Rákóczi hatte gleich Bethlen mit den Feinden des Kaisers fortwährend Fühlung unterhalten und seinen Anschluss wiederholt in Aussicht gestellt. Wenn er dies tat, so konnte er sicher sein, in Ungarn Anhänger zu finden, da jeder Reichstag, insbesondere der vom Jahre 1638, zu neuen Zwistigkeiten zwischen den Katholiken und Protestanten führte. Auf diesem letzten Reichstage wollte der Palatin Eszterhazy auf seine Würde verzichten, weil die Rechte des Palatins in letzter Zeit vielfache Schmälerungen erlitten hatten. Da sich die Stände, Katholiken und Protestanten, auf seine Seite stellten, so blieb dem Kaiser nichts anderes übrig, als den Palatin um die Rücknahme seiner Resignation zu ersuchen, was er in Anbetracht der großen Verdienste Eszterhazy willig tat. Als der Kaiser im Herbst 1642 einen neuen Reichstag berief, der bloß über die gegen den schwedischen Einbruch nötigen Verteidigungsmaßregeln beraten sollte, die Protestanten aber zuerst über ihre religiösen Beschwerden verhandeln wollten, löste er den Reichstag auf und vermehrte dadurch die Erbitterung.

Diesen günstigen Zeitpunkt ersah Rákóczi, um seine Beziehungen zu Frankreich und Schweden fester zu knüpfen. Als Torstenson im Juni

1642 Olmütz besetzt hatte, schickte er einen Boten an denselben und ließ ihm sagen, dass er zu den Waffen gegen den Kaiser greifen wolle, wenn ihn Frankreich und Schweden mit Geld und Truppen unterstützen würden. In Erwiderung dieses Anerbietens schickte Torstenson zwei Obersten zu ihm, welche sich mit ihm über einen Vertragsentwurf einigten, nach welchem ihm der Besitz seiner Herrschaft garantiert, die Unterhaltung von 3000 Fußknechten und jährliche Subsidien im Betrage von 200.000 Talern im ersten Jahre und von 150.000 in den folgenden zugesichert wurden. Die Ratifikation dieses Vertrages erfolgte erst im Jahre 1644, wobei zugleich dem Fürsten das Versprechen gegeben wurde, dass wenn er oder seine Erben aus Siebenbürgen vertrieben werden sollten, ihnen jährlich eine Pension von 40.000 Talern gezahlt werden würde. Die Verbündeten bemühten sich, ihm beim Sultan die Erlaubnis zum Kriege gegen den Kaiser zu erwirken, da diese aber erst Ende Dezember 1643 erfolgte, so zögerte Rákóczi mit dem Angriff, den er sonst noch vor der Ratifikation des Bündnisses unternommen hätte. Von dem nach Weißenburg (im Januar 1644) berufenen Landtag verlangte er Geld und Truppen und als ihm beides bewilligt wurde, zog er nach Ungarn und rief durch ein Manifest (17. Februar 1644) die Einwohner dieses Landes zu den Waffen gegen den Kaiser aus, indem er die gewöhnlichen Beschuldigungen, dass derselbe die religiösen und politischen Freiheiten nicht achte, erhob. Zuerst strömten die Heiduken des Sabolcser Komitats unter seine Fahnen, dann erklärten sich auch die übrigen Komitate in dem Maße, als er vorrückte, für ihn und den Komitaten folgten die Städte Kaschau, Eperies und Leutschau und bald auf die ungarischen Bergstädte.

Gegen diesen Angriff Rákóczis stellte Ferdinand die nach dem Abzuge Gallas nach Holstein in Mähren und Schlesien zurückgebliebenen Truppen auf, die von Götz und Puchheim kommandiert wurden und sich auf etwa 20.000 Mann beliefen und zu denen Eszterhazy mit 8000 Ungarn stieß. Die größere Kriegserfahrung der deutschen Truppen und ihre bessere Disziplin bewirkten, dass Rákóczi nichts ausrichten konnte, trotzdem er über 70.000 Mann gebot und dass er sich im Monat Juni über die Theiß zurückziehen musste, wodurch er die westlichen Komitate, die Berg- und anderen Städte den Kaiserlichen preisgab. Einem erneuerten Versuch vorzudringen folgte ein abermaliger Rückzug und so endete der Krieg insofern zum Vorteil des Kaisers, als derselbe einen bedeutenden Teil des ihm entrissenen Gebietes zurückeroberte. Während des Kampfes bot Rákóczi den Frieden unter Bedingungen an, die unannehmbar waren, über die sich der Kaiser aber trotzdem in Verhandlungen einließ. Indessen tobte der Kampf weiter und vielleicht wäre der Fürst den kaiserlichen Truppen unterlegen, wenn Ferdinand nicht jenen Teil seiner Streitkräfte, die unter Götz standen, abberufen hätte. Da nämlich die Armee des Gallas auf dem Rückzuge aus Holstein nach Böhmen größtenteils zugrunde gegangen war und Torstenson derselben nachrückte, so musste der Kaiser um jeden Preis auf die Sicherung von Böhmen bedacht sein und einen Teil seiner ungarischen Streitkräfte dahin verlegen. Aus diesem Grunde betrieb er die Friedensverhandlungen in Thyrnau umso ernster und wurde dabei von der türkischen Regierung insofern unterstützt, als diese auf Andringen des kaiserlichen Gesandten die dem Fürsten von Siebenbürgen erteilte Erlaubnis zum Kriege zurückzog. Die Vorgänge auf dem böhmischen Kriegsschauplatz veranlassten den Fürsten aber trotzdem zum Abbruch derselben.

II

Der Kaiser hatte den General Hatzfeld beauftragt, die Trümmer der Gallas'schen Armee zu sammeln und durch neue Werbungen zu verstärken. Infolge dieser Bemühungen hob sich die Truppenzahl und mehrte sich noch durch den Anmarsch des Generals Götz und da Bayern überdies den General Werth und den Obersten Spork zu demselben Zweck nach Böhmen schickte, wodurch die Armee an ungefähr 16.000 Mann stieg, so konnte man hoffen, dem Feinde, der nicht mehr als ungefähr 15.500 Mann unter den Fahnen hatte, ausreichenden Widerstand leisten zu können. Der Kaiser selbst begab sich nach Prag, um durch seine persönliche Autorität den Eifer seiner Untergebenen anzufachen. Torstenson gelang es indessen, angesichts des kaiserlichen Heeres von Eger aus bei Pilsen vorbei bis Budweis zu ziehen, von wo er nach Oberösterreich vordringen und allenfalls seine Schritte gegen Wien lenken wollte. Die Kaiserlichen unter Götz rückten ihm eilig nach und erreichten ihn bei J a n - k a u drei Meilen von Tabor, wohin er ihnen entgegengezogen war. Hier entspann sich am 6. März (1645) eine Schlacht, in der die Ersteren eine vollständige Niederlage erlitten, die zum Teil dadurch verschuldet worden zu sein scheint, dass die Generale Hatzfeld und Werth die Befehle ihres Obergenerals nicht beachteten. Von der österreichisch-bayerischen Armee retteten sich nur etwa 7000 Mann, die anderen wurden erschlagen oder gefangen, unter den Ersteren befand sich auch Götz. Der Kaiser flüchtete sich auf die Kunde von diesem furchtbaren Schlage durch die Oberpfalz nach Regensburg und von da in seine deutschen Erbländer. Von hier aus ersuchte er die Stände seiner sämtlichen Länder um neue Hilfe und wandte sich mit der gleichen Bitte auch an Maximilian von Bayern, dem er für den Fall der Gewährung einen Teil von Schlesien oder von Böhmen (!) als Pfand anbieten ließ. Nur die Unmöglichkeit für Maximilian angesichts des ihm von Frankreich drohenden Angriffs auf das Anerbieten einzugehen, rettete Böhmen vor einer Teilung. Auch den Papst ging der Kaiser um eine Geldhilfe an und da der päpstliche Stuhl mittlerweile seinen Inhaber gewechselt hatte – Urban VIII. war am 26. Juli 1644 gestorben und ihm war der den Habsburgern nicht abgeneigte Innocenz X. gefolgt –, so hoffte man diesmal auf einen guten Erfolg. Allein man täuschte sich dennoch, der Papst wollte kein Geld hergeben, zu welchem Entschlusse ihn ebenso die Angst vor Frankreich, wie der eigene Geiz bewog. Der Kaiser war also auf seine eigenen Hilfsmittel angewiesen und wie die Folge lehrte, genügten diese, da er sich von seinen Untergebenen nicht so schmählich plündern ließ, wie einst sein Vater.

Torstenson zog nach dem Siege bei Jankau nach Mähren und nicht, wie man erwartete, nach Oberösterreich, eroberte daselbst die meisten Städte ohne große Anstrengung, erreichte endlich Krems, das er auch einnahm und breitete sich auf dem linken Donauuser aus. Die Misshandlungen, Drangsale und Plünderungen, welche die Einwohner auf dieser Strecke erdulden mussten, waren furchtbar, aber sie erregten kein Aufsehen mehr, da die Völker damals an die ärgsten Leiden gewohnt waren. Torstenson näherte sich nun Wien, griff die an der Donau gelegene Wolfsschanze (einen festen Brückenkopf) an und nötigte die Besatzung zur Preisgebung derselben (9. April 1645), einen weiteren Erfolg konnte er jedoch nur dann erwarten, wenn Rákóczi sich ihm anschloss. Wien konnte dann so bedroht werden wie im Jahre 1619, nur beherbergte es jetzt nicht mehr die zahlreiche Bürgerschaft und die geschulten Truppen mit ihrem Feldherrn Buquoi.

Auf die Nachricht von der Schlacht bei Jankau hatte Rákóczi nichts Eiligeres zu tun, als die Verhandlungen in Thyrnau abzubrechen und sein

Bündnis mit Schweden und Frankreich (am 22. April 1645) zu erneuern. Er sandte nun einige tausend Reiter unter dem Kommando seines Sohnes nach Mähren, um die von den Kaiserlichen belagerte Festung Olmütz zu entsetzen und machte sich dann selbst auf den Weg. Sein Marsch wurde von Torstenson durch die Zusendung einer Truppenabteilung unter Duglas unterstützt, mit deren Hilfe er zunächst Thyrnau eroberte und dann Pressburg bedrohte. Der schwedische General hatte mittlerweile den Angriff auf Wien aufgegeben und sich vorerst an die Belagerung von Brünn gemacht, um erst nach der erhofften Einnahme dieser Stadt im Verein mit Rákóczi gegen Wien zu rücken. Brünn wurde aber von dem kaiserlichen General Desouches, der von den Bürgern und Studenten auf das eifrigste unterstützt wurde, glänzend verteidigt und Torstenson erlitt sehr beträchtliche Verluste, was ihn die von dem Sohne Rákóczi zugeführte Verstärkung freudig begrüßen ließ. Der Fürst von Siebenbürgen folgte selbst an der Spitze der übrigen Truppen, allein die Tage der Verbindung mit ihm waren schon gezählt. Der Sultan war empört, dass Rákóczi seinen wiederholten Befehl, mit dem Kaiser Frieden zu schließen, so wenig beachtete; er erneuerte ihn jetzt zum dritten Male und drohte dem Fürsten mit einem Angriffe in Siebenbürgen. Nun gab Rákóczi nach und schloss mit dem Erzherzog Leopold Wilhelm, der das Oberkommando wieder übernommen hatte und ihm an der Spitze von 15.000 Mann entgegengerückt war, (am 8. August 1645) den Frieden unter sehr günstigen Bedingungen ab; es wurde ihm der Besitz von sieben ungarischen Komitaten zugestanden und außerdem große Güter eingeräumt.

Trotz dieses Friedensschlusses und trotzdem Torstenson genötigt war, die Belagerung von Brünn aufzuheben, gab er seinen Plan auf Österreich doch nicht auf, sondern rückte nach Stockerau; da der Erzherzog das rechte Donauufer jedoch sorgfältig bewachen ließ, so hätten die Schweden nur mit unberechenbaren Verlusten die Übersetzung der Donau versuchen können. Als Leopold Wilhelm darauf mit einem Teile der Truppen Österreich verließ, um dem Kurfürsten von Bayern gegen die Franzosen entgegenzuziehen, trat auch Torstenson den Rückzug nach Böhmen und von da weiter gegen Norden an. Die in Mähren eroberten Städte blieben zwar auch jetzt von den Schweden besetzt, allein der Plan der Zertrümmerung der kaiserlichen Herrschaft, den Torstenson gefasst hatte, zerrann in nichts.

Noch bevor sich die Schweden nach Böhmen zurückgezogen hatten und die drohende Gefahr von Österreich entfernt war, verlor der Kaiser einen seiner bewährtesten und aufrichtigsten Bundesgenossen, den Kurfürsten von Sachsen. Johann Georg hatte den Bestimmungen des Prager Friedens gemäß seine Waffen treulich mit denen des Kaisers vereint und zu den Erfolgen nach dem Jahre 1635 mehr oder weniger beigetragen. Der schlechte Gang des Krieges und namentlich die Niederlage bei Jankau, in der einige tausend Mann seiner dem Kaiser zu Hilfe geschickten Truppen zugrunde gegangen waren, bewogen ihn, das Beispiel des Kurfürsten von Brandenburg zu befolgen und ein Separatabkommen mit den Schweden zu treffen. Am 31. August (1645) zeigte er dem Kaiser an, dass er mit den Letzteren einen Waffenstillstand auf sechs Monate abgeschlossen habe und dass er zu demselben gezwungen worden sei. Wenn wir den Inhalt der Bedingungen kennenlernen, so begreifen wir wohl, dass ein Zwang auf ihn ausgeübt worden sein musste und dass er durch seine Nachgiebigkeit nur einem schlimmeren Lose zu entkommen suchte. Er musste sich verpflichten, sein Land für alle Truppendurchzüge der Schweden offenzuhalten, ihnen Getreide zu liefern und außerdem monatlich 11.000 Taler zu zahlen.

III

Während sich die Wechselfälle des Krieges in den Jahren 1644 und 1645 auf österreichischem Gebiete in der erzählten Weise abspielten, erteilte Maximilian von Bayern im Beginn des erstgenannten Jahres seinem Feldmarschall Freiherrn von Mercy den Auftrag, die Grenze gegen die Schweiz zu besetzen und die Schweizer im Namen des Kaisers von jeder Vorschubleistung zugunsten der Franzosen abzumahnen. Mercy belagerte zuerst die von den Franzosen besetzte Stadt Überlingen und nötigte sie am 10. Mai zur Kapitulation. Während der Belagerung brach unter der Besatzung von Breisach wegen rückständigen Soldes eine Meuterei aus, die Mercy zu Unterhandlungen mit den Meuterern benutzte, um die Festung in seine Hand zu bekommen. Der französische Marschall Turenne, der jetzt auf den deutschen Kriegsschauplatz abgeschickt wurde, rückte jedoch mit 10.000 Mann frischer Truppen in Breisach ein und unterdrückte die Meuterei. Mercy schloss darauf Hohentwiel ein, da die Belagerung aber langwierig zu werden versprach, so ließ er nur einige Truppen zur Blockierung des Ortes zurück und rückte vor Freiburg, das er am 28. Juni zur Übergabe zwang. Turenne, der in seiner Nähe stand, konnte ihn nicht angreifen, da er sich zu schwach dazu fühlte, als aber zwei Tage später Enghien mit 9000 Mann zu ihm stieß, rückte er eilig über den Rhein und griff die Bayern in ihrer stark verschanzten Stellung bei U f f h a u s e n (am 2. August) an. Der Kampf währte einige Tage und endete damit, dass die Franzosen zurückgewiesen wurden und dabei große Verluste erlitten.

Mercy zog darauf nach Villingen und später nach Heilbronn und vereinte sich daselbst am 6. September mit einem kaiserlichen Truppenkorps, das ihm unter Hatzfelds Kommando zu Hilfe zog. Unterdessen nahm Enghien Philippsburg ein, Turenne Worms und bedrohte nun Mainz. Mercy näherte sich eilig zum Entsatz dieser Stadt und schickte 700 Reiter voraus, um den Bürgern bei der Verteidigung behilflich zu sein. Die Reiter wurden jedoch nicht eingelassen, da das Domkapitel, dem der entflohene Kurfürst das Regiment übertragen hatte, mit den Franzosen einen Übergabsvertrag abgeschlossen hatte. So gelangte diese Stadt in die Hände der Reichsfeinde, schon vorher hatten auch Mannheim, Speier und Oppenheim kapituliert. Mercy entriss ihnen zwar Mannheim wieder und ebenso auch einige andere Plätze, aber die weiteren Fortschritte wurden durch die Verstärkung der französischen Armee und durch die Abberufung Hatzfelds gehemmt. Zudem verbot der Kurfürst Maximilian seinem General, den Rhein weiter abwärts zu ziehen und sich mit den spanischen Truppen zu vereinen, höchstens durfte er sich dem Herzog von Lothringen anschließen, wenn dieser etwa Mainz angreifen würde.

Als Gallas zu Ende des Jahres (1644) jenen verderblichen Rückzug nach Böhmen antrat, wandte sich Ferdinand an den Kurfürsten von Bayern mit der Bitte um Hilfe, die dieser durch die Absendung von 5000 Mann in entsprechendem Maße gewährte; Die Aufträge, die dieser seinem Hofkammerpräsidenten Mändel nach Wien mitgab, zeigten jedoch, dass seine bisherige Spannkraft und Ausdauer zu Ende gehe. Er drang in den Kaiser, Frieden zu schließen und erklärte, nur in dem Falle weiter ausharren zu wollen, wenn der Kaiser einen Teil der Kosten zur Unterhaltung des bayerischen Heeres auf sich nehme. Maximilian sah sich von den äußersten Gefahren bedroht, denn wenn die Feinde in seine Besitzungen eindrangen, wie dies Gustav Adolf im Jahre 1631 getan, so konnte er wegen Erschöpfung der eigenen Mittel und der seines kaiserlichen Herrn nicht mehr hoffen, sich ihrer zu erwehren und deshalb erwog er bei sich, ob er sich nicht durch ein Separatabkommen mit den Franzosen sichern könne. Sie waren stets bereit, ihn zu sich herüberzuziehen und ihn in der erworbenen Kur zu schützen, wenn er den Kaiser preisgeben und ihnen so die Behauptung des Elsasses erleichtern würde.

Man mag den Kurfürsten des Mangels an Patriotismus beschuldigen, weil er in der Sorge um die eigene Existenz den Kaiser und das Reich aufgeben wollte, aber er tat nur, was alle andern Fürsten taten, benahm sich zum mindesten offen und wollte nur der zwingenden Gewalt weichen.

Ohne vorläufig von Ferdinand mehr erlangt zu haben, als einige leere Zusicherungen, musste Maximilian sich im Feldzug des folgenden Jahres gegen den Marschall Turenne wehren, als dieser auf die Nachricht von der Niederlage bei Jankau denselben umso eifriger eröffnete. Mercy wich anfangs zurück, um sich in Nördlingen mit dem aus Böhmen herbeieilenden Werth zu vereinigen, dann ging er dem Gegner, der sich bei M e r - g e n t h e i m gelagert hatte, entgegen. In einem vorher abgehaltenen Kriegsrate befragte er seine höheren Offiziere, ob er den Feind angreifen solle und auf deren zustimmende Antwort rückte er auf denselben los. Da Turenne unvorbereitet war und erst die zerstreuten Regimenter sammeln musste, so erfocht Mercy (am 5. Mai) mithilfe des unübertrefflichen Werth einen glänzenden Sieg ; die beiden Armeen zählten jede etwa 10.000 Mann, von den Franzosen retteten sich nur 1500 Reiter mit Turenne an der Spitze, mehr als der vierte Teil wurde gefangen und eine noch größere Anzahl getötet oder verwundet, der Rest zerstreute sich. Turenne zog zum Schrecken der Landgräfin Amalie nach Niederhessen und verlangte von dem schwedischen General Königsmark Hilfe. Für den Kaiser hatte dieser Sieg die gute Folge, dass Maximilian den Gedanken an seine Preisgebung aufgab.

Turenne vereinte sich mittlerweile mit den hessischen Truppen und mit Königsmark und zog dem ihm nachrückenden Mercy, zu dem 5000 Mann kaiserlicher Truppen unter ihrem General Geleen stoßen sollten, entgegen. Da auch Enghien sich mit frischen Streitkräften dem französischen Marschall angeschlossen hatte, so zählte er im ganzen 24.000 Mann unter den Fahnen und blieb dem bayerischen Feldherrn auch dann überlegen, als sich Königsmark von ihm trennte. Im Vertrauen auf seine größere Kriegsmacht und sein Feldherrntalent, das zwar bei Mergentheim eine tüchtige Schlappe erlitten hatte, griff er den Gegner bei dem Dorfe A l l e r h e i m (am 3. August 1645 in der Nähe von Nördlingen) an. Das französische Heer kommandierten Turenne und Enghien und der Herzog von Grammont, das deutsche Mercy, Werth und Geleen. Im Anfang fiel die Schlacht nicht zugunsten der Franzosen aus, Enghiens schonungsloser Eigensinn kostete Tausenden das Leben und doch wurde nichts erreicht. Da traf die Deutschen ein schwerer Verlust, von einer Musketenkugel durchbohrt, sank Mercy leblos nieder und damit nahm die einheitliche Führung der deutschen Armee ein Ende. Erbittert über den Tod des geschätzten Anführers stürzte Werth mit gewohntem Ungestüm auf den rechten Flügel der Franzosen los und trieb ihn in die Flucht, aber dieser Erfolg wurde durch die gleichzeitige Niederlage des rechten deutschen Flügels mehr als wett gemacht. Denn hier hatten die hessischen und weimarischen Regimenter einen glänzenden Angriff durchgeführt, der den Verlust der Schlacht für die Deutschen zur Folge hatte. Werth zog sich mit den Trümmern des Heeres in ziemlicher Ordnung nach Donauwörth zurück.

Da die Franzosen bedeutende Verluste erlitten hatten, die denen des Gegners ziemlich gleichkamen, so konnten sie von ihrem Siege nur einen mäßigen Gebrauch machen und mussten sich auf die Eroberung einiger Städte beschränken. Enghien ging krankheitshalber nach Paris und Turenne zog sich anfangs Oktober nach dem Rhein zurück, weil er erfuhr, dass der Kaiser einen Teil seiner Truppen den Bayern zu Hilfe schicken wolle, wie denn in der Tat Erzherzog Leopold Wilhelm längs der Donau nach Bayern vorrückte. Geleen, der an Mercys Stelle zum Obergeneral ernannt worden war, zog nach der Vereinigung mit dem Erzherzog und mit Gallas und den von ihnen mitgebrachten 5300 Mann den Franzosen nach, konnte sie aber nicht, wie er gehofft, vor dem Übergang über den Neckar ereilen. So erreichten die Franzosen eine gute Stellung zwischen dem Rhein und Philippsburg, in der sie nicht angegriffen werden konnten. Die Hessen, welche den Rückzug der Franzosen nach Philippsburg gedeckt hatten, trennten sich jetzt von ihnen und kehrten in ihre Heimat zurück. Die Landgräfin verwendete sie nun zur Durchführung eines lang gehegten Planes. In dem sogenannten marburgischen Erbschaftsstreit, den einst der Vater ihres Gemahls mit dem Landgrafen Ludwig von Hessen-Darmstadt geführt hatte, hatte der Kaiser bei dem Deputationstag in

Regensburg (1623) zugunsten des Darmstädters entschieden. Von den Schweden hatte sie die Erlaubnis erhalten, sich in den Besitz jenes Gebietes zu setzen, das ihrem Schwiegervater entzogen worden war und deshalb ließ sie ihre Truppen zur Belagerung von Marburg ausrücken. Ihre Absicht ging übrigens nicht bloß nach der Eroberung dieses Ortes, sie wollte sich des gesamten hessen-darmstädtischen Gebietes bemächtigen und hatte auch hierzu die Zustimmung Schwedens erlangt.

IV

Die Winterstrenge des Jahres 1645/46 hielt die kriegführenden Parteien in Böhmen und den angrenzenden Ländern nicht ab, den Feldzug frühzeitig zu beginnen. Die Schweden verstärkten ihre Armee in Böhmen ungefähr auf 20.000 Mann, das Kommando über sie führte Gustav Wrangel. Da der Kaiser die erbetene Hilfe des Kurfürsten von Bayern erlangt hatte, so waren seine Streitkräfte den schwedischen überlegen, wodurch Wrangel genötigt wurde, sich im Februar aus Böhmen zurückzuziehen. Darauf verließ der Erzherzog Leopold Wilhelm mit den kaiserlichen Truppen gleichfalls dieses Land und breitete sich zwischen Hof und Bayreuth aus. Mittlerweile bemühte sich der Kaiser um die Wiedergewinnung des Kurfürsten von Sachsen, zu dem er den Fürsten Lobkowitz, einen Sohn des ehemaligen Kanzlers von Böhmen, schickte, um ihn zur Kündigung des mit den Schweden geschlossenen Waffenstillstandes zu vermögen: Obwohl der Kurfürst geneigt gewesen wäre, dieser Bitte nachzukommen und sich dem Kaiser anzuschließen, so tat er es doch nicht, weil ihn die meisten seiner Räte, vor allem aber seine Gemahlin, im entgegengesetzten Sinne bestürmten und so schritt er denn mit schwerem Herzen zur Erneuerung des Waffenstillstandes mit Schweden, da die bedungene Zeit zu Ende lief. Später knüpfte der Kaiser abermals Verhandlungen mit ihm an, die schon zu einem glücklichen Resultate zu führen schienen, als der unglückliche Verlauf des Krieges den Kurfürsten wieder abschreckte.

Wrangel hatte mittlerweile seinen Rückzug fortgesetzt, er zog über die Saale, bemächtigte sich Paderborns und zeigte nicht übel Lust, an den Rhein zu gehen, um dort Turenne, der nach seinem Rückzuge nach Philippsburg am Mittelrhein den Herrn spielte, die Hand zu reichen. Der Erzherzog folgte dem General Wrangel, wobei der schwedische General

Wittenberg eine Teilung der kaiserlichen Streitkräfte durch einen Zug nach Schlesien herbeizuführen suchte. Die Absicht wurde nicht erreicht, da mittlerweile die von den Schweden in Niederösterreich und Böhmen besetzten Orte erobert wurden und die siegreichen Truppen gegen Wittenberg nach Schlesien geschickt werden konnten. Der Erzherzog marschierte nach Hessen, wo er dem Landgrafen von Darmstadt gegen die Landgräfin von Kassel helfen wollte und kam dabei den bei Homburg an der Ohm stehenden Schweden sehr nahe. Es entspann sich aber nur ein Reitergefecht, da sich der Erzherzog wegen Mangels an Lebensmitteln rasch zurückzog. Jetzt konnten sich Turenne und Wrangel ohne Widerstand vereinen, was sie tatsächlich anfangs August 1846 taten. Infolge dieser Vereinigung waren sie den gleichfalls vereinten Österreichern und Bayern um 10.000 Mann überlegen. Ohne Rücksicht auf die Letzteren, die sich an der Nidda gelagert hatten, rückten die Franzosen und Schweden in getrennten Linien gegen Bayern vor, um durch die Verwüstung dieses Landes den Kurfürsten zum Waffenstillstande und zum Preisgeben des Kaisers zu zwingen. Als der Erzherzog die Absichten der Feinde erriet, zog er ihnen nach, schlug aber Umwege ein und traf daher erst spät an der Donau ein, sodass er sie an der Besetzung von Lauingen und Donauwörth nicht hindern konnte.

Maximilian traf die nötigen Maßregeln zur Verteidigung seines Landes und ermahnte auch die Stadt Augsburg, sich mit dem Feinde in keine Neutralitätsverhandlungen einzulassen. Tatsächlich verteidigten sich sowohl die katholischen wie die protestantischen Bürger gleich tapfer, als die Franzosen und Schweden die Stadt belagerten. Der Erzherzog rückte endlich am 12. Oktober mit 30.000 Mann zum Entsatze heran und nötigte dadurch die Feinde, von der Belagerung abzulassen und sich gegen die Donau zurückzuziehen. Bayern blieb nicht lange von ihnen verschont, sie rückten wieder über den Lech und verwüsteten das Land mit Feuer und Schwert, während der Erzherzog diesen Fluss, dessen Übergänge sie stark besetzt hatten, nicht überschreiten konnte. Als es ihm dennoch gelang, war der Spätherbst zu weit fortgeschritten und die Jahreszeit für größere Operationen nicht geeignet. Zudem wurde er gerade in diesen Tagen nach Wien abberufen und das Oberkommando in die Hände von Gallas gelegt. In Spanien war nämlich der Infant Balthazar, bis dahin der einzige Sohn und Thronerbe Philipps IV., am 9. Oktober 1646 gestorben und der Kaiser glaubte sich daher mit seinem Bruder beraten zu müssen, was er für den Fall, dass das spanische Königshaus aussterben würde, tun sollte. Auch des Kaisers Gemahlin, die spanische Prinzessin Maria, war im Mai desselben Jahres gestorben und wir fügen gleich hier hinzu, dass er nach zweijähriger Witwerschaft eine Tochter des verstorbenen Erzherzogs Leopold von Tirol heiratete.

Wrangel benützte die Verwirrung, die durch die Abreise Leopold Wilhelms, dessen Stellvertreter Gallas nicht gleich zur Stelle war, im Oberkommando entstand und stellte einen Beutezug gegen Bregenz an, wohin der Adel und die Abteien aus Oberschwaben sich mit ihren Schätzen geflüchtet hatten; er eroberte diese Stadt (am 4. Januar 1647) und erbeutete alle daselbst aufgespeicherten Kostbarkeiten, Geschütze, Munition, Schiffe, Lebensmittel und Schätze im Betrage von angeblich vier Millionen Gulden. Der Kurfürst von Trier, den der Kaiser im Jahre 1645 freigelassen hatte, weil die Franzosen dies zu einer Hauptbedingung für den Beginn der Friedensverhandlungen gemacht hatten und der bei dieser Gelegenheit Treue gelobte, hatte schon vordem abermals verräterische Verhandlungen mit den Franzosen angeknüpft und setzte dieselben nun offen während dieses und des folgenden Jahres fort, indem er ihnen noch einige seiner festen Plätze auslieferte.

V

Dem Kardinal Mazarin war der Einfall Turennes in Bayern hauptsächlich deshalb erwünscht, weil er den Kurfürsten zu einem Waffenstillstand nötigen und den Kaiser dadurch vollends isolieren wollte. Die entsetzlichen Leiden, denen das Land durch die feindlichen Scharen ausgesetzt war, beugten den Kurfürsten derart nieder, dass er den Gedanken einer Trennung seines Schicksals von dem des Kaisers nicht mehr von sich wies, sondern seine Geheimräte zu sich nach Wasserburg berief, wohin er sich von München geflüchtet hatte und von ihnen ein Gutachten über sein künftiges Verhalten abforderte. Die meisten rieten ihm, mit Frankreich in Unterhandlungen zu treten und selbst die Kurfürstin, eine Schwester des Kaisers, welche an der Beratung teilnahm, sprach sich dafür aus. Dagegen schickte einer der bayerischen Gesandten in Münster, wahrscheinlich Haslang, ein Schreiben ein, in dem er den Kurfürsten eindringlich vor jeder Verbindung mit Frankreich warnte und ihn ermahnte, in der bisher bewiesenen Reichstreue zu verharren. Der Kurfürst schenkte diesen Warnungen nicht die gehörige Beachtung und beschloss, sich mit den Franzosen in Separatverhandlungen einzulassen, die auch auf Franken und Schwaben ausgedehnt werden sollten. Als dieselben Mitte Januar 1647 zu Ulm ihren Anfang nehmen sollten, fanden sich nicht nur die bayerischen Gesandten und die der genannten Reichskreise daselbst ein, sondern auch zwei österreichische Kommissäre, um im Auftrage des kaiserlichen Gesandten in Münster, des Grafen Trauttmansdorff, einen allgemeinen Waffenstillstand zu beantragen. Im Februar trafen die Franzosen, die Herren von Tracy und Marsilly ein und nun begannen die Verhandlungen damit, dass die bayerischen Vertreter (Kittner und Schäffer) den Waffenstillstand auch auf Österreich ausdehnen wollten, worin sie jedoch von den Österreichern nicht unterstützt wurden, weil diese, im Falle der Friede zwischen Frankreich und dem Kaiser und nicht auch mit Spanien geschlossen würde, nicht volle Neutralität bei dem weiteren Kampfe zwischen den kriegführenden Mächten versprechen wollten. Die Verhandlungen führten am 15. März 1647 zum Abschlusse eines Waffenstillstandsvertrages, vermöge dessen Bayern den Franzosen Heilbronn, den Schweden Memmingen und Überlingen bis zum Abschluss des Friedens übergab, wogegen die Waffen in dem bayerischen, schwäbischen und fränkischen Kreise ruhen sollten. In diesen Waffenstillstand wurde auch der Kurfürst von Köln, der Bruder Maximilians, einbezogen.

Der Kaiser, der schon zu Ende des Jahres 1646 den Abfall Maximilians befürchtete, bevollmächtigte deshalb am 22. Dezember den Grafen Gallas, den Übertritt der bayerischen Armee zur kaiserlichen zu bewerkstelligen und richtete auch an die hervorragendsten Generale der bayerischen Armee, Rauschenberg und Johann von Werth, besondere Schreiben, in denen er sie zum Übertritt in seine Dienste einlud. Er wollte dadurch verhüten, dass die Franzosen sich mit oder ohne Bewilligung des Kurfürsten der Truppen bemächtigten, wie sie dies mit denen Bernhards von Weimar getan hatten. Diese Furcht war jedenfalls begründet; wenn der Kurfürst einen Teil seiner Truppen aus Ersparungsrücksichten entließ, wie leicht konnten dann die Franzosen die entlassene Mannschaft an sich ziehen, wenn sie ihr einen besseren Sold boten.

Maximilian arbeitete den Bemühungen des Kaisers dadurch in die Hände, dass er an der Stelle des Feldmarschalls Galeen, der den Abschied erhielt, den Grafen von Gronsfeld zum Oberanführer seines Heeres ernannte und dadurch die Generale Rauschenberg und Werth, die sich Hoffnungen auf diese Stelle gemacht hatten, erbitterte. Der kaiserliche Gesandte in München, Graf Khevenhiller, deutete selbst an, wessen sich der Kurfürst vom Kaiser zu versehen habe, indem er in einer Audienz, die ihm derselbe gewährte, nicht nur den Waffenstillstand bitter tadelte, sondern auch erklärte, der Kaiser verstehe das Anerbieten des Kurfürsten, ihm die Truppen bei ihrer Abdankung zu überlassen, nicht so, als ob es ihm verwehrt sein könne, sie an sich zu ziehen. Ferdinand III. erhob so den Anspruch, der alleinige Herr des bayerisch-österreichischen Heeres zu sein und er hatte dieser Anschauung schon im Jahre 1640 unumwunden Ausdruck gegeben, indem er damals in einem an die bayerischen Offiziere abgeschickten Mandat ausdrücklich erklärte, dass das dem bayerischen Kurfürsten untergestellte Heer ihm (Ferdinand) „ganz und gar absolute zugehöre". Eine Berechtigung, sich des bayerischen Heeres zu bemächtigen, kann man dem Kaiser nicht absprechen, dagegen auch nicht in Abrede stellen, dass der Weg, der hier eingeschlagen wurde, der Loyalität ermangelte.

Werth hatte mittlerweile den Kurfürsten persönlich seiner Treue versichert und war dann nach Landshut gereist, um dem Befehle seines Herrn entsprechend dem dahin berufenen Offizierskorps Weisungen bezüglich seines weiteren Verhaltens zu erteilen. In Landshut trug er jedoch den Obersten der sämtlichen Reiterregimenter auf, nach Vilshofen zu marschieren und ließ den gleichen Befehl auch an die Obersten der Regimenter zu Fuß ergehen; er hoffte nun, mit ihnen den Weg nach Böhmen einschlagen und dort sich der kaiserlichen Armee anschließen zu können. Allein der ganze Anschlag scheiterte schon im Beginn; die Obersten kamen zur Kenntnis dessen, was man mit ihnen beabsichtige und versagten den Gehorsam und ebenso wenig wollten die Soldaten in die Dienste des schlecht zahlenden Kaisers treten. Werth musste sich in Gesellschaft des Generalwachtmeisters Spork flüchten und froh sein, das nackte Leben gerettet zu haben. Statt der bayerischen Armee von 20.000 Mann, langten diese beiden Reiterführer allein in Böhmen an, wurden aber nichtsdestoweniger vom Kaiser glänzend empfangen und zu den ansehnlichsten Stellen befördert. Der misslungene Anschlag erzeugte eine große Erbitterung zwischen den Höfen von Wien und München, Maximilian schalt den Kaiser einen Undankbaren, dieser aber verfocht seine Anrechte auf die bayerische Armee.

VI

Der Abfall Maximilians gestaltete sich für den Kaiser dadurch minder schmerzlich, dass Spanien, welches seit dem Jahre 1645 den Krieg gegen Frankreich mit wechselndem Erfolge führte, im Beginn des Jahres 1647 mit Holland einen Waffenstillstand schloss und sich erbötig zeigte, seine Unabhängigkeit anzuerkennen, wodurch es imstande war, alle seine Kräfte gegen Frankreich zu wenden. Mazarin war durch den Abfall der Holländer genötigt, die Franzosen aus Deutschland an die französische Grenze zu rufen und der Kaiser hatte demnach nur die Schweden zu fürchten. Nachdem er seine Truppen in Böhmen unter dem Kommando Melanders von Holzapfel – Gallas war im April 1647 gestorben – auf 25.000 Mann verstärkt hatte, stellte er sich selbst an die Spitze derselben und rückte vor Eger, um diese von den Schweden belagerte Stadt zu entsetzen. Er kam jedoch zu spät und musste sich dann aus Mangel an Lebensmitteln zurückziehen, obwohl seine Armee an Zahl die der Schweden unter Wrangel übertraf. Wrangel rückte dem Abziehenden nach und es kam zwischen einer Abteilung seiner Truppen und den Kaiserlichen zu einem heftigen Gefecht bei T r i e b e l , in dem die Schweden einen bedeutenden Verlust erlitten (25. August 1647). Der schwedische General wollte nun selbst zum Angriff schreiten, allein die Kaiserlichen zogen sich vor ihm zurück und da er zu schwach war, um weiter in Böhmen einzudringen, erwartete er mit Ungeduld die Rückkehr des Generals Königsmark, den er zu Anfang des Jahres nach Westfalen abgeschickt hatte. Er zog sich vorläufig nach Tepl zurück, wohin ihm die Kaiserlichen folgten (13. September 1647) und verließ dann Böhmen, als er die Nachricht erhielt, dass der Kurfürst von Bayern den Waffenstillstand gekündigt, sich wieder dem Kaiser angeschlossen und 10.000 Mann nach Böhmen geschickt habe. Die Kaiserlichen, geführt von Holzapfel und die Bayern, geführt von Gronsfeld, gingen bis Zwickau vor und wollten eine Schlacht liefern, es kam aber nicht dazu, weil sich die Anführer nicht über den Schlachtplan einigen konnten. Der Feldzug des Jahres 1647 hätte für den Kaiser einen glänzenden Abschluss gewinnen können, wenn sich Holzapfel und Gronsfeld energisch auf Wrangel gestürzt hätten, denn die Schweden waren durch Kriegsstrapazen und Verluste so herabgekommen, dass sie bis an die Ostsee hätten zurückgedrängt werden können. Stattdessen zog Holzapfel nach Niederhessen, um, wie der General Montecuculi behauptete, von der Landgräfin von Hessen-Kassel rückständige Zahlungen zu erzwingen. Man darf jedoch nicht übersehen, dass Holzapfel durch den Zug nach Niederhessen einem dringenden Hilferuf des Landgrafen von Hessen-Darmstadt entsprach und dass er bei der Verfolgung der Schweden nicht von Gronsfeld unterstützt worden wäre, da Maximilian von Bayern dem Letztern verboten hatte, die Kaiserlichen über die Weser hinaus zu begleiten.

Wir müssen nun auseinandersetzen, was den Kurfürsten von Bayern zur Kündigung des mit den Franzosen und Schweden zu Ulm abgeschlossenen Waffenstillstandes bewogen hatte. Das Verhältnis zwischen ihm und dem Kaiser hatte sich nach der von Werth angezettelten Verschwörung ungünstig gestaltet, die alte Rücksicht für die Habsburger war dadurch aber doch nicht ganz aus seinem Herzen gewichen, zumal auch seine Frau gewiss mildernd auf ihn einwirkte. Dazu empörte ihn das rechthaberische und rücksichtslose Auftreten der schwedischen Gesandten auf dem Kongress zu Osnabrück, welche weder die katholischen Interessen noch die seinigen schonen wollten und überdies wurde er von der Angst gefoltert, dass der Kaiser in der pfälzischen Angelegenheit zu seinem Nachteil eine Vereinbarung treffen könnte. Alles dies trug dazu bei, dem Grafen Khevenhiller, der unermüdlich den Faden der abgerissenen Beziehungen mit dem Kaiser anzuknüpfen suchte, den Boden zu ebnen. Von großem Gewicht war auch die Äußerung eines bewährten und bezüglich seiner Treue unverdächtigen Dieners, des alten Kanzlers Dr. Richel, der selbst erklärte, Bayern könne nicht neutral bleiben, sondern müsse sich entweder dem Kaiser oder den Franzosen und Schweden anschließen, tue es aber das Letztere, so gehe Deutschland und Österreich und die katholische Religion in diesen Ländern zugrunde und der Kurfürst würde sich mit ewiger Schmach bedecken. Den Ausschlag endlich gab eine Zuschrift der katholischen Reichsstände ans Münster, in der sie es als eine Gewissenspflicht hinstellten, dass Maximilian sich der kaiserlichen Sache wieder anschloss. So beschloss denn der Kurfürst, dem diesmal fast alle seine Räte und seine Frau die Bekämpfung der Schweden anrieten, mit dem Kaiser in Unterhandlungen über die Bedingungen eines Anschlusses zu treten. Dieselben wurden in Passau am 2. September vereinbart und bestimmten, dass der Kaiser dem Kurfürsten eine monatliche Hilfe von 21.000 Gulden gewähren und außerdem 300.000 Gulden als Entschädigung für die infolge der Meuterei Werths durch die Soldaten verübten Verwüstungen zahlen sollte.

Maximilian kündigte darauf den Schweden den Waffenstillstand; nach Paris ließ er aber melden, dass er bereit sei, den Waffenstillstand mit Frankreich aufrechtzuhalten, wenn der König seine Truppen nicht mit denen Schwedens verbinden werde. Es bedarf wohl kaum der Erwähnung, dass die Franzosen dem Kurfürsten alsbald den Waffenstillstand kündigten.

Durch die Vereinigung Bayerns mit dem Kaiser gestaltete sich das Resultat des Feldzuges im Jahre 1647 im Ganzen günstig für den Letzteren; ob es im folgenden Jahre noch besser ausfallen würde, hing von der Beischaffung der nötigen Geldmittel ab.

Auf spanische Unterstützung konnte man nicht mehr rechnen, da Philipp IV. durch einen neuen und schweren Unfall betroffen wurde. Im Frühjahr (1647) hatte er sich wohl glücklich der Angriffe des Herzogs von Enghien der nach dem vor einigen Monaten erfolgten Tode seines Vaters den Titel eines Prinzen von Condé angenommen hatte, erwehrt und denselben zum Abzuge von Lerida, dessen Belagerung er unternommen hatte, gezwungen. Schon hoffte man in Spanien aller Schwierigkeiten Herr zu werden, als ein Aufstand, der zuerst in Sizilien und dann in Neapel ausbrach, diese Hoffnung ein für alle Mal vernichtete. Der Fischer Masaniello, der die neapolitanische Bewegung geleitet und (am 7. Juli 1647) zum Siege geführt hatte, wurde zwar einige Tage später ermordet, aber dies hatte nur eine gräuliche Anarchie zur Folge, welche der Prinz von Guise zur Errichtung einer selbständigen Herrschaft ausnützen wollte, indem er sich von den Neapolitanern zu ihrem Herzoge erwählen ließ. Mazarin förderte ihn anfangs in seinem Unternehmen, da er ihm aber die Herrschaft in Neapel nicht überlassen wollte, weil er sie dem Bruder oder Oheim Ludwigs XIV. zu verschaffen gedachte, so unterstützte er ihn nicht gehörig und ermöglichte es so den Spaniern, unter den Neapolitanern Zwietracht zu säen und eine Gegenrevolution zu organisieren, infolge welcher Neapel wieder in ihre Hände fiel (6. April 1648) und der Aufstand ein Ende nahm. In diesen Vorgängen lag der Grund, weshalb der Kaiser im Beginn des Jahres 1648 auf keinerlei Unterstützung von Spanien rechnen konnte.

VII

Da Holzapfel bei Marburg verwundet wurde, so übertrug der Kaiser (am 14. Januar 1648) das Oberkommando dem General Lamboy, der es aber

bald wieder in die Hände des mittlerweile hergestellten früheren Vorge-
setzten legte. Die Schweden hatten sich mit den Franzosen unter Turenne
vereint und dadurch die Kaiserlichen und Bayern zum Rückzuge genötigt.
Zwischen den beiden Oberanführern Holzapfel und Gronsfeld gab es
stete Streitigkeiten über die Richtung desselben, der Erstere wollte Böhmen decken, der Letztere Bayern, jedenfalls aber gingen sie stets zurück,
bis sie an die Donau gelangten und auch diese überschreiten mussten.
Am Lech zwischen Rain und Landsberg nahmen sie endlich Stellung,
während der Feind ihnen von Donauwörth nachrückte. Ihre kampffä-
hige Armee zählte 33.800 Mann, das übrige Gefolge an Weibern, Kindern und Trossknechten erreichte die entsetzlich hohe Zahl von 127.000
Menschen, die wie hungrige Wölfe über die Gegenden herfielen, durch
die der Zug ging, sie plünderten und aussaugten. Am 17. Mai entwickelte
sich zwischen den inzwischen bei Z u s m a r s h a u s e n aufgestellten
Österreichern und den Schweden, die von den Franzosen unterstützt
wurden, ein mörderischer Kampf, in welchem Holzapfel tödlich verwundet wurde, worauf Montecuculi das Kommando übernahm. Die Bayern
rückten erst später den Österreichern, die mittlerweile ihr Gepäck und
ihre Kriegskasse eingebüßt hatten, zu Hilfe. Montecuculi hatte an diesem
Tage Wunder der Tapferkeit vollbracht und ebenso trefflich hatten sich
seine Truppen geschlagen, trotzdem wagte Gronsfeld, der jetzt das Oberkommando über beide Armeen übernahm, nicht, den Kampf fortzusetzen und zog sich nach Augsburg zurück. Als der Kaiser von den Verlusten bei Zusmarshausen Nachricht bekam, berief er den mittlerweile zum
Herzog von Amalfi ernannten Piccolomini aus den spanischen Diensten
und betraute ihn mit dem Oberkommando über seine Truppen.

Das vereinte kaiserlich-bayerische Heer verweilte noch einige Tage
bei Augsburg in der Absicht, die Feinde an dem Lechübergange zu hindern. Da aber Gronsfeld an dem Erfolge verzweifelte, so beschloss er,
sich auf die Verteidigung der Isar zu beschränken und nach Ingolstadt
zurückzuziehen. In einem Briefe an den Kaiser behauptete der Kurfürst,
dass die Feigheit einiger kaiserlichen Obersten an diesem Rückzuge die
vornehmste Schuld trage und Ursache sei, dass man sogar die Verteidigung Münchens aufgab. Bayern wurde nun von den Schweden wegen
des gekündigten Waffenstillstandes schrecklich verwüstet, während die
Franzosen milder verfuhren. In Prag, wo der Kaiser eben weilte, fürchtete
man, dass der Kurfürst einen neuen Waffenstillstand schließen werde

und deshalb schickte Ferdinand ihm einen Geldbetrag zur Unterhaltung seiner Truppen zu. Mittlerweile gaben die kaiserlichen und bayerischen Generale den Plan auf, sich an der Isar zu halten, weil der Fluss wasserarm war und dem Gegner keine Schwierigkeiten bei der Übersetzung bot und zogen sich bis an den Inn nach Braunau zurück. Als man am 4. Juni diesen Marsch antrat, wurde Gronsfeld auf Befehl Maximilians verhaftet, weil der Letztere ihm die meiste Schuld an diesen elenden Erfolgen beimaß, an seiner Stelle ernannte er den General Enkevort. Indessen traf Piccolomini am 9. Juni bei der Armee ein und wurde von der Mannschaft mit Jubel begrüßt. Maximilian, der seine Residenz verlassen hatte, zog sich anfangs nach Wasserburg, später nach Braunau und zuletzt nach Salzburg zurück, weil ihn das Gerücht eines Bauernaufstandes von Braunau vertrieb.

Die Franzosen und Schweden folgten ihren Gegnern und machten bei Wasserburg und bei Mühldorf Versuche, über den Inn zu setzen, wurden aber von Piccolomini, den das Landvolk tapfer unterstützte, daran gehindert. Wrangel und Turenne mussten sich über die Isar zurückziehen und nun zogen ihnen wieder die Kaiserlichen nach; beide Armeen standen einander bei Mamming fast den ganzen Monat August gegenüber, bis die Not an Lebensmitteln den Fürsten Piccolomini zwang, das Ufer zu wechseln, um den Feind anzugreifen oder ihm wenigstens die Zufuhr der Lebensmittel abzuschneiden. Dieser zog sich jedoch über Landshut nach Erding zurück, welchen Ort er einäscherte, nachdem er daselbst so gräuelvolle Schandtaten verübt hatte, dass sie selbst in jener entarteten Zeit allgemeinen Abscheu wachriefen und rückte darauf gegen München, das er blockierte. Piccolomini folgte ihm nur zögernd. Bei Feldmoching gelang es den Generalen Enkevort und Werth, den Marschall Wrangel zu überfallen, einige Hundert seiner Reiter niederzusäbeln und eine reiche Beute zu machen; eine günstige Entscheidung wurde jedoch dadurch nicht herbeigeführt, wenngleich die Gegner ihren Rückzug jetzt bis an den Lech fortsetzten. Dies geschah jedoch nur zum Schein, denn plötzlich überschritten sie die Altmühl, brachen in die Oberpfalz ein und verrieten auf diese Weise ihren Plan, in Böhmen einzudringen und sich mit Königsmark zu vereinen. Piccolomini zog ihnen nach, als ihm anfangs November ein Eilbote die Nachricht überbrachte, dass am 24. Oktober zu Münster der Friede geschlossen worden sei. Damit hatte der Krieg auf diesem Schauplatze ein Ende.

Als Wrangel im Monat Mai seine Operationen gegen das kaiserliche Heer ausführte, trennte sich der General Königsmark von ihm und zog an der Spitze von 4000 Reitern durch die Oberpfalz nach Böhmen. Dort bemächtigte er sich der Städte Taus, Klattau, Schüttenhofen und Bischofteinitz, ließ sie ausplündern und bereitete ein gleiches Schicksal später noch anderen Orten, namentlich der Stadt Falkenau. Diese Erfolge wurden nur dadurch möglich, weil fast sämtliche kaiserliche Truppen unter Piccolominis Leitung am Inn standen. Die Gefahr für den Kaiser wuchs, als der Pfalzgraf Karl Gustav mit 4000 Mann und 20 Kanonen nach Böhmen vorrückte und zuletzt auch der General Wittenberg aus Schlesien mit einem Truppenkorps herangezogen kam. Königsmark beschloss im Einverständnisse mit dem Pfalzgrafen einen Angriff auf Prag und bediente sich hierbei der Ratschläge und Weisungen eines ehemaligen kaiserlichen Oberstlieutenants Ottowalský, der ihm seine Dienste angeboten hatte. Derselbe empfahl ihm, den Angriff vom Hradschin aus zu unternehmen, doch ist es zweifelhaft, ob er einen Erfolg gehabt hätte, wenn nicht eine List das Gelingen erleichtert hätte. Der Kommandant der kaiserlichen Truppen in Prag, Graf Colloredo, hatte dem Feinde 200 Reiter entgegengeschickt, um durch sie Nachrichten über die Marschrichtung und Stärke des Feindes einzuholen. Diese Reiter fielen samt und sonders in die Hände Königsmarks, der ihr Leben nur unter der Bedingung zu schonen versprach, wenn sie ihm das Losungswort verrieten, welches ihnen den Eingang in die Tore der Stadt eröffnen sollte. Mit einigen aus ihrer Mitte schickte er nun 300 eigene Reiter unter Ottowalskýs Befehl voraus, die in der Nacht auf den 26. Juli bei dem Staubthor eintrafen und mithilfe des ihnen bekannten Losungswortes Einlass erlangten. Sie bemächtigten sich nun des Tores und öffneten auf diese Weise dem ihnen eilig nachfolgenden Königsmark den Eingang zum Hradschin, welcher Erfolg durch die Besetzung der Kleinseite vervollständigt wurde. Man war in Prag so wenig auf den Angriff der Schweden vorbereitet, dass sie nur mit einzelnen Wachtposten zu kämpfen hatten und einige der hervorragendsten Würdenträger, darunter den Kardinal Harrach und den Oberstburggrafen Martinitz, in ihren Palästen gefangen nehmen konnten. Auch der Stadtkommandant, Feldmarschall Colloredo, wäre bald in ihre Hände gefallen, wenn er sich nicht der Gefangennahme durch eilige Flucht entzogen hätte. Ein kaiserlicher Fähnrich brachte die erste Nachricht von dem Einmarsch der Schweden auf die Altstadt und alarmierte die Einwohner, die rasch Anstalten zur Verteidigung trafen und durch die Absperrung der Brücke auch die nötige Zeit dazu fanden. Colloredo entbot durch Kuriere die nahestehenden kaiserlichen Truppen zur Unterstützung Prags, welcher Aufforderung General Buchheim an der Spitze von 3500 Mann so schnell als möglich nachkam. Die Bürgerschaft beteiligte sich mit größter Hingebung an der Verteidigung, die Studierenden der Universität, geleitet von einem Jesuitenpater, wetteiferten mit den Soldaten an Ausdauer und Unerschrockenheit, ja sogar 200 Mönche übernahmen die Verteidigung eines ziemlich gefährlichen Postens. Da auch der Oberstlieutenant Conti die Befestigungsarbeiten mit vielem Geschick leitete, den mangelnden Schießbedarf herbeischaffte, Kanonen aus den Turmglocken gießen ließ, so erwehrte sich der auf dem rechten Moldauufer gelegene Teil Prags vorläufig der schwedischen Angriffe, obwohl dieselben später nicht bloß von der Kleinseite, sondern auch durch das Korps Wittenbergs, das sich bei Prag an Königsmark angeschlossen hatte, am rechten Moldauufer vom Galgenberg aus gegen die Neustadt unternommen wurden. Da Wittenberg nicht gleich zum Ziele gelangte, so zog er von Prag ab und richtete seine Angriffe auf Tabor, welche Stadt mit dem dahingeflüchteten Eigentum zahlreicher Edelleute und Bürger in seine Hände fiel. Am 19. September setzte er darauf mit 4000 Mann und 8 Kanonen seinen Marsch gegen Linz fort, in der Absicht, die Bauern in Oberösterreich zum Aufstande zu bewegen, da der Plan aber misslang, so wagte er nicht über Krumau hinaus vorzudringen, weil der Kaiser durch mannigfache Vorkehrungen und durch Abberufung eines kleinen Truppenkontingents von der Armee Piccolominis für die Verteidigung von Oberösterreich hinreichend Sorge getragen hatte.

Mittlerweile langte der Pfalzgraf Karl Gustav an der Spitze seiner Truppen in Prag an (3. Oktober) und nun rüstete man sich auf schwedischer Seite zu einem energischen Angriffe, an dem sich auch Wittenberg, der mit seinem Korps zurückgekehrt war, beteiligte. Die Schweden rückten bis an die Stadtmauern vor, da sich die Prager jedoch immer noch erfolgreich verteidigten, so fing Karl Gustav an, mit ihnen zu verhandeln und bot ihnen die besten Bedingungen, wenn sie sich ergeben würden. Seine Aufforderung wurde zurückgewiesen und er unternahm nun am 25. Oktober einen Sturm und drang durch eine geschossene Bresche in die Stadt ein, allein da sich die Belagerten mit Verzweiflung wehrten, den

Boden Schritt für Schritt verteidigten und dabei einen wahren Helden-
mut bewiesen, so mussten die Schweden zuletzt unter großen Verlusten
zurückweichen. In den folgenden Tagen wurden die Angriffe nicht mehr
mit der früheren Heftigkeit erneuert und als am 3. November endlich
die Nachricht von dem westfälischen Friedensschlusse anlangte, war
jede Gefahr für die Stadt vorbei. Die Schweden hatten während der Belagerung gegen 5000 Mann eingebüßt, der Verlust der Prager und ihrer
Besatzung überstieg nicht 700 Mann. Ihre Anwesenheit in Böhmen hatten die Schweden nicht nur durch die Plünderung des Landes, sondern
auch des von ihnen besetzten Prager Stadtteiles bezeichnet. Die berühm-
teste Beute, die sie davontrugen, war jener kostbare Kodex, der die goti-
sche Übersetzung der vier Evangelien durch den Bischof Ulfilas enthält.
Der 30jährige Krieg nahm in jener Stadt sein Ende, wo eine unglückse-
lige Tat zwar nicht die eigentliche Ursache zu seinem Beginne abgegeben
hatte – denn tausend andere Umstände hätten den Kampf der Glaubens-
parteien hervorgerufen – wohl aber die nächste Veranlassung desselben
war. Unermessliche Leiden waren jetzt zum Abschlusse gelangt, denn
die Zahl derjenigen, die im Laufe dieses Krieges durch das Schwert oder
andere Gewaltmittel oder endlich durch Hunger und Elend zugrunde
gegangen, kann man auf Millionen berechnen. In manchen Gebieten war
kaum ein Drittel der ursprünglichen Bevölkerung vorhanden, überall war
sie mindestens um die Hälfte gesunken und zahlreiche Städte beherberg-
ten kaum den sechsten Teil der ursprünglichen Einwohnerzahl, wenn sie
nicht überhaupt ganz verödet waren.

Sechstes Kapitel

Die westfälischen Friedensverhandlungen.

I. Der Frankfurter Deputationstag. Die Eröffnung des Kongresses zu Münster und Osnabrück. Etikettestreitigkeiten.

II. Beginn der eigentlichen Friedensverhandlungen am 11. Juni 1646. Forderungen der Franzosen und Schweden. Trauttmansdorffs Wirksamkeit.

III. Vertragsentwurf zwischen dem Kaiser und Frankreich. Verhandlungen über die einzelnen Punkte des Vertragsentwurfes.

IV. Unterzeichnung des Friedens. Inhalt desselben. Urteile über denselben.

V. Die Durchführung des Friedensschlusses.

I

Der Regensburger Reichstag hatte bestimmt, dass am 1. Mai 1642 ein Deputationstag in Frankfurt am Main zusammentreten sollte, doch verzögerte sich der Zusammentritt desselben bis ins folgende Jahr. Die Verhandlungen drehten sich zunächst um die allfälligen Friedensbedingungen und gingen dann auch auf die Amnestie über, für deren allgemeine Erteilung sich einige Stimmen erhoben, sodass auch die pfalzgräflichen Kinder vollständig restituiert werden sollten. Thomas Rowe, der englische Gesandte am Kaiserhofe, verlangte durch eine Note, die er in Frankfurt überreichte, die völlige Restitution derselben und beschuldigte den Kurfürsten von Bayern, dass er durch seinen Starrsinn jeden Vergleich hintertreibe. Dabei kam es zur allgemeinen Kenntnis, dass der Kaiser dem König Karl von England die Restitution seines Neffen angeboten habe, wenn er dem Kurfürsten von Bayern jene Millionen zurückzahlen würde, für die ihm die Oberpfalz und die Kur übertragen worden war. Erbost darüber erklärte Maximilian, dass er beidem entsagen wolle, wenn ihm die Summe ausgezahlt würde. Da aber Karl weder zahlen konnte noch wollte und ebenso wenig der Kaiser oder der Pfalzgraf, so blieb die Sache beim Alten, obwohl auch jetzt noch einige protestantische Stimmen sich für die vollständige Restitution erhoben, natürlich ohne sich um die an Maximilian zu leistende Entschädigung zu kümmern.

Bei den weiteren Verhandlungen verlangten die Deputierten des Fürsten- und Städterates, dass sie gleich den Kurfürsten zu den Friedensverhandlungen zugezogen würden, was die Kurfürsten wegen der nötigen Wahrung des Geheimnisses nicht zugeben wollten. Erst als bestimmt worden war, dass die Religionsbeschwerden nicht in Münster und Osnabrück zur Sprache kommen würden, sondern erst sechs Monate nach dem Friedensschlusse über sie verhandelt werden solle, gaben die Kurfürsten, namentlich Maximilian, dem Wunsche des Fürsten- und Städterates nach. Der Deputationstag, der zu Anfang des Jahres 1643 zusammengetreten war, tagte auch in den Jahren 1644 und 1645 weiter fort. Seine Verhandlungen betrafen die Justizreform und namentlich das Reichskammergericht und die Erhöhung der Gehalte der Assessoren und wer dazu beisteuern sollte. Auch die Einführung des neuen Kalenders, den besonders Bayern befürwortete, kam zur Sprache, aber die Protestanten hatten allerlei Bedenken, sich dieser päpstlichen Neuerung anzuschließen und so musste man diesen Gegenstand fallen lassen und in gemischten Orten nach wie vor doppelte Feiertage feiern. Die weiteren Verhandlungen bezogen sich auf den Reichshofrat, an dem die Protestanten aussetzten, dass er vom Kaiser abhängig sei und sich in die Entscheidung von Religionsbeschwerden einmenge; sie verlangten daher, dass ihm die Jurisdiktion in Religionsangelegenheiten so lange entzogen werde, bis er paritätisch eingerichtet sei, also zur Hälfte aus Katholiken, zur Hälfte aus Protestanten bestehen werde. Die Vertreter der katholischen Kurfürsten schlossen sich dem Votum bezüglich der Zulassung der Protestanten in den Reichshofrat an und trugen so den Ansprüchen der Letzteren Rechnung. Schließlich warf der Deputationstag die Frage auf, ob es wohl zweckmäßiger sei, die Verhandlungen nach Münster und Osnabrück zu verlegen. Der Fürstenrat entschied sich dafür, die kurfürstlichen Gesandten schlugen dagegen die Auflösung des Deputationstages vor und übertrugen dem Kaiser die Entscheidung. Ferdinand erklärte, dass er mit der Übersiedelung des Deputationstages nach Münster einverstanden sei, wenn derselbe seine Tätigkeit im Einverständnisse mit seinen (den kaiserlichen) Gesandten fortsetzen und sich jedes unmittelbaren Geschäftsverkehres mit den fremden Mächten enthalten würde.

Infolge dieser Zustimmung löste sich der Deputationstag im Frühjahr 1645 auf und setzte seine Tätigkeit bei den eigentlichen Friedensverhandlungen fort.

Der Beginn der Friedensverhandlungen zwischen dem Kaiser und seinen Gegnern wurde, wie wir erzählt haben, auf den 25. März 1642 bestimmt und zum Sitze derselben die Städte Münster und Osnabrück ausersehen, es kam aber weder in diesem noch in dem folgenden Jahr zu denselben. Erst im Jahre 1644 versammelten sich in der erstgenannten Stadt neben dem Vertreter des Papstes, dem Nuntius Chigi und dem Gesandten der Republik Venedig, Contarini, welche beiden als Vermittler zwischen den streitenden Parteien dienen und so das Friedenswerk erleichtern sollten, die kaiserlichen Gesandten (der Graf von Nassau und Dr. Volmar) und die französischen (die Grafen Avaux und Servien) und spanischen Bevollmächtigten (Savedra, Zapata und Lebrun), dann die der katholischen Kurfürsten und später auch die der katholischen Fürsten. In Osnabrück fanden sich im Namen Schwedens Johann Oxenstierna, der Sohn des Reichskanzlers und Salvius, im Namen Frankreichs Baron de Rorté und nach ihm Mr. de la Barde und später Mr. de la Cour, dann die Vertreter der einzelnen Kurfürsten ein und endlich waren auch der deutsche Fürstenrat und die Reichsstädte daselbst vertreten. Die ersten wechselseitigen Äußerungen betrafen die leidige Etikettefrage. Man stritt sich zuerst darüber, ob bei gemeinschaftlichen Zusammenkünften der Vorrang Spanien gebühre und welche Ehrenbezeugungen man den Vertretern der einzelnen Mächte zuerkennen dürfe. Der Graf Avaux nahm unmittelbar nach seiner Ankunft in Münster den Vorrang vor Spanien in Anspruch und als er dem daselbst erwarteten Nuntius in Gesellschaft der anderen Gesandten entgegenfahren wollte, ließ er sich von 20 bewaffneten Edelleuten begleiten, um die Spanier gewaltsam zurückzuweisen, wenn sie ihm nicht den Vorrang einräumen würden. Die Folge davon war, dass die Spanier, die nicht hinter den Franzosen zurückstehen, aber auch das Friedensgeschäft nicht erschweren wollten, es vermieden, je mit ihren Gegnern an einem dritten Orte zusammenzutreffen und sich, wenn der Zufall es doch fügte, gleich entfernten.

Nun nahmen die Streitigkeiten zwischen den Vertretern der ersten Mächte über die Kirchensitze ihren Anfang. Der Nuntius begnügte sich nicht damit, an der Spitze der Gesandten zu sitzen, er wollte, dass sein Platz durch einen eigenen Thronhimmel ausgezeichnet werde und die kaiserlichen Gesandten wollten ihre Sitze denen der Franzosen voranstellen, diese dagegen duldeten keine der beiden Überhebungen, sondern verlangten, dass die sämtlichen Sitze in einer und derselben Reihe aufgestellt sein sollten und waren unter dieser Bedingung erbötig, dem Nuntius den ersten und dem kaiserlichen Hauptvertreter den zweiten Rang einzuräumen. Nachdem diese Angelegenheit im Sinne der Franzosen entschieden war, musste ein langwieriger Kampf gegen die Ansprüche der geringeren Mächte über das Zeremoniell bei ihrem Empfang durchgefochten werden. So verlangte der venezianische Gesandte, dass die Franzosen ihn bei seinem Besuche nicht bloß bis an die letzte Stufe ihrer Treppe, sondern bis an den Wagen zurückbegleiten sollten, wogegen Avaux ihn nur die halbe Stiege hinuntergeleiten wollte. Da die Kaiserlichen dem venezianischen Gesandten die verlangte Höflichkeit erwiesen, so mussten auch die Franzosen in dieselbe einwilligen.

Kaum hatte der venezianische Gesandte erreicht, dass man ihm bei seinen Besuchen die nämliche Ehre erwies wie den Vertretern der Großmächte, so verlangten die Gesandten der freien Niederlande dieselbe Behandlung und die Franzosen mussten auch der neuen Republik, obwohl mit steigendem Unwillen, nachgeben. Nun kam die Titelfrage aufs Tapet. Die Gesandten der Großmächte wurden bei der Ansprache mit Exzellenz tituliert und dieser Titel auch dem venezianischen Gesandten beigelegt. Die Niederländer nahmen nun denselben Titel für sich in Anspruch und nach ihrem Muster die Gesandten der Kurfürsten. Allen diesen Ansprüchen musste man schließlich Rechnung tragen, weil der Kaiser und der König von Frankreich einander auch darin bekämpften, dass sie sich nach einigem Widerstreben beeilten, den Wünschen der kleineren Mächte nachzugeben, um sich ihrer Geneigtheit zu versichern. Der einzige Johann Georg von Sachsen setzte einen Stolz darin, bei der alten Titulatur zu beharren und verbot seinen Vertretern, sich des neuen Titels zu bedienen. Noch andere ins Gebiet des Zeremoniells gehörige Streitigkeiten wurden in Münster und Osnabrück entschieden oder die Entscheidung zum größten Ärger eines der streitenden Teile vertagt. Der Leser kann sich nach den gegebenen Andeutungen ein Bild des damaligen diplomatischen Verkehrs machen.

Die eigentlichen Friedensverhandlungen hatten schon vor der Lösung der Etikettefragen ihren Anfang genommen und wurden dadurch nur in ihrem Fortlauf verzögert, da die Stimmung der einzelnen Gesandten durch die Verletzung ihrer Eitelkeit verbittert wurde. Bald nachdem Avaux in Münster eingetroffen war, erschien der Nuntius bei ihm, teilte ihm die Vollmacht des kaiserlichen Gesandten mit und verlangte Einsicht in die seinige. Da Avaux jedoch nicht beabsichtigte, die Verhandlungen einzuleiten, solange sein Kollege Servien nicht angelangt war, so lehnte er dieses Ansuchen vorläufig ab. Als der Letztere eintraf, wurden die kaiserlichen und französischen Voll-machten ausgewechselt, die spanischen dagegen von Avaux beanstandet und zwar wegen des Titels von Navarra, den sich der spanische König beilegte. Die Tage gingen also noch immer nutzlos hin und die Franzosen verkürzten sich ihre Zeit mit der oben erwähnten Erörterung der Etikettefragen. Bei einer bevorstehenden Zusammenkunft mit den Schweden wollten sie Oxenstierna die volle Ebenbürtigkeit zugestehen, nur verlangten sie, dass die Schweden den Anfang machen und sie zuerst besuchen sollten, während Oxenstierna dies durch das Los entscheiden lassen wollte. Endlich wurde bestimmt, dass sich die Franzosen und Schweden an einem Orte zwischen Münster und Osnabrück begrüßen, dass die Schweden zuerst dahin kommen, die Franzosen sie dagegen zuerst besuchen sollten.

In ihren Berichten an den Kardinal Mazarin deuteten die französischen Gesandten wiederholt auf die Bedeutung Maximilians von Bayern hin und wie man um jeden Preis versuchen müsse, ihn für Frankreich zu gewinnen. Mazarin erkannte die Richtigkeit dieser Bemerkungen an und bevollmächtigte die Gesandten die Errichtung zweier neuen Kurfürstentümer: für die Pfalz – die also der alten Kurwürde entkleidet werden sollte – und für das Stift Salzburg zu beantragen.

II

Da Monate vergangen waren, ohne dass in der Friedensfrage ein Schritt vorwärts getan worden wäre, weil die französischen Gesandten die Form der spanischen Vollmacht anfochten und aus diesem Grunde die Vorlage ihrer Forderungen verzögerten, so verlor endlich der Nuntius Chigi die Geduld, denn der Vorwand bezüglich Spaniens konnte doch nicht hindern, dass man wenigstens die Verhandlungen mit dem Kaiser in Angriff nahm. Gedrängt von ihm überreichte Avaux (anfangs März 1645) seine Propositionen, aber sie waren so allgemein gehalten, dass die Absicht, die

Verhandlungen zu verschleppen, nur zu deutlich daraus hervorleuchtete; erst am 11. Juni überreichten die französischen Gesandten, zu denen sich im folgenden Monat auch der Herzog von Longueville gesellte, in Münster und die schwedischen in Osnabrück ihre detaillierten Forderungen. Die Franzosen verlangten, dass der Kaiser eine allgemeine Amnestie erteile und alles in den Stand von 1618 zurückversetze, dass der Reichstag in allen Angelegenheiten, in denen es sich um Steuern um Krieg und Frieden, um neue Gesetze oder Auslegung der alten handle, eine entscheidende Stimme führen und nur mittelst Stimmeneinhelligkeit Beschluss fassen solle, dass ferner den Reichsständen das Recht, Bündnisse unter sich und mit den benachbarten Fürsten einzugehen, gestattet bleibe, dass die Wahl eines römischen Königs bei Lebzeiten des Kaisers nie mehr vorgenommen werde und endlich, dass für Frankreich, Schweden die Landgräfin von Hessen-Kassel und andere Bundesgenossen eine entsprechende Entschädigung festgestellt werde. Worin die Letztere bestehen sollte, wurde nicht gesagt. Die Schweden verlangten neben der unbeschränkten Amnestie, die sich auch auf die österreichischen Länder beziehen, also die Konfiskationen rückgängig machen sollte, Aufnahme der Kalviner in den Reichsverband und schlossen sich im Übrigen den französischen Forderungen an, indem sie einzelne derselben präzisierten oder weiter ausführten. Bemerkenswert war, dass in der Amnestiefrage des Pfalzgrafen nicht gedacht wurde, er war wohl in die Amnestieforderung stillschweigend eingeschlossen, aber seine Stellung hätte doch eine besondere Erwähnung verdient. Dass dies nicht geschah, gab der Vermutung Raum, dass die Schweden und Franzosen nur die eigenen Interessen wahren wollten und die des Pfalzgrafen vernachlässigten, eine Vermutung, die, wie die Folge lehrte, begründet war.

Man sieht, die Forderungen Schwedens und Frankreichs waren neben der eigenen Befriedigung auf die permanente Dauer solcher Einrichtungen in Deutschland gerichtet, mit denen kein ordentliches Staatswesen vereinbar war, denn wenn die Gültigkeit der Reichstagsbeschlüsse von der Einstimmigkeit der Beschließenden abhängig gemacht wurde, so konnte nie mehr ein ordentlicher Reichstagsbeschluss zustande kommen und wenn die Bündnisse einzelner Reichsstände mit auswärtigen Mächten zugelassen wurden, so wurde dadurch der Verrat an Kaiser und Reich legitimiert. Schweden und Frankreich beabsichtigten in Deutschland diejenige Rolle zu spielen, die Russland später gegen

Polen durchführte. Der Kaiser wollte auf diese Bedingungen nicht eingehen, namentlich empörte ihn die ihm zugemutete Entschädigung seiner Feinde, er behauptete, selbst ein größeres Recht auf eine solche zu haben. Seine ablehnende Antwort auf die schwedischen und französischen Forderungen ließ er den Abgeordneten der deutschen Reichsstände zu Münster und Osnabrück mitteilen und ihr folgte bald darauf (am 29. November) der Graf von Trauttmansdorff, welchen der Kaiser nach Münster abgeordnet und mit außerordentlichen Vollmachten versehen hatte: Ferdinand verpflichtete sich, alle von ihm eingegangenen Friedensbedingungen aufrecht zu halten.

Über Trauttmansdorff, der nun in Münster die hervorragendste Rolle spielte und dem der Verdienst gebührt, dass er den Frieden mit den möglichst günstigen Bedingungen für Deutschland und Österreich zustande gebracht, entwerfen französische Federn eine Schilderung, die so sehr das Richtige trifft, dass wir nichts an ihr ändern können. Er sei, heißt es, ein großer, sehr hässlicher Mann gewesen, aber der Fehler seiner äußeren Erscheinung sei aufgewogen worden durch seinen scharfen Verstand und durch seinen freimütigen und aufrichtigen Charakter. Man war in Münster erstaunt, dass er, der in dem Vertrauen des Kaisers die erste Stelle einnahm, sich auf so lange Zeit von ihm entfernte und seinen Nebenbuhlern freies Feld ließ, aber umso mehr würdigte man den Verdienst und die Uneigennützigkeit seiner Handlungsweise.

Seine Ankunft in Münster hätte bald Gelegenheit zu einer Verzögerung der Verhandlungen geboten, wenn er nicht durch einen witzigen Einfall die Gefahr beschworen hätte. Die Franzosen verlangten von ihm, dass er sie unmittelbar nach dem päpstlichen Nuntius besuchen und also den Spaniern keinen Vorzug vor ihnen einräumen solle und nur nachdem er ihnen das Versprechen gegeben, machten sie ihm, wie das bei neuerscheinenden Gesandten üblich war, den ersten Besuch. Da er jedoch die Spanier nicht hintansetzen wollte, zog er sich dadurch aus der Schlinge, dass er erklärte, er beabsichtige zuerst seine Freunde, also die Spanier, dann die gleichgültigen oder neutralen, also den Nuntius, und zuletzt die Feinde, also die Franzosen, zu besuchen und machte in dieser Reihenfolge auch seine Besuche ab. Gegen dieses Auskunftsmittel, das den Ansprüchen Frankreichs auf den Vorrang nicht präjudizierte, konnten die französischen Gesandten keinen stichhaltigen Einwurf erheben, wenn sie sich auch noch so sehr über das Vorgehen Trauttmansdorffs ärgerten.

Trauttmansdorff vermied nach seiner Ankunft in Münster alle unnützen Weitschweifigkeiten, durch welche bloße Formfragen gelöst wurden und begab sich gleich an die Verhandlung über die Entschädigungsfrage, indem er den Franzosen Metz, Toul und Verdun, was sie allerdings ohne Zustimmung des Kaisers seit fast hundert Jahren besaßen, dann Pignerol und Moyenvic anbot, die Abtretung des Elsasses und Breisachs aber ablehnte. Da die französischen Gesandten mit ihrer Antwort auf diesen Vorschlag zögerten, reiste Trauttmansdorff nach Osnabrück ab, um zu versuchen, ob ihm nicht die Einigung mit Schweden gelingen und er dadurch auf Frankreich einen Druck ausüben könnte. Es war nicht unmöglich, dass die Schweden ein Separatabkommen trafen, denn der Hass, der sich gegen sie allerseits in Deutschland geltend machte, war zu einer furchtbaren Höhe gestiegen. Die Königin Christine deutete dies in einer Unterredung mit dem französischen Gesandten in Stockholm, Chanut, an und fügte ihren Worten die für sie tröstliche, jedenfalls aber bezeichnende Bemerkung bei, dass sie nur von den deutschen Kriegsobersten, namentlich von Königsmark, einen Angriff gegen Schweden besorge, die Einigung der deutschen Fürsten gegen Schweden aber außer dem Bereich der Möglichkeit liege, weil die wechselseitige Eifersucht und Zwietracht so groß sei, dass sie jede einheitliche Handlung verhindere.

In Osnabrück angelangt, ersuchte der kaiserliche Gesandte die beiden schwedischen Vertreter um eine Erklärung über die Forderungen ihrer Königin, bekam aber nur eine ausweichende Antwort, die ihm deutlich bewies, dass der Versuch, die Schweden von den Franzosen zu trennen, kaum von Erfolg sein würde. Dies zeigte sich nun, als (am 7. Januar 1646) die Schweden ihre Forderungen vorbrachten und Schlesien, von dem sie einen Teil besetzt hielten, Pommern, Camin, Wismar, Bremen und Verden und die Bezahlung ihrer Armee verlangten. Zu diesen bedeutenden Forderungen hätten sie sich jedenfalls nicht verstiegen, wenn sie nicht das beste Einvernehmen mit Frankreich unterhalten hätten. Tatsächlich kehrte Trauttmansdorff nach zweimonatlicher Abwesenheit unverrichteter Dinge nach Münster zurück, wo indessen die französischen Gesandten bei dem päpstlichen und venezianischen Vermittler (auch am 7. Januar 1646) die Erklärung abgegeben hatten, dass sie auf der Abtretung des Elsasses, des Sund- und Breisgaues, Breisachs, der vier Waldstätte und Philippsburgs beständen. Die Anerbietung eines Teiles des Elsasses wiesen sie zurück und beharrten umso energischer auf der Abtretung des ganzen Landes, weil sie der Zustimmung aller Reichsstände mit Ausnahme des Kaisers und der zu beraubenden Tiroler Linie gewiss waren, denn selbst Maximilian von Bayern stimmte jetzt dafür, dass sich das Haus Österreich in diesen Verlust füge, weil er nur in der Befriedigung Frankreichs eine Möglichkeit des Friedens sah, dessen baldiger Abschluss der sehnlichste Wunsch des kriegsmüden Greises war.

Der Kaiser befragte seinen Geheimrat um ein Gutachten bezüglich der Abtretung des Elsasses und Sundgaus und da sich derselbe dafür erklärte, weil keine Mittel zur Wiedereroberung vorhanden seien, so stimmte er bei und benachrichtigte zwei Tage später (28. Februar 1646) den Grafen von Trauttmansdorff und den Kurfürsten von Bayern von seinem Entschlusse. Maximilian fand jedoch, dass der Kaiser noch nicht genug geopfert habe, er wollte, dass er auch Breisach den Franzosen preisgebe und trug seinen Gesandten in Münster auf, vor Trauttmansdorff zu erklären, dass er mit den Franzosen ein Separatabkommen treffen werde, wenn man ihnen nicht auch Breisach einräumen würde. Dass sich überhaupt in Deutschland gegen Frankreich eine nachgiebigere Stimmung geltend machte – wobei das französische Geld jedenfalls seine Wirkung ausübte – zeigte sich darin, dass das Kollegium der Reichsstände in Münster auf Befragen des kaiserlichen Vertreters die Befriedigung der Franzosen billigte, während dasselbe Kollegium zu Osnabrück jede territoriale Entschädigung der Schweden abwies, allerdings ohne dem Kaiser die Mittel einzuräumen, diesen Beschluss durchzuführen. Als Trauttmansdorff im April (1646) den Franzosen endlich den Elsass und Sundgau anbot, wollten sie Breisach um keinen Preis aufgeben und ließen nur bezüglich ihrer übrigen Forderungen auf einige Nachgiebigkeit hoffen.

Gleichzeitig mit diesen Entschädigungsangelegenheiten führten die Reichsstände die Verhandlungen über ihre wechselseitigen Beschwerden weiter fort und erörterten neuerdings die Fragen, die auf dem Deputationstage in Frankfurt und schon früher auf dem Reichstage in Nürnberg breitgetreten worden waren. Die Protestanten erklärten sich in ihrer Eingabe gegen den geistlichen Vorbehalt, nahmen das ihnen durch das Restitutionsedikt entzogene Reformationsrecht der mittelbaren Klöster in Anspruch, verwahrten sich gegen Majoritätsabstimmungen in Glaubensangelegenheiten, forderten die Restitution von Donauwörth und die Religionsfreiheit für die Untertanen katholischer Fürsten, während sie dieselbe bei sich selbst nicht zugestehen wollten. Die Katholiken waren nur zu einem Verzicht auf die bis zum Jahre 1627 von den Protestanten okkupierten reichsunmittelbaren und mittelbaren geistlichen Stifter erbötig, doch nur für vierzig Jahre nach Abschluss des Vertrages und unter der Bedingung, dass auch die Katholiken bei der Bewerbung um diese Stifter nicht ausgeschlossen werden sollten. Daneben kam auf dem Kongresse auch die Frage zur Sprache, ob man die Gesandten des Königs von Portugal und des Herzogs von Lothringen zulassen sollte; Ersteres wurde von Frankreich befürwortet, Letzteres bekämpft, während die kaiserlichen Gesandten das Umgekehrte taten. Auch über die Entschädigungsforderungen der Landgräfin von Hessen wurde schon jetzt verhandelt; sie verlangte das Stift Paderborn und andere geistliche Besitzungen und dazu noch Geld. Die französischen Gesandten erklärten ziemlich unverhohlen, dass sie diese weitgehenden Forderungen nicht unterstützen würden und so war deren Einschränkung mit Gewissheit zu erwarten.

Als Trauttmansdorff abermals nach Osnabrück (am 14. April 1646) ging, folgte ihm Servien dahin, um die Schweden und Protestanten zur Milderung ihrer Forderungen zu bestimmen. Während er die Letzteren für die Anerkennung des geistlichen Vorbehaltes zu gewinnen suchte, brachte er die Ersteren dahin, dass sie erklärten, sich entweder mit ganz Pommern begnügen zu wollen oder mit der Hälfte dieses Landes, wenn dazu noch Bremen und Verden hinzugefügt würde. Damit war ein Schritt zur endlichen Vereinbarung geschehen, denn man konnte jetzt von Reichswegen dem Kurfürsten von Brandenburg die Verzichtleistung wenigstens auf einen Teil von Pommern zumuten. Die Hoffnungen auf den baldigen Abschluss des Friedens, die man aus der Nachgiebigkeit Schwedens bezüglich der territorialen Ansprüche schöpfen konnte, wurden dadurch wieder verdüstert, dass es in der Amnestiefrage seine Forderungen noch immer hochspannte, diese auch auf die österreichischen Länder ausgedehnt und die Exulanten in ihren Besitz wieder eingesetzt wissen wollte. Als der Kaiser von den modifizierten Bedingungen der Schweden in Kenntnis gesetzt wurde, erklärte er, dass er in seinen Ländern bezüglich der religiösen Verhältnisse das Jahr 1627 und bezüglich der politischen Amnestie das Jahr 1630 als Ausgangsjahr ansehen wolle. Dadurch wollte er sowohl der Rückkehr der Exulanten und der Rückerstattung ihrer Güter, sowie der Religionsfreiheit in seinen Ländern mit Ausnahme von Schlesien vorbeugen, denn im Jahre 1627 galt sie nur in dieser Provinz. Die Territorialansprüche Schwedens wollte er mit der Überlassung von Vorpommern, Verden und Bremen befriedigen und den Kurfürsten von Brandenburg für Vorpommern mit dem Stifte Halberstadt entschädigen. Den Sohn des Winterkönigs erklärte er in die Niederpfalz restituieren und für ihn eine achte Kur errichten zu wollen. Als die Kollegien der deutschen Reichsfürsten und Reichsstädte mit diesen Friedensanerbietungen bekannt wurden, hatten sie an denselben allerlei auszusetzen, beide sprachen sich für die unbeschränkte bis zum Jahre 1618 zurückreichende Amnestie aus und wollten in dieselbe nicht bloß die kaiserlichen Untertanen, sondern auch Kurpfalz und den Markgrafen von Jägerndorf einschließen; sie munterten also die Schweden zur Hartnäckigkeit auf und trübten so die Friedensaussichten.

Die weitgehenden Forderungen der protestantischen Reichsstände bedrohten nicht nur den Kaiser, sondern auch die deutschen Katholiken und so entschlossen sich die Letzteren zu einer Gegenerklärung, in welcher sie die Grenzlinien ihrer äußersten Nachgiebigkeit zogen. Die geistlichen Güter, deren sich die Protestanten nach dem Passauer Vertrage bemächtigt hatten, wollten sie denselben auf 100 Jahre überlassen, nachher sich aber das Klagerecht vorbehalten und in der Zwischenzeit den Besitzern derselben den Zutritt zum Reichstage gestatten, bezüglich der mittelbaren Stifter sollte das Jahr 1627 als Normaljahr gelten. In allen Reichsangelegenheiten mit alleiniger Ausnahme der religiösen Fragen sollte die Majorität rechtsgültig entscheiden dürfen. Diese Anerbietungen genügten den Protestanten nicht, nur die kursächsischen Gesandten nahmen einen vermittelnden Standpunkt ein, welcher den kaiserlichen Interessen Rechnung trug, indem sie beantragten, dass für die Güterrestitution das Jahr 1624 als Normaljahr angenommen und dem Kaiser die Duldung der Protestanten nicht aufgetragen, sondern er um dieselbe bloß gebeten werden solle. Die Haltung Sachsens bewirkte, dass später die Reichsstädte das Jahr 1624 als Normaljahr anerkannten und dass sich ihnen mehrere Reichsfürsten anschlossen.

Bei der Halsstarrigkeit der Protestanten, welche die in Österreich durchgeführte Gegenreformation rückgängig machen und die Besitzverhältnisse durch Annullierung der Konfiskation in eine neue, noch weit größere Verwirrung bringen wollten, hielt es Trauttmansdorff für das klügste, wenn er sich so schnell als möglich mit den Franzosen vertrug. Er bot ihnen statt Breisachs nacheinander Zabern, Benfeld und Philippsburg und endlich sogar die Demolierung von Breisach an und als dies alles nicht verfangen wollte, ließ er sie durch die Vermittler fragen, ob der Kaiser für die Abtretung von Breisach auf ihre Unterstützung in der pfälzischen Angelegenheit rechnen könne. In dieser Beziehung wurde er beruhigt, Frankreich erbot sich, die kaiserlichen Anträge bezüglich der Pfalz nicht bloß anzunehmen, sondern auch ihre Annahme bei Schweden durchzusetzen. Diese Versicherung und die sich stets gleichbleibende Hartnäckigkeit der Protestanten bewirkte, dass er den Franzosen endgültig Breisach, Neuenburg, Benfeld und Zabern anbot und dafür ihre Erklärung empfing, dass sie vom Breisgau und den vier Waldstätten ablassen würden. Ferner verlangte er von Avaux und Servien, dass sie sich bei dem Reichskanzler Oxenstierna, der am 4. Juli 1646 nach Münster gekommen war, um Ermäßigung der schwedischen Forderungen und um Anerkennung der Jahre 1627 und 1630 als Normaljahre bemühen und in der pfälzischen Sache den Standpunkt des Kaisers vertreten sollten. Allein die Schweden kehrten nicht nur zu ihren früheren Ansprüchen zurück und verlangten jetzt wieder Schlesien, sondern die Franzosen stützten sie sogar in denselben und erhöhten die eigenen. Zu diesem Bruch des dem kaiserlichen Gesandten gegebenen Versprechens wurden sie durch den Kardinal Mazarin veranlasst, der das Resultat des gegen Spanien geführten Krieges erst abwarten wollte, ehe er sich völlig band. Empört über die Haltung der Franzosen, verfügte sich Trauttmansdorff zu dem Herzog von Longueville, wo er auch mit Avaux zusammentraf und beschuldigte die Gesandten mit heftigen Worten, dass sie durch ihre Falschheit die Katholiken dem Verderben preisgäben und die Türken in ihren Eroberungsgelüsten förderten. Vorwürfe gegen Glaubensgenossen, wenn sie begründet waren, verfehlten noch immer nicht völlig ihren Zweck und darum mag dieser Auftritt dazu beigetragen haben, dass die Franzosen um neue Weisungen baten und vierzehn Tage später anders auftraten; nun wollten sie sich wieder mit den angebotenen Abtretungen begnügen, das Jahr 1624 – welches die kaiserlichen Interessen wahrte – als Normaljahr anerkennen und in der pfälzischen Sache das gegebene Versprechen einhalten. Die katholischen Reichsstände schlossen sich in ihren Erklärungen später auch dem Jahre 1624 an.

III

Entsprechend ihrer geänderten Haltung begaben sich die französischen Gesandten nach Osnabrück, um die Schweden zur Herabminderung ihrer Forderungen zu bewegen. Allein diese wollten nichts davon wissen, sie verlangten ganz Pommern, Wismar, Bremen und Verden und wollten, dass der Kaiser den Kurfürsten von Brandenburg mit einem Teile von Schlesien entschädige. Die Königin von Schweden wünschte jedoch den Frieden, um sich von dem Drucke zu befreien, den der Reichskanzler Oxenstierna auf sie ausübte. Christine hasste diesen Mann, der ehedem ein treuer und aufopfernder Diener ihres Vaters gewesen war, sich aber seitdem in einen eigennützigen und herrschsüchtigen Mann verwandelt hatte, der jede Rücksichtnahme gegen sie hintansetzte und so ihren berechtigten Stolz und wohl auch ihre Eitelkeit verletzte. Salvius und der jüngere Oxenstierna erschienen auf ihren Befehl im November (1646) in Münster, aber obwohl ihre Weisungen ihnen ein Entgegenkommen gegen den kaiserlichen Gesandten empfahlen, leiteten sie die Verhandlungen doch mit der alten, von dem Kaiser stets zurückgewiesenen Forderung bezüglich der Restitution der Exulanten ein und benahmen sich auch sonst nicht nachgiebig, wenngleich sie die früheren exorbitanten Forderungen nicht erhoben. Dies veranlasste den Grafen Trauttmansdorff, sich in den Verhandlungen bloß auf die Franzosen zu beschränken und einen allgemeinen Friedensentwurf mit ihnen auszuarbeiten, dem sich die Schweden und Protestanten fügen sollten. Demgemäß einigte er sich mit ihnen über folgende Punkte: 1) Schweden erhält entweder ganz Pommern oder die Hälfte mit Wismar, Bremen und Verden. 2) Der Pfalzgraf wird in der Unterpfalz restituiert. 3) Hessen-Kassel bekommt das Gebiet zurück, welches es durch den Marburger Rechtsstreit verloren hatte und dazu 600.000 Gulden, welche die geistlichen Kurfürsten und Fürsten zahlen sollen. – Die Frage wegen Entschädigung des schwedischen Kriegsheeres wurde offengelassen. Es handelte sich nun darum, für diese Abmachungen die Zustimmung der Beteiligten zu gewinnen.

Die kaiserlichen Gesandten begannen die Verhandlungen damit, dass sie den Schweden eine Erklärung zuschickten, in der sie die Entschädigung bestimmten, welche man ihnen zuweisen wolle, und eine zweite an die brandenburgischen Gesandten richteten, in der ihnen mitgeteilt wurde, dass der Kurfürst sich mit Hinterpommern begnügen müsse und für das an Schweden abzutretende Vorpommern mit Halberstadt und zwei Millionen Talern, die die Reichsstände entrichten würden, entschädigt werden solle. Kurz vordem hatten sie die Zumutung der brandenburgischen Gesandten, dass der Kurfürst von dem Kaiser in Schlesien entschädigt werden solle, energisch zurückgewiesen. Da weder die Gesandten noch der Kurfürst eine zustimmende Erklärung auf diese Mitteilung abgaben, so richtete das kurfürstliche Kollegium an den Letzteren eine Zuschrift, in der es mit Berufung auf die vom Kaiser gegen Frankreich bewiesene Opferwilligkeit von ihm den Verzicht auf Vorpommern begehrte, widrigenfalls man den Schweden ganz Pommern überlassen werde. Der Kurfürst konnte sich nicht verhehlen, dass ihn bei längerem Widerstreben eine große Gefahr bedrohe und dass die ihm zugemutete Abtretung eigentlich durch das Angebot von Halberstadt einigermaßen ausgeglichen werde. Trotzdem wollte er nicht nachgeben und gab eine ausweichende Antwort. Auf diese nahm man kaiserlicherseits keine Rücksicht und schickte Volmar nach Osnabrück, der den Schweden (am 6. Januar 1647) ganz Pommern anbot, womit sich dieselben zufrieden erklärten. Die brandenburgischen Gesandten, den Ernst der Sachlage erkennend, baten um Aufschub, bis ein an den Kurfürsten abgeschickter Gesandte zurückgekehrt sein würde, der dann auch die Verzichtleistung auf Vorpommern überbrachte, aber dafür die Übergabe von Halberstadt und Minden, die Anwartschaft auf Magdeburg und für die Frist bis zur Besitzergreifung dieses Stiftes die Einkünfte aus dem Stifte Osnabrück, endlich 1.200.000 Taler verlangte. Trauttmansdorff entgegnete jedoch, dass sich der Kurfürst mit Halberstadt und der Anwartschaft auf Magdeburg und Kamin begnügen müsse und diesem Bescheide schlossen sich auch die schwedischen Gesandten an. Brandenburg musste sich also mit dem Angebot begnügen, wenn es nicht aus seiner Neutralität heraustreten wollte und dazu hatte der Kurfürst keine Lust.

Nach Erledigung der schwedischen und brandenburgischen Angelegenheit kam die Reihe an die pfälzische, über welche die kaiserlichen Gesandten die Verhandlungen sowohl im kurfürstlichen wie im fürstlichen Kollegium einleiteten. Am 19. März (1647) berichteten sie dem Kaiser, dass das kurfürstliche Kollegium mit Ausnahme Brandenburgs sich für die Überlassung der Oberpfalz und der Kurwürde an Bayern ausgesprochen und für den Pfalzgrafen eine neue, die achte Kurwürde beantragt habe. Das fürstliche Kollegium und zuletzt auch die Reichsstädte stimmten diesem Beschlusse bei und so war denn entschieden, dass das pfälzische Haus, dessen Ehrgeiz all die·späteren Leiden mit verursacht hatte, mit dem Verlust eines Teiles seiner Besitzungen büßen musste. Schweden zögerte mit seiner Zustimmung, gab aber einige Monate später unter dem Einflusse Frankreichs nach.

Die Reihe kam jetzt an die Ersatzansprüche der Landgräfin von Hessen-Kassel, die wegen ihres Bündnisses mit Schweden und Frankreich gleich diesen Mächten behandelt und deshalb mit einem Gebietszuwachs beteilt werden sollte. Sie verlangte eine Vergrößerung auf Kosten ihres darmstädtischen Vetters und einiger katholischen Stifter. Der Kaiser wollte ihr bloß die Abtei Hersfeld, einen Teil der Grafschaft Schaumburg und eine Geldentschädigung zugestehen und in dem Marburgischen Erbschaftsstreite sie auf einen Vergleich hinweisen. Sie musste sich mit diesen Anerbietungen zufriedengeben, da Frankreich ihre weiteren Ansprüche nicht unterstützte, nur die ursprünglich geringer angesetzte Geldentschädigung wurde infolge schwedischer Unterstützung auf 600.000 Taler erhöht.

Die Franzosen hatten sich mit den Kaiserlichen bezüglich des Jahres 1624 als Normaljahres geeinigt. Die Einigung wurde von den protestantischen Reichsständen angefochten und eine Gegenerklärung auf die ihnen von den Katholiken überreichte Schrift übergeben. Sie wollten das Jahr 1621 als Normaljahr anerkennen, also eigentlich keine Konzession machen. Die Reichsstädte sollten in den vorigen Zustand zurückversetzt und namentlich Donauwörth restituiert werden, die nach dem Jahre 1552 okkupierten Stifter ihnen für immer bleiben, nur bezüglich der kaiserlichen Länder wollten sie zugestehen, dass dem Kaiser die Duldung der Protestanten nicht aufgetragen, sondern er darum bloß ersucht werden solle. Als sie aber gleichzeitig mit den schwedischen Gesandten, die nach Münster reisten, eine Deputation dahin abordneten, trat diese etwas milder auf und gestand das Jahr 1624 als Normaljahr mit einigen Beschränkungen zu, aber in Bezug auf die seit dem Passauer Vertrag mit Beschlag belegten geistlichen Güter verlangte sie auch jetzt deren dauernden Besitz. Auf diese und andere Erklärungen und Forderungen übergab Trauttmansdorff (am 1. Dezember 1646) eine Art Ultimatum unter dem Titel „endgiltige Vergleichsvorschläge". In demselben wird der Passauer Vertrag bestätigt, das Jahr 1624 als Normaljahr für den Besitz der geistlicher Güter, der mittelbaren und unmittelbaren, erklärt und nur bezüglich Halberstadts zugunsten Brandenburgs eine Ausnahme zugestanden; jeder, der also seit 1624 aus seinem Besitz verdrängt wurde, sollte restituiert werden. Dagegen sollten sich auch die Katholiken für immerwährende Zeiten aller reichsunmittelbaren und mittelbaren Stifter erfreuen, die sie im Jahre 1624 besessen und demnach der Übertritt eines katholischen Bischofs oder Prälaten zum Protestantismus für ihn den unmittelbaren Verlust seiner Stellung und seines Einkommens zur Folge haben. In den Reichsstädten solle in religiöser Beziehung der Zustand vom Jahre 1624 rechtsgültig sein. Für seine Erbländer lasse sich der Kaiser kein Maß und keine Richtschnur vorschreiben und nehme das Reformationsrecht in Anspruch, doch bewillige er protestantischen Personen höherer Stände bis zum Jahre 1656 einen freien Aufenthalt und zeitweise Rückkehr zur Visitation ihrer Güter. In Religionsfragen sollen keine Majoritätsbeschlüsse gelten, wohl aber in den übrigen Reichsangelegenheiten.

Als am 7. Februar 1647 die Konferenzen zwischen den kaiserlichen Gesandten und den protestantischen Reichsständen über dieses Ultimatum abgehalten wurden, zeigten die Letzteren noch immer nicht die erwünschte Nachgiebigkeit. Während sie ihren Untertanen die Religionsfreiheit nicht zugestehen wollten, verlangten sie dies Zugeständnis von den Katholiken und namentlich von dem Kaiser, der den Exulanten die freie Rückkehr gestatten sollte. Da mittlerweile bekannt wurde, dass der Kurfürst von Bayern sein Schicksal von dem des Kaisers trennen und mit Frankreich einen Waffenstillstand abschließen wolle, wurden die Protestanten nur umso halsstarriger und stellten Forderungen auf, die sie bereits fallen gelassen hatten. Am 27. Februar ließen sie dem Grafen von Trauttmansdorff ihr Ultimatum zukommen, das seinen Zorn derart hervorrief, dass er es nicht einmal bis zu Ende anhören wollte. Die katholischen Reichsstände versicherten den Kaiser ihrer innigsten Anhänglichkeit, wenn er nicht nachgeben und den Krieg weiterführen würde und richteten zugleich ein Schreiben an den Kurfürsten von Bayern, in dem sie ihn zum Anschluss an die gemeinsame Sache aufforderten und so seine jüngste Schwenkung tadelten. Mit Frankreich wurden Verhandlungen eingeleitet, um sich des französischen Schutzes zu versichern, wenn der Kampf gegen die übermäßigen protestantischen Ansprüche begonnen werden müsste und tatsächlich ließen es die Franzosen an Versprechungen nicht fehlen, denen vielleicht im äußersten Falle die Tat auf dem Fuße gefolgt wäre, denn zu dem Ruin der Katholiken wollten sie nicht die Hand bieten.

Trauttmansdorff übersandte dem Salvius die Antwort auf das protestantische Ultimatum, das insofern nicht ohne Wirkung geblieben war, als sich die kaiserlichen Gesandten zu einigen neuen Konzessionen herbeiließen, welche die Erleichterung der Auswanderung und des Güterverkaufes für die noch in Österreich befindlichen Protestanten betrafen. Gleichzeitig rief er die Vertreter der protestantischen Reichsstände vor sich und hielt ihnen eine ernste Mahnrede, in der er ihnen vorwarf, dass sie nicht den Frieden, sondern nur den Untergang der Katholiken wollten, womit er auf ihr Verlangen bezüglich der Duldung ihrer Glaubensgenossen in den Ländern katholischer Fürsten hindeutete. Trotzdem behaupteten die Gegner ihren Standpunkt und forderten in einer abermaligen Eingabe wenigstens die Errichtung einer Anzahl von Kirchen in den österreichischen Provinzen, worin sich ihre Glaubensgenossen versammeln könnten. Da die Schweden die Protestanten in ihrer Hartnäckigkeit unterstützten, erklärten die kaiserlichen Gesandten die Verhandlungen mit ihnen so lange für abgebrochen, als sie auf der Religionsfreiheit der Erbländer bestehen würden. Diese Erklärung jagte den Protestanten einen großen Schrecken ein, da nur wenige von ihnen die Dinge auf das Äußerste kommen lassen wollten und so verfügten sie sich mit den Schweden nach Münster, um die Verhandlungen von Neuem anzuknüpfen. Der ganze Kongress war seit dem Monat Juni 1647 in Münster versammelt und man konnte hoffen, dass das Friedensbedürfnis sich dort siegreich geltend machen werde.

Diese Hoffnung wurde vorläufig nicht erfüllt, da es jetzt Frankreich in seinem Interesse fand, die Protestanten aufzuhetzen, weil es nicht nur mit dem Kaiser, sondern auch mit Spanien Frieden schließen und Letzteres nötigen wollte, auf die vorgelegten Bedingungen einzugehen; es handelte sich ihm also darum, auf und durch den Kaiser einen Druck auszuüben. Zwar erhob der altenburgische Gesandte Thumbshirn, der sonst alle protestantischen Forderungen lebhaft befürwortete, jetzt seine Stimme für den Frieden und ließ es dabei an Anschuldigungen gegen Schweden nicht fehlen, aber trotzdem glaubten die kaiserlichen Gesandten nach Wien berichten zu müssen, dass man nur geringe Hoffnung habe, den Frieden zustande zu bringen und dass sich die protestantischen Gesandten allmählich nach Hause begeben. Trauttmansdorff selbst war im Juli nach Wien gereist und glaubte bei seiner Abreise das Friedenswerk nicht so gefährdet, wie sich dies später herausstellte. Er überreichte dem Kaiser ein Memorandum, worin er sein ganzes Verhalten während der Verhandlungen rechtfertigte und fand für dasselbe die beste Anerkennung darin, dass Ferdinand seinen in Münster weilenden Gesandten den Auftrag gab, die Verhandlungen in dem Stande zu erhalten, in dem sie sich bei Trauttmansdorffs Abreise befanden. Volmar verfügte sich nach Osnabrück, wohin sich die schwedischen Gesandten und die Mehrzahl der protestantischen Vertreter wieder zurückgezogen hatten und tat, was ihm der Kaiser befohlen hatte, aber die Schwenkung Frankreichs bewirkte, dass sich die Verhandlungen jetzt durch Monate resultatlos hinzogen, bis endlich am 28. Februar 1648 wieder ein ernstlicher Anfang gemacht wurde, indem man in einzelnen Fragen sich verglich und über den betreffenden Vergleich eine schriftliche Erklärung abfasste. So einigte man sich im Laufe der folgenden Monate über die religiösen und politischen Reichsbeschwerden, über die pfälzische Angelegenheit und über die hessische Entscheidung.

Die größte Schwierigkeit verursachte die Verhandlung über jenen Paragraphen des späteren Friedensschlusses, der mit den Worten „Tandem omnes" beginnt und nach dem Antrage der kaiserlichen Gesandten festsetzen sollte, dass den Untertanen in den kaiserlichen Erbländern nach abgeschlossenem Frieden volle Amnestie für ihre Person, aber nicht die Güterrestitution zugestanden werde und dass sie nur dann in ihre Heimat zurückkehren dürften, wenn sie katholisch würden. Dies war jene Angelegenheit, auf deren Lösung in ihrem Sinne die Protestanten bisher das meiste Gewicht gelegt hatten, bei der sich ihnen ungeachtet einiger Schwankungen auch die Schweden angeschlossen hatten und bezüglich welcher man sich trotz wiederholter Beratungen und gewechselten Zuschriften nicht verglichen hatte. Es war nicht bloß das eigene religiöse Interesse, das die Schweden bewog, sich für die böhmischen Exulanten zu verwenden, es war auch die Pflicht der Dankbarkeit. Denn in den Heeren, mit denen sie den Kaiser bekämpften, hatten Tausende aus ihrer Heimat vertriebene Böhmen gedient, zahlreiche Exulanten hatten höhere Offiziersposten erreicht und auf ihre Treue und Anhänglichkeit konnten die Schweden unter allen Umständen rechnen. Durfte man die Versprechungen, mit denen man sie bisher geködert und zu den aufopferndsten Leistungen vermocht hatte, in den Wind schlagen und jene treuen Gefährten ein für alle Mal zur Heimatlosigkeit verurteilen? Es geschah dennoch. Einer der kaiserlichen Gesandten, Crane, sprach später in einer Unterredung, die er mit den protestantischen Gesandten hatte, die Beschuldigung gegen die Schweden aus, sie hätten sich die Preisgebung der Exulanten vom Kaiser mit 600.000 Taler abkaufen lassen. Diese Beschuldigung wurde von den Protestanten geglaubt, von den Exulanten verbreitet und dadurch ein solcher Schimpf auf die Schweden gehäuft, dass die Königin Christine noch im Jahre 1651 in dieser Angelegenheit an Crane schreiben und ihn fragen ließ, ob seine Angabe auf Wahrheit beruhe. Die neuesten, in den österreichischen Archiven angestellten Forschungen bestätigten die Angabe Cranes nicht; die 600.000 Taler – von denen 400.000 bei den künftigen Reichskontributionen zugute gerechnet werden sollten, sodass nur 200.000 Taler von dem Kaiser gezahlt wurden – wurden den Schweden für die Räumung der von ihnen in den österreichischen Ländern okkupierten Orte, namentlich für Olmütz bewilligt. Die Schweden und die deutschen Protestanten gaben also die Sache der Exulanten nicht auf, weil sie hierfür bezahlt wurden, wohl aber, weil sie sich nicht zu Gegenopfern für sie entschließen wollten.

Schließlich kam die Frage wegen des rückständigen Soldes zur Erörterung. Die Schweden, der Kaiser und der Kurfürst von Bayern stellten dieselbe Forderung für ihr Heer und zuletzt kam auch die Landgräfin von Kassel nachgehinkt. Die Schweden verlangten anfangs 20 Millionen Taler, wogegen die Reichsstände 2 Millionen boten. Die Ersteren ermäßigten ihre Forderung auf 10 Millionen, während die Letzteren ihr Angebot auf 3 erhöhten, bis man sich endlich auf 5 Millionen einigte. Mit Schweden gelangten so die Verhandlungen anfangs August 1648 zu Ende, am 6. dieses Monats wurden die in Triplo verfassten Friedensinstrumente verglichen und darauf von Salvius und Oxenstierna mittels Handschlags versichert, dass sie bei den Abmachungen verbleiben würden. Die Unterzeichnung verschoben sie jedoch bis zum Schluss der Unterhandlungen mit Frankreich.

Die französischen Unterhändler hatten sich mittlerweile über die kaiserlichen Gesandten geärgert, weil diese nicht auf alle ihre weiteren Forderungen eingehen wollten und beschlossen, die Verhandlungen mit ihnen abzubrechen. Servien reiste zu diesem Zwecke nach Osnabrück und wollte mit den dortigen Vertretern der Reichsstände den Friedensschluss vereinbaren, um ihn später den Kaiserlichen als Gesetz vorzulegen. Die Osnabrücker Reichsstände gingen auf seinen Vorschlag ein und so kam am 15. September das Friedensinstrument zustande, in dem jedoch trotz der französischen Einflüsterungen gegen den Kaiser die wünschenswerte Rücksicht geübt wurde. Servien kehrte wieder nach Münster zurück und ersuchte jetzt die kaiserlichen Gesandten „inständig" um die Unterzeichnung der in Osnabrück vereinbarten Friedensbedingungen, was diese so lange verweigerten, bis die Münsterer Reichsstände darüber abgestimmt haben würden. Die Osnabrücker Stände wollten nicht zugeben, dass über ihre Abmachungen erst in Münster abgestimmt werde und erklärten, wenn eine Änderung beantragt würde, sich klagend an den Kaiser zu wenden. Maximilian von Bayern, dem jetzt nichts höher stand als der Friede und der deshalb die Osnabrücker Stände in ihren Verhandlungen mit Servien unterstützt hatte, schrieb an den Kaiser und drohte, dass wenn seine Gesandten die Unterzeichnung des Osnabrücker Vertrags verweigern würden, er ihn nichtsdestoweniger unterzeichnen werde, da er sein Land vor weiterer Verwüstung bewahren wolle.

IV

Obwohl der Kaiser seinerseits Ursache gehabt hätte, über Zurücksetzung zu klagen, so nahm er doch die Demütigung hin und erteilte seinen Gesandten die Vollmacht, den Osnabrücker Schluss zu unterzeichnen. Am 6. Oktober machte Volmar den Ständen diese Mitteilung und rief dadurch eine frohe Überraschung bei ihnen hervor, da dieselben von der Hartnäckigkeit des Kaisers überzeugt waren und meinten, er werde den Frieden nicht eher schließen, als bis er auch zwischen Frankreich und Spanien vereinbart sein würde. Volmar drückte nun den Wunsch aus, dass die schwedischen Bevollmächtigten nach Münster kommen möchten, damit die sämtlichen Friedensurkunden gleichzeitig unterzeichnet würden. Im letzten Augenblicke verzögerten jedoch die Schweden den Abschluss, indem sie sich neuerdings für die böhmischen Exulanten verwendeten und die Verpflegung ihres Heeres während des folgenden Winters auf andere Schultern wälzen wollten, zu welchen Forderungen sie durch das Glück ihrer Waffen in Böhmen aufgemuntert wurden. Der Unwille der Reichsstände und die Fürsprache Serviens veranlasste sie jedoch nachzugeben und so wurde der Friede in Münster am 24. Oktober 1648 von allen Unterhändlern unterzeichnet. Trotzdem dass die

Unterzeichnung an einem und demselben Orte vor sich ging, wurde der mit den Schweden vereinbarte Friedensentwurf von Osnabrück aus datiert. Beide Friedensschlüsse, der französische und schwedische, stimmen in zahlreichen Artikeln dem Inhalte nach überein, so z.B. in denjenigen, welche die Restitution des Pfalzgrafen und zahlreiche andere Restitutionen betreffen oder die politischen Verhältnisse Deutschlands ordnen, dagegen unterscheiden sie sich in jenen Artikeln, die bloß die französischen oder schwedischen Ansprüche ordnen; so enthält das schwedische Friedensinstrument allein die Artikel, welche die Befriedigung Schwedens, Brandenburgs und Braunschweigs betreffen und welche den Religionsstreitigkeiten in Deutschland vorbeugen sollen, im französischen Instrument ist wiederum allein von den Frankreich eingeräumten Vorteilen und von der Regelung der italienischen Verhältnisse die Rede. Zwei Tage nach Unterzeichnung des Friedensschlusses fertigten die Reichsstände auf Verlangen Schwedens ein Schreiben an den Kaiser aus, in dem sie ihn um Milderung des Artikels „Tandem omnes" ersuchten und es so zum letzten Mal versuchten, das Schicksal der Exulanten besser zu gestalten. Es braucht wohl nicht gesagt zu werden, dass dieser Schritt nichts half, die Geschicke von Böhmen und Österreich entwickelten sich fortan in der vom Kaiser vorgezeichneten Bahn. Am Tage nach der Unterzeichnung wurde der Friede unter Trompetengeschmetter in den Straßen von Münster verkündigt, ein feierlicher Gottesdienst abgehalten, Glückwünsche unter den Gesandten gewechselt und der ganze Tag durch Kanonensalven gefeiert.

Wir wollen hier, selbst auf die Gefahr hin, einiges bereits Erörterte nochmals zu wiederholen, den Inhalt des Friedensschlusses, der in der Geschichte den Namen des Westfälischen erlangte und den größten Einfluss auf die öffentlichen Rechtsverhältnisse bis zum Ausbruch der französischen Revolution ausübte, in den wichtigsten Punkten angeben.

F r a n k r e i c h erhielt den Besitz der Bistümer Metz, Toul und Verdun für immer zugesichert, dann bekam es Moyenvic und Pignerol, das Besatzungsrecht in Philippsburg, endlich Breisach, das Elsass mit den zehn elsässischen Reichsstädten und den Sundgau; der Kaiser verpflichtete sich, für die letztgenannten Zessionen die Zustimmung des Erzherzogs Ferdinand von Tirol und des Königs von Spanien zu erwirken. Frankreich vergütete dem Erzherzog Ferdinand den Gebietsverlust mit der Zahlung von drei Millionen Livres. – Obwohl nicht ausdrücklich bestimmt worden war, dass der Verband zwischen den deutschen Gebieten, die an Frankreich abgetreten wurden und dem deutschen Reiche gelöst werden solle, so gestaltete sich die Trennung tatsächlich zu einer vollständigen. Der Kaiser berief die Könige von Frankreich nicht zu den deutschen Reichstagen und diese selbst machten darauf keinen Anspruch, denn obwohl sie gern eine berechtigte Stellung auf der Versammlung der Reichsstände eingenommen hätten, so war ihnen der freie, durch keinen Lehensverband verschlechterte Besitz doch lieber. In Bezug auf Italien wurde in dem französischen Friedensschluss bestimmt, dass der im Jahre 1631 geschlossene Friede mit Ausnahme der wegen Pignerol getroffenen Vereinbarung gültig sein solle.

Der S c h w e i z wurde eine vom deutschen Reiche unabhängige Stellung eingeräumt, dagegen sollte der b u r g u n d i s c h e Kreis noch ferner einen Teil des deutschen Reiches bilden und nach Beendigung des Krieges zwischen Frankreich und Spanien, in den sich Kaiser und Reich nicht mischen sollten, in den Frieden eingeschlossen sein. Auch dem Herzoge von L o t h r i n g e n sollte keine Hilfe gegen Frankreich geleistet werden, doch sollte es dem Kaiser und Reich freistehen, einen Frieden für ihn zu vermitteln.

S c h w e d e n erhielt Vorpommern mit der Insel Rügen, von Hinterpommern die Insel Wollin und einige Städte mit dem angrenzenden Gebiet, darunter Stettin und die Anwartschaft auf ganz Hinterpommern, wenn das brandenburgische Haus erlöschen würde. Nebstdem bekam es die mecklenburgische Stadt Wismar und die Stifter Bremen und Verden mit Vorbehalt der Rechte und Freiheiten der Stadt Bremen. Alle abgetretenen Gebiete sollte Schweden unter dem Titel eines Reichslehens besitzen und dafür auf dem Reichstage vertreten sein. Von der Beitragsleistung zur Zahlung der 5 Millionen Taler für das schwedische Heer wurden der österreichische, bayerische und burgundische Kreis entbunden, dafür sollten nur die sieben anderen Kreise aufkommen.

B r a n d e n b u r g erhielt für seinen Verlust in Pommern die Stifter Halberstadt, Minden und Kamin und die Anwartschaft auf das Stift Magdeburg, sobald dasselbe durch den Tod des gegenwärtigen Administrators, des sächsischen Prinzen, erledigt sein würde; doch sollten von diesem Stift die für Kursachsen im Prager Frieden bestimmten vier Ämter getrennt bleiben. – M e c k l e n b u r g - S c h w e r i n bekam für das abgetretene Wismar die Bistümer Schwerin und Ratzeburg und außerdem wurden ihm noch einige Vorteile eingeräumt. – Das Haus B r a u n s c h w e i g - L ü n e b u r g sollte für den Verzicht auf die Koadjutorstellen von Magdeburg, Bremen, Halberstadt und Ratzeburg im Besitze des Stiftes Osnabrück mit einem katholischen Prälaten in der Weise wechseln, dass nach dem Tode des katholischen Bischofs jedes Mal ein jüngerer Prinz des lüneburgischen Hauses zum Bischof postuliert werden, respektive die bischöflichen Einkünfte genießen solle und umgekehrt – B r a u n s c h w e i g wurde von der Zahlung der seinerzeit für Tilly angewiesenen Donation entbunden und mit einem Klostergut entschädigt. – H e s s e n - K a s s e l erhielt die Abtei Hersfeld, vier schaumburgische Ämter und 600.000 Taler, zugleich wurde der mit der Darmstädter Linie in der Marburgischen Erbschaftsangelegenheit im April 1648 getroffene Vergleich bestätigt. – Markgraf C h r i s t i a n W i l h e l m von Brandenburg, der ehemalige Administrator von Magdeburg, sollte dem Prager Frieden gemäß für den Besitz dieses Stiftes mit 12.000 Talern jährlich entschädigt werden, jetzt wurden ihm für diese Summe, die ihm nie ausbezahlt worden war, die Ämter Zinna und Loburg auf Lebenszeit und 3000 Taler ein für alle Mal angewiesen.

Dem Herzog M a x i m i l i a n v o n B a y e r n und allen Nachkommen der Wilhelmschen Linie wurde die pfälzische Kur samt der Oberpfalz erblich übertragen, wogegen er dem Kaiser die Schuldverschreibung von 13 Millionen Gulden für die gegen den Kurfürsten Friedrich durchgeführte Exekution zurückzustellen hatte. Dem Sohne des geächteten Kurfürsten und Winterkönigs, dem Pfalzgrafen K a r l L u d w i g , wird die Unterpfalz zurückgegeben und eine neue Kur, die achte, für ihn errichtet. Der Kaiser verpflichtete sich, den Brüdern des neuen Kurfürsten binnen vier Jahren die Summe von 400.000 Talern und den Schwestern ein Heiratsgut von je 10.000 Talern auszuzahlen. – Zahlreiche Bestimmungen betrafen die Restitution der Herzöge von Württemberg, der Markgrafen von Baden, der Grafen von Nassau, der von Hanau usw. in einzelne Teile des ihnen zugehörigen oder strittigen Besitzes.

Bezüglich der A m n e s t i e wird bestimmt, dass sie eine allgemeine sein und jeder in den Besitz seiner Güter gesetzt werden solle, die er vor dem Ausbruch des Krieges innegehabt. Dieser allgemein lautende Artikel wurde jedoch durch mehrere besondere Bestimmungen, wie z.B. bezüglich des Pfalzgrafen, eingeschränkt und namentlich für Österreich außer Wirksamkeit gesetzt. Die kaiserlichen Erbuntertanen sollten sich nur bezüglich ihrer Personen, Ehren und Würden der Amnestie erfreuen, in ihre Heimat aber nur unter der Bedingung zurückkehren, wenn sie sich den Landesgesetzen unterwerfen (also den katholischen Glauben annehmen) würden. Von einer Restitution der Güter sollte nur bei jenen die Rede sein, die sie wegen ihres Anschlusses an Schweden oder Frankreich, also seit dem Jahre 1630 oder 1635 verloren hatten. Es ist uns nicht bekannt, ob und wie viele Edelleute, die bis zum Jahre 1630 im Besitze ihrer Güter waren, dieselben wegen dieses Anschlusses später verloren, jedenfalls können dies kaum ein halbes Dutzend Personen, wenn überhaupt so viele, gewesen sein. Dem Freiherrn Paul von Khevenhiller, der den Schweden in den letzten Jahren des Krieges wichtige Dienste geleistet hatte, wird ausdrücklich die Restitution in seine Güter zugestanden; er war der Einzige unter den österreichischen und böhmischen Exulanten, den die Schweden für die geleisteten Dienste belohnten.

Von besonderer Wichtigkeit sind die Abschnitte, welche sich auf die Regelung der Religionsbeschwerden beziehen. Der Passauer Vertrag und der Augsburger Religionsfrieden werden bestätigt, der 1. Januar 1624 wird als das Normaljahr für die gegenseitigen Reklamationen zwischen den Katholiken und Protestanten festgesetzt, den Katholiken und Protestanten also der Besitz der reichsmittelbaren und unmittelbaren Stifter, die sie am 1. Januar 1624 innehatten, verbürgt, oder wenn ihnen solche seitdem entzogen wurden, ihre Restitution festgestellt, wenn nicht darüber ausdrücklich anders bestimmt wurde. Der geistliche Vorbehalt wird von den Protestanten anerkannt, dagegen erhalten die protestantischen Besitzer geistlicher Güter vom Kaiser die anstandslose Zulassung zu den Reichstagen. Den Reichsständen wird das Reformationsrecht zugestanden, den Untertanen, die sich demselben nicht fügen wollen, die Wohltat der Auswanderung eingeräumt, zugleich aber bestimmt, dass wenn sich im Jahre 1624 protestantische Untertanen katholischer Fürsten oder umgekehrt der freien Religionsübung erfreuten, dieses Recht ihnen in Zukunft nicht geschmälert werden dürfe. Schlesien speziell erhielt das Zugeständnis, dass alle den Herzögen von Liegnitz, Münsterburg und Öls und der Stadt Breslau in Betreff des freien Bekenntnisses der Augsburger Konfession vor dem Kriege gemachten Zugeständnisse in Kraft bleiben sollten. Dazu versprach der Kaiser, die protestantischen Edelleute der ihm unmittelbar unterworfenen schlesischen Fürstentümer, sowie die von Niederösterreich (!) nicht zur Auswanderung und zur Veräußerung ihrer Güter zu zwingen, wenn sie sich ruhig verhalten und ihre Pflicht tun würden. Das Reichskammergericht und der Reichshofrat werden in ihrer Wirksamkeit anerkannt und nur bestimmt, dass bei Prozessen, wo die Parteien verschiedener Religion sind, die urteilenden Räte aus beiden Konfessionen in gleicher Zahl zu wählen seien. Schließlich werden die Reformierten – die Anhänger des Kalvinismus – in den Religionsfrieden aufgenommen und mit den Anhängern der Augsburger Konfession als gleichberechtigt anerkannt und bestimmt, dass wenn ein lutherischer Reichsstand kalvinisch oder umgekehrt würde, er seine Untertanen nicht zum Wechsel ihres lutherischen oder kalvinischen Glaubensbekenntnisses zwingen dürfe.

Nach Beseitigung der Religionsbeschwerden, von denen nur im schwedischen Friedensinstrument die Rede ist, wurden in beiden Instrumenten, also im schwedischen und französischen, die R e i c h s b e - s c h w e r d e n   p o l i t i s c h e r   N a t u r entschieden. Die Entscheidungen enthalten zunächst eine Bestätigung aller Freiheiten und Privilegien der Reichsstände, dann die Bestimmung, dass dieselben die Landeshoheit in geistlichen und weltlichen Angelegenheiten üben dürfen. In allen Reichsangelegenheiten sollen sie mitstimmen und entscheiden, sie haben das Recht zu Bündnissen unter sich und mit den auswärtigen Mächten, doch dürfen dieselben nicht gegen Kaiser und Reich gerichtet sein. Der Reichstag soll sechs Monate nach der Friedensratifikation ausgeschrieben werden und künftig so oft wie nötig sei. Der Handel wird von allen Lasten, die während des Krieges eingeführt wurden, wieder befreit.

Schließlich enthält der Friedensschluss Bestimmungen bezüglich der T r u p p e n . Man war damals in Deutschland sehr besorgt über die Aufnahme, die der Friede bei den verschiedenen Heeresabteilungen finden würde, denn man fürchtete, dass die Soldaten, die seit Jahren ein ungebundenes Leben führten, sich nicht mit der Auszahlung einer kleinen Soldsumme begnügen, sondern sich zusammenrotten, ihre Offiziere wegjagen und Deutschland vollends ausrauben würden. Der Friedenstraktat verfügte, dass der Abschluss des Friedens durch Eilboten sämtlichen Truppen mitzuteilen sei und dass alle Feindseligkeiten ein Ende nehmen sollten. Alle Gefangenen sollten freigelassen, die eroberten Plätze geräumt und die Zahlungen an das schwedische Volk in bestimmten Terminen geleistet werden. Zur größeren Bekräftigung des Friedens wurde angeordnet, dass er als ein immerwährendes Reichsgesetz erklärt, in die kaiserliche Wahlkapitulation aufgenommen und dem gesamten Richterstande zur Richtschnur dienen und ihm gegenüber alle anderen Gesetze, Privilegien und Urteilssprüche ungültig sein sollen.

Wie ein liebliches Märchen aus längst vergangenen Tagen klang in den Ohren der Bevölkerung Deutschlands und Österreichs die Nachricht von dem Abschlusse des Friedens, der endlich dem unsäglichen Jammer ein Ende machen sollte. Die Dichter, die bis dahin die Siege ihrer verschiedenen Parteien verherrlicht hatten, einten sich diesmal und verherrlichten den Frieden in zahlreichen Liedern. Keines derselben spricht aber so zu Herzen, als die einfachen und würdigen Worte des hochbegabten zeitgenössischen Liederdichters Paul Gebhard, die wir zum Beweis hier anführen wollen:

Gott Lob nun ist erschollen
Das edle Fried- und Freudenwort,
Dass nunmehr ruhen sollen
Die Spieß und Schwerter und ihr Mord.
Wohlauf und nimm nun wieder
Dein Saitenspiel hervor!
O Deutschland singe Lieder
Im hohen vollen Chor,
Erhebe dein Gemüte
Zu deinem Gott und sprich:
Herr, deine Gnad und Güte
Bleibt dennoch sicherlich.

Das drückt uns niemand besser
In unsere Seel' und Herz hinein,
Als ihr zerstörten Schlösser
Und Städte voller Schutt und Stein,
Ihr vormals schönen Felder
Mit frischer Saat bestreut,
Jetzt aber lauter Wälder
Und dürre wüste Heid',

Ihr Gräber voller Leichen
Und blutigem Heldenschweiß

Der Helden, deren Gleichen
Auf Erden man nicht weiß.

Der westfälische Friede hat vielfache Anfeindungen nicht bloß in früherer, sondern auch in späterer Zeit erfahren. Deutsche Patrioten beklagten, dass durch ihn die Einheit des Reiches zerrissen wurde und allerdings ist der lose staatliche Zusammenhang früherer Tage auf das Äußerste gelockert worden. Das war aber ein unvermeidliches Übel, das man jetzt in den Kauf nehmen musste, wollte man nicht vollends zugrunde gehen und den Schweden und Franzosen nicht die Gelegenheit zur weiteren Knechtung des Landes geben. Eine Änderung in diesen Verhältnissen und eine neue Einigung Deutschlands war, wie dies die Erfahrung unserer Tage zeigt, erst möglich, wenn die öffentliche Meinung eine vollständige Umwandlung erfuhr, wenn sie die religiösen Gegensätze nicht länger beachtete und wenn einer der Reichsfürsten mächtig genug war, um sich an die Spitze der Einigungspartei zu stellen und die Widerstrebenden niederzuwerfen. Diese Umgestaltung der öffentlichen Verhältnisse ließ sich nicht im Handumdrehen erwirken, dazu bedurfte es hundertjähriger Erfahrungen, noch weiterer Leiden und einer entsprechenden Erziehung des ganzen Volkes, welche die Einheit als das höchste ideale Ziel mit derselben Hartnäckigkeit und Opferwilligkeit anstrebte, mit der früher die Protestanten und Katholiken ihre gegenseitige Unterwerfung durchzuführen suchten.

Auch die religiösen Parteien feindeten den Frieden an. Die strengen Katholiken verdammten ihn als eine unverantwortliche Ungerechtigkeit und als das Werk reiner Willkür. Der Nuntius Chigi protestierte deshalb gegen denselben und Papst Innocenz X. erklärte in einer Bulle alle jene Punkte des Friedensschlusses für ungültig, die den Protestanten spezielle Zugeständnisse machten. Nebenbei verwarf er auch die Errichtung eines achten Kurfürstentums, weil die Siebenzahl seinerzeit von dem apostolischen Stuhl bestimmt worden sei. – Die Protestanten waren hauptsächlich mit der Anerkennung des geistlichen Vorbehalts unzufrieden und beklagten auch, dass ihren Glaubensgenossen die freie Religionsübung in Österreich nicht gestattet worden war. Ihre Anfeindung des Friedens beschränkte sich auf theoretische Erörterungen, die nach kurzer Zeit verstummten, als Ludwig XIV. das gewonnene Übergewicht zu schnöden Angriffen gegen Deutschland ausnützte und die Protestanten selbst in dem Kaiser den aufrichtigsten Verteidiger der deutschen Unabhängigkeit erkennen mussten. So trat wenige Jahre nach dem Abschluss des westfälischen Friedens der merkwürdige Umschwung ein, dass der Kaiser und die protestantischen Fürsten einander wechselseitig unterstützten, während die Katholiken sich an Frankreich anschlossen und so die Politik der deutschen Union aufnahmen.

Es erübrigt noch mit einigen Worten das Ende des Kampfes zwischen Holland, dem Herzog von Lothringen, Spanien und Frankreich anzudeuten.

Der Krieg zwischen Spanien und den freien Niederlanden kam viele Monate vor dem westfälischen Frieden zum Abschlusse. In Haag sah man ein, dass, wenn Frankreich die Herrschaft über die spanischen Niederlande an sich riss, man an diesem Bundesgenossen einen weit gefährlicheren Nachbar gewinnen würde, als Spanien gewesen war und aus diesem Grunde waren die Holländer schon ein Jahr zuvor einen Waffenstillstand mit Philipp IV. eingegangen. Der Abschluss des Friedens wurde durch französische Intrigen lange hingehalten, da man aber zuletzt auf spanischer Seite zur List Zuflucht nahm und verlauten ließ, man werde sich mit Ludwig XIV. einigen, ihn mit der Infantin Maria Theresia verheiraten und ihr dabei die Niederlande als Mitgift geben, erschraken die Holländer gewaltig und um die Einigung zwischen Frankreich und Spanien auf dieser Grundlage zu verhindern, schlossen sie mit letzterer Macht am 30. Januar 1648 Frieden, in welchem sich Philipp IV. zur Anerkennung der Unabhängigkeit der freien Niederlande verstand.

Der Herzog von Lothringen hätte gern seinen Frieden mit Frankreich geschlossen, wenn ihm das Herzogtum restituiert worden wäre, aber dazu war Mazarin nur unter der Bedingung erbötig, wenn sämtliche Festungen geschleift, Lothringen also für Frankreich ein offenes Land sein und wenn dem König der Besitz jener Städte eingeräumt würde, auf die er Ansprüche machte. Diesen Bedingungen wollte sich der Herzog nicht fügen und so wurde seine Angelegenheit in Münster nicht entschieden, aber dem Kaiser und den Reichsfürsten das Recht eingeräumt, den schließlichen Ausgleich zwischen ihm und dem König von Frankreich auf freundschaftliche Weise zu vermitteln.

Der Krieg zwischen Spanien und Frankreich wütete weiter fort, gestaltete sich aber dadurch für Ersteres minder gefährlich, dass Frankreich bald nach dem Abschlusse des westfälischen Friedens durch innere

Unruhen zerrüttet wurde und den Krieg nicht mit dem Aufgebot der nötigen Macht führen konnte. Spanien gelangte wieder in den Besitz von Katalonien, der Aufstand daselbst wurde ebenso niedergeschlagen wie der von Neapel und nur Portugal behauptete dauernd seine Unabhängigkeit. Im Jahre 1659 wurde endlich der Friede geschlossen, nachdem zum Zwecke der Unterhandlungen die beiden Minister Mazarin und Haro auf einer Insel, die von der Bidassoa, dem spanisch-französischen Grenzflusse, gebildet wird, zusammengekommen waren. In diesem sogenannten pyrenäischen Frieden trat Philipp IV. die Grafschaft Roussillon, den Rest der Grafschaft Artois und zahlreiche Plätze in den spanischen Niederlanden an Frankreich ab. Bezüglich des Herzogs von Lothringen wurde hier ein Vergleich getroffen, der den Bedingungen, die ihm schon in Münster geboten wurden, entsprach. Die Herzöge von Lothringen waren jetzt dauernd von den eisernen Armen Frankreichs umklammert und mussten der erträumten Unabhängigkeit entsagen.

V

Der Friede war wohl unterzeichnet, aber seine Segnungen kamen dem gepeinigten Volke noch lange nicht zugute, weil man sich weder von kaiserlicher noch von Seite der Reichsstände beeilte, seine Bedingungen zu erfüllen und so den Schweden und Franzosen Anlass gab, noch länger auf Kosten Deutschlands zu leben. Erst am 1. Januar 1649 kam zwischen dem kaiserlichen Bevollmächtigten, dem Fürsten Piccolomini und dem schwedischen Generalissimus, dem Pfalzgrafen und präsumtiven Thronerben von Schweden, Karl Gustav, in Prag eine Konvention zustande, welche bestimmte, dass der Kaiser zum Unterhalt der schwedischen Besatzungen in Böhmen, Mähren und Schlesien monatlich 32.000 Gulden so lange zahlen müsse, als in Deutschland die im Frieden bedungenen Restitutionen nicht vollzogen, die Friedensratifikationen nicht ausgewechselt, die erste Quote auf die den Schweden bewilligte Geldentschädigung nicht bezahlt und der Kaiser die von ihm zu zahlenden 200.000 Taler nicht erlegt haben würde. Der Kaiser selbst säumte mit der Zahlung, zu der er verpflichtet war, infolgedessen räumten die Schweden Böhmen erst gegen Ende des Jahres 1649; Olmütz und einige benachbarten Orte überantworteten sie aber den Kaiserlichen erst am 6. Juli 1650.

Weit größeren Schwierigkeiten und Gefahren unterlag die Durchführung des Friedensschlusses in Deutschland. Den in Münster versammelten Gesandten der Reichsstände gab der Pfalzgraf Karl Gustav zu wissen, dass die Ratifikation der Friedensurkunden nicht früher vor sich gehen könne, bevor Brandenburg nicht urkundlich auf Vorpommern zugunsten Schwedens verzichtet, die sämtlichen Restitutionen im Reich vollzogen, Hessen die bedungenen 600.000 Taler und Schweden die erste Rate von 1.800.000 Taler auf die zugestandenen 5 Millionen Taler erhalten, der Kaiser die bedungene Verzichtleistung Spaniens auf den Elsass den Franzosen übersandt habe und endlich Frankenthal, das die Spanier seit dem Jahre 1623 in Händen hatten, von ihnen nicht geräumt worden sei. Man kann nicht sagen, dass diese Forderungen ungerechtfertigt waren und doch war es für Deutschland schwer, ihnen nachzukommen. Bei der Geldnot, die damals in den Kassen der deutschen Fürsten herrschte, konnte man nicht wissen, wann man über die nötigen Summen verfügen würde und von Spanien war zu befürchten, dass es weder auf Elsass verzichten, noch Frankenthal räumen würde, da es mit Frankreich keinen Frieden schließen wollte. Die Einhaltung dieser Bedingung hing also nicht einmal von Deutschland ab. Die Nichterfüllung der schwedischen Forderungen schloss aber die Gefahr in sich, dass man die Schweden und Franzosen noch länger beherbergen und sich von ihnen aussaugen lassen musste. Die 5 Millionen wogen nicht den Schaden und die Zahlungen auf, die das längere Verweilen der Schweden auf dem deutschen Boden im Gefolge hatte, denn das Reich musste jeden Tag die Kosten ihrer Unterhaltung mit ungefähr 120.000 Talern bezahlen. Die Zahl des schwedischen Heeres wurde damals auf 68.000 Mann angegeben, ungerechnet den riesigen Tross von Weibern, Kindern und Knechten, die alle gefüttert werden mussten.

Die Reichsstände antworteten auf die Forderungen des Pfalzgrafen mit Versprechungen und da dieselben aufrichtig gemeint waren, so wurde die Auswechslung der ratifizierten Friedensurkunden am 18. Februar 1649 vorgenommen. Die kaiserlichen und reichsständischen Gesandten entwarfen nun einen Plan, wie die von den Schweden und Franzosen besetzten Plätze allmählich geräumt werden sollten, allein der Pfalzgraf, der damals in Minden weilte, verwarf denselben und verschob die Entscheidung auf eine Verhandlung der beiderseitigen Generale, also der schwedischen, französischen und hessischen einerseits und der kaiserlichen und bayerischen andererseits, die in Nürnberg stattfinden sollte. Die Folge davon war, dass sich Münster allmählich entleerte und dass die sämtlichen Gesandten nach Nürnberg zogen, um sich an diesen Verhandlungen zu beteiligen. In Nürnberg kam nun der sogenannte „Interimsexekutionsrezess" zustande, welcher nach langer Zögerung von den kaiserlichen Gesandten am 21. September 1649 unterzeichnet und in welchem bestimmt wurde, dass die verschiedenen Restitutionen von Land und Leuten innerhalb der drei für die Abdankung der Truppen festgesetzten Fristen geschehen sollten. Eine Deputation, bestehend aus beiden Religionsparteien, sollte alle Beschwerden bei den einzelnen Restitutionen entscheiden und sich nicht eher auflösen, als bis das Geschäft beendigt sei. Bezüglich der den schwedischen Truppen zu zahlenden fünf Millionen wurde bestimmt, dass die ersten drei Millionen von vierzehn zu vierzehn Tagen zu zahlen seien und dass jedes Mal einige Orte von ihren Garnisonen entledigt würden und die betreffenden Truppen zu entlassen seien; die vierte Million sollte binnen sechs Monaten, die fünfte binnen Jahresfrist erlegt und hierfür den Schweden eine Realversicherung gegeben werden. Da gleich nach dem vereinbarten Rezess zahlreiche Orte von ihren Garnisonen befreit wurden und die Segnungen des Friedens sich auf diese Weise anbahnten, so glaubte der kaiserliche General Fürst Piccolomini die Unterzeichnung desselben durch ein Gastmahl feiern zu müssen, das durch die dabei entwickelte Pracht und Kostbarkeit der Speisen und Getränke bei den Bürgern von Nürnberg ebenso viel Staunen und Bewunderung, wie bei den Eingeladenen angenehme Eindrücke hervorrief. Die Halle, in der das Friedensbanket gehalten wurde, war glänzend erleuchtet und vier Musikchöre erhöhten die Lust der Geladenen. Die Speisen wurden in vier Gängen, deren jeder aus 150 Schüsseln bestand, aufgetragen. Dann kamen die Früchte, die auf silbernen Schüsseln die Tafel bedeckten, endlich das Konfekt. Wurde auf die Gesundheit des Kaisers und der Königin von Schweden und auf das Gedeihen des Friedens wacker getrunken, so wurde aus 15 Geschützen geschossen. Am Schlusse des Gastmahls führten die anwesenden Generale ein Kriegsspiel aus, sie ließen sich Ober- und Untergewehre in den Saal bringen, wählten zu Hauptleuten den Fürsten Piccolomini und den Pfalzgrafen Karl Gustav, zum Korporal den Feldmarschall Wrangel, während die übrigen Generale und hohen Offiziere als einfache Musketiere galten. Nun marschierten sie um die Tafel, dann auf die Burg und brannten dort die Geschütze ab; bei dem Rückmarsche wurden sie von Oberst Kraft scherzweise abgedankt und wegen des Friedens aus dem Dienste entlassen. – Bei dem Festmahl vergaß man auch der Armen nicht, indem für dieselben zwei gebratene Ochsen und Wein in Fülle bereitgehalten wurden.

Auch mit den Franzosen suchte man sich über einen Interimsrezess zu einigen, aber diese lehnten jede Einigung ab, solange die Spanier nicht Frankenthal geräumt hatten oder ihnen nicht in Konstanz, Heilbronn oder Ehrenbreitstein ein Unterpfand eingeräumt war. Die Reichsstände verglichen sich zuletzt mit Frankreich bezüglich der Festung Ehrenbreitstein, da sie die Kosten der Belagerung von Frankenthal, was eigentlich das natürlichste gewesen wäre, nicht auf sich nehmen wollten. Der Kaiser bestätigte aber die Übereinkunft nicht und so blieb diese Frage durch Wochen ein Zankapfel zwischen den streitenden Parteien und die französischen Garnisonen lasteten nach wie vor auf den deutschen Gebieten. Es hätten sich auf diese Weise mannigfache Veranlassungen für die Schweden und Franzosen geboten, den Krieg von Neuem zu beginnen und die tyrannische Bedrückung Deutschlands weiter fortzusetzen, wenn die Königin von Schweden den Frieden nicht aufrichtig gewünscht und durch ihre Instruktionen die Kriegslust ihrer Vertreter nicht eingedämmt hätte und wenn die inneren Verhältnisse Frankreichs nicht die Aufrechthaltung des Friedens wünschenswert gemacht hätten. So überreichten denn schließlich in Nürnberg die Vertreter von Frankreich und Schweden das Projekt eines neuen Räumungsvertrags (19. Februar 1650), der später von den Kaiserlichen nach einigen Abänderungen angenommen wurde und zuletzt als Vertrag zwischen dem Kaiser, der Krone Schweden und den Reichsständen in dem „Friedensexekutionshauptabschied", der am 26. Juni 1650 feierlich unterschrieben wurde, seinen Abschluss fand. In demselben wird den Reichsständen die Zahlung des noch rückständigen Teiles der schwedischen Entschädigungsgelder aufgetragen, den Schweden eine Stadt als Pfand für die richtige Bezahlung eingeräumt und 7000 Taler monatlich für die dort zu unterhaltende Garnison bewilligt. Mit den französischen Gesandten kam erst am 2. Juli ein „Friedensexekutionsvergleich" zustande und so wurde eigentlich erst an diesem Tage der Schlusspunkt zu den langwierigen Verhandlungen gesetzt. Von der Forderung auf Überlassung Ehrenbreitsteins, solange Frankenthal von den Spaniern besetzt sei, ließen die

Franzosen ab. In dieser Weise einigte man sich über diese und manche anderen strittigen Punkte und das Reich wurde endlich im Laufe der folgenden Monate von seinen Blutsaugern geräumt. Piccolomini feierte den Abschluss der Verhandlungen abermals durch ein Gastmahl und durch ein prachtvolles Feuerwerk. Der Streit wegen Frankenthal wurde im folgenden Jahre dahin geschlichtet, dass man von deutscher Seite Spanien den Besitz der freien Reichsstadt Besançon antrug, welches Anerbieten angenommen und darauf die Stadt mit der Freigrafschaft Burgund vereint wurde. Frankenthal aber, das von der spanischen Garnison geräumt wurde, kehrte in den Besitz des Kurfürsten von der Pfalz zurück.

Endlich waren also alle Schwierigkeiten, die sich der Durchführung des Friedenswerkes entgegenstellten, überwunden und Bauern und Bürger konnten mit Sicherheit ihren Beschäftigungen nachgehen und durften gehobenen Gemüts Gott für diese Wohltat preisen. Nicht so freudig vernahmen aber die schwedischen Garnisonen die Kunde, dass ihre Auflösung bevorstehe und dass sie in mühsamer Arbeit fortan ihr Leben fristen sollten. Ihre Frauen und Kinder, die mit ihnen herumgezogen waren und sich an das Lotterleben gewöhnt hatten, erschraken vor der trostlosen Zukunft und fluchten den Urhebern ihrer bevorstehenden Leiden. Man darf sich deshalb nicht wundern, wenn sich aus den abgedankten Kriegerscharen zahlreich Banden bildeten, die das Räuberhandwerk, das sie bis dahin unter gesetzlichem Schutz geübt hatten, auf eigene Faust fortsetzen wollten und so gestaltete sich der Verkehr auf den Straßen neuerdings unsicher. Diesem Übelstand half jedoch eine summarische und rücksichtslose Justiz ab, der im Laufe der Zeit einige tausend ehemalige Krieger und Glaubenshelden zum Opfer fielen.

Siebentes Kapitel

Die Heeresverhältnisse im Laufe des 30jährigen Krieges.

I.   Anwerbung des Heeres. Vereidigung auf die Artikelbriefe.
II. Unterabteilungen der Regimenter. Die frühere und spätere Besoldung. Die Naturalverpflegung. Entwicklung der Chargen.
III. Aufstellung der Truppen im Kampfe. Uniformierung. Die Fahne.
IV. Der Tross. Plünderung der Bauern und Bürger. Die allseitige Bedrückung.
V.   Wie verwenden Offiziere und Soldaten ihren Raub? Die Verwüstungen des Krieges. Die dabei verübten Grausamkeiten.

I

Die Heere, die während des 30jährigen Krieges verwendet wurden, bestanden durchwegs aus geworbener Mannschaft. Mit der Anwerbung betrauten die verschiedenen Fürsten einige bewährte Kriegsleute, denen sie Obersten-, Hauptmanns- und Rittmeisterpatente erteilten; diese Offiziere setzten sich untereinander in Verbindung und warben in einem ihnen hierfür zugewiesenen Kreise diejenigen Personen für den Kriegsdienst, die sich ihnen zur Verfügung stellten. Jeder Rekrut erhielt ein Lauf- oder Werbegeld, das ihm anfangs von dem Sold abgerechnet, später aber ohne Einrechnung verabfolgt wurde. Wenn man zur Anwerbung oder Ergänzung eines Regiments an einem Orte einen Musterplatz aufschlug, so wurden zu gleicher Zeit Vorbereitungen für den Empfang der Rekruten getroffen, man sorgte für den nötigen Proviant, damit die Geworbenen die gehörige Verpflegung fänden und schaffte namentlich Bier und Wein in großen Quantitäten herbei. Später hörte diese Fürsorge auf und die Geworbenen waren zunächst auf das gewiesen, was ihnen die betreffenden Orte, zumeist die Reichs- und andere großen Städte, bieten konnten. An dem Tage, an welchem die Mannschaft übernommen und an dem ihr die nötigen Waffenstücke, soweit sie sie nicht selbst mitbringen musste, übergeben wurden, wurden ihr die Artikelbriefe vorgelesen und sie auf dieselben vereidet.

Die Artikelbriefe enthielten die Vorschriften und Verhaltungsmaßregeln für die Soldaten. Es wurde ihnen anbefohlen, einen ehrbaren Lebenswandel zu führen, dem Gottesdienst beizuwohnen, sich vor Völlerei zu bewahren und den gemeinen Mann nicht zu berauben oder zu vergewaltigen. Die Strafen, welche über die meuternden oder feigen oder sonst eines Verbrechens schuldigen Soldaten verhängt wurden, waren streng: sie wurden in Eisen gelegt, zum Gassenlaufen, zum Verlust eines Gliedes, zum Tode durch den Strang oder durch Erschießen verurteilt; für Meuterei und Feigheit trat bei großen Truppenabteilungen die Strafe der Dezimierung ein. Zu Anfang des Krieges saßen die Gemeinen durch erwählte Schöffen über den Angeklagten selbst zu Gericht, bald traten aber eigene Kriegsgerichte unter dem Vorsitz eines Generalauditors an ihre Stelle. Das Urteil wurde von dem Profosen und seinen Gehilfen vollzogen.

II

Die Unterabteilungen eines Reiterregiments waren die Kompanien, 10 auf ein Regiment, jede gewöhnlich zu 100 Mann gerechnet. Die Unterabteilungen eines Regiments Fußknechte waren die Fähnlein, 10 auf ein Regiment und gewöhnlich 300 Mann zählend. Das Fußvolk bestand aus Musketieren, welche ein schweres Schießgewehr handhaben und aus Pikenieren, die eine 18 Fuß lange Pike trugen. Pikeniere und Musketiere waren in demselben Fähnlein vereint, doch gab es auch Fähnlein, welche bloß mit Feuerwaffen versehen waren. Man legte anfangs den Pikenieren eine größere Bedeutung bei und besoldete sie deshalb höher, im Laufe des Krieges zeigte sich jedoch die Unbehilflichkeit ihrer Bewaffnung immer mehr und rief den Spott der Satiriker hervor. Trotzdem wurden sie beibehalten und kamen erst am Schluss des 17. Jahrhunderts, im österreichischen Heere sogar erst im Beginn des 18. Jahrhunderts ab. Die Reiter waren mit dem Säbel, der Lanze, einer kürzern Pike und mit Pistolen bewaffnet. Man unterschied im Laufe des Krieges zwischen Kürassieren, Arkebusieren und Dragonern, Letztere waren eigentlich berittene Pikeniere oder Musketiere, die ebenso zu Fuß wie zu Pferd fochten.

Neben diesen behaupteten im österreichischen Heere die polnischen, kroatischen und ungarischen Reiter eine eigentümliche Stellung.

Neben dem Fußvolk und der Reiterei entwickelte sich seit dem Beginne des 30jährigen Krieges die Artillerie zu einer von Jahr zu Jahr steigenden Bedeutung. Während die böhmische Armee in der Schlacht auf dem Weißen Berg mehr als 20.000 Mann zählte, aber nur über 10 Geschütze verfügte, änderte sich das Verhältnis in der Folgezeit bedeutend zugunsten der Artillerie, sodass diese in allen späteren Schlachten eine maßgebende Stellung einnahm. Der Unterhalt einer Armee kostete während des 30jährigen Krieges verhältnismäßig weit mehr als heutzutage und änderte sich bedeutend nach dem Verhältnis der Kriegführenden; so zahlte z.B. ein Fürst, dessen Autorität anerkannt und dessen Finanzen geordnet waren, bedeutend weniger als einer, dessen Lage minder glücklich war. Der Sold, den Maximilian von Bayern oder der Kurfürst von Sachsen zu Beginn des Krieges ihren Truppen zahlten, kann als der Normalsold angesehen werden. Der Kurfürst von Sachsen stellte die Fähnlein aus 120 Pikenieren oder sogenannten Doppelsöldnern und 180 Musketieren zusammen; von den Doppelsöldnern bekamen vier einen Sold von 20 Gulden, vier 18, vier 16, vier 14, sechzehn 12, vierzig 10 und achtundvierzig 9 Gulden. Von den Musketieren erhielten vierzig 10 Gulden, fünfundsechzig 9 und fünfundsiebzig 8 Gulden. Die Besoldung der Chargen war weit höher und namentlich bei den Offizieren sehr bedeutend; so bekam der Rittmeister monatlich 174 Gulden, der Lieutenant 80 Gulden, der Fähnrich 60 Gulden. Wenn man die sächsische Berechnung zur Grundlage nimmt, so kostete ein Reiterregiment mit den sonstigen Nebenauslagen jährlich ungefähr 260.000, ein Regiment Fußvolk ungefähr 450.000 Gulden, die Auslagen für 12 Geschütze wurden für den gleichen Zeitraum mit 60.000 Gulden berechnet. Die Besoldung der obersten Truppenführer war viel höher als die der niederen Offiziere, sie bewegte sich in den Jahren 1618 bis 1620 zwischen 2000–10.000 Gulden monatlich und blieb auch in der Folgezeit auf gleicher Höhe.

Im Laufe des Krieges erhöhte sich der Sold der Soldaten bedeutend, was zum Teil darin seinen Grund hatte, dass das Geld größtenteils schlechter geprägt wurde und deshalb einen geringeren Wert hatte. Eine Ordinanz des kaiserlichen Obersten Verdugo aus dem Jahre 1627 ordnet für sein Regiment folgende Soldverhältnisse für jede einzelne Woche an: für den Oberst 500 Taler, für den Oberstlieutenant 150, für den Rittmeister 100, für den Lieutenant 40, für den Fähnrich 35, für den Wachtmeister 12, für den Korporal 9, für den gemeinen Mann 4 Taler. In ähnlicher Weise regelte Verdugo die Zahlung für das Fußvolk, nur mit dem Unterschiede, dass der Fußknecht wöchentlich etwas über 2 Taler erhalten sollte. Neben dieser Zahlung musste den Soldaten noch Holz, Salz und Licht geliefert und eine Lagerstätte eingeräumt werden. Wurden sie auch verköstigt, so wurde ihnen die Hälfte des Soldes abgezogen.

Weit schlimmer stand es mit den Verfügungen für die Verpflegung des Heeres, welche von Waldstein direkt ausgingen. Wir wollen als Beispiel eine derartige Verordnung anführen, die zu Ende des Jahres 1627 für Schleswig-Holstein erlassen wurde, nach welcher der Oberst w ö c h e n t l i c h 300 Gulden, der Oberstlieutenant 120, der Hauptmann 75, der Lieutenant 25, der Kaplan 10, der Feldwebel 8, ein gemeiner Soldat 2 Gulden und nebstdem noch die Lagerstätte, Holz, Salz und Licht erhalten sollten. Überdies sollten für ein Pferd täglich 12 Pfund Heu und wöchentlich 2 Gebünde Stroh geliefert werden. Im Falle den Betreffenden die Barzahlung zu schwer sein sollte, wurde ihnen gestattet, dieselbe bei den Unteroffizieren und der gemeinen Mannschaft durch die Lieferung von Lebensmitteln zu ersetzen. Nach dem Reluitionsmaßstab musste dem gemeinen Manne täglich 3 Pfund Brot, 2 Pfund Fleisch und 3 Maß Bier, dem Korporal aber die doppelte Portion geliefert werden und so in weiterer Steigerung den höheren Chargen.

Den Gipfelpunkt erreichte die Forderung, welche ein kaiserlicher Rittmeister im selben Jahre in der Grafschaft Schwarzburg stellte; er verlangte für sich 300 Gulden wöchentlich und für die übrige Mannschaft für jede Kompanie 540 Gulden und außerdem noch 300 Scheffel Hafer, 10 Fuder Heu, 10 Fuder Stroh, 6 Scheffel Korn, 4 Scheffel Weizen, 5 Scheffel Gerste, ein Stück Rindvieh, 2 Mastschweine, 2 Kälber, 4 Schöpfe, 15 Gänse, 20 Kapauner, einen halben Zentner Fisch, ebenso viel Butter und 200 Stück Eier wöchentlich.

Man sieht aus diesen Verordnungen, dass die Zahlungen und Naturalleistungen sich schon in den ersten Kriegsjahren zu einer unerschwinglichen Höhe erhoben.

Bei dem ligistischen und schwedischen Heere machte man weit geringere Versprechungen und dasselbe war auch in dem kaiserlichen nach der Ermordung Waldsteins der Fall. Fragt man, wie es mit der wirklichen Zahlung beschaffen war, so lautet die Antwort, dass die ligistischen

Fürsten ihre Versprechungen bis zur Zeit der Landung Gustav Adolfs zwar nicht ganz, aber doch nach Möglichkeit einhielten, dasselbe taten auch einige der bedeutendsten protestantischen Fürsten Deutschlands. Anders gestalteten sich die Verhältnisse bei den kaiserlichen und bei den schwedischen Truppen. Die kaiserlichen Truppen wurden nur so lange ordentlich bezahlt, als der versprochene Sold nicht jene schwindelnde Höhe erreichte und als Spanien durch seine Subsidien die Hauptlast des Krieges trug oder die in Böhmen verfügten Konfiskationen die nötigen Mittel lieferten. Alles dies war seit dem Jahre 1625, als Waldstein mit der Anwerbung des Heeres betraut wurde, nicht mehr der Fall; vom diesem Jahre an bis zum Jahre 1634 blieb der Kaiser seinen Truppen fast den ganzen Sold schuldig. Dass dieselben trotzdem unter den Fahnen blieben, ist dadurch begreiflich, dass für ihre Naturalverpflegung teils durch Requisitionen in Feindesland, teils durch Zufuhr von Lebensmitteln aus den kaiserlichen Erbländern, der man sich in Wien nicht entschlug, gesorgt wurde, dass ferner ein großer Teil der von Freund und Feind erhobenen Geldkontributionen unter sie verteilt und endlich ihre Räubereien nicht bestraft wurden. Die hohen Offiziere wurden nach der Ermordung Waldsteins dadurch entschädigt, dass der Kaiser ihnen die Güter desselben zum größten Teil überließ. In der folgenden Zeit und namentlich nach dem Tode Ferdinands II. wurde mehr Ordnung gehalten und man fand in Wien wenigstens zum Teil die nötigen Mittel, um die nicht mehr so zahlreichen und auch nicht mit so glänzenden Versprechungen angelockten Truppen zu ernähren und zu besolden. – Mit dem schwedischen Heere ging es ähnlich wie mit dem kaiserlichen. Solange Gustav Adolf lebte, fand er in der Geldhilfe seiner Bundesgenossen und in den erhobenen Kontributionen die Mittel, dasselbe ordentlich zu bezahlen; nach seinem Tode fehlte das nötige Geld oder es wurde liederlich vergeudet und so häuften sich die Soldrückstände von Jahr zu Jahr und wir sahen, wie die Auszahlung derselben einen der wichtigsten Punkte bei den westfälischen Friedensverhandlungen bildete.

Da sonach von einer geordneten Zahlung der Heere nie die Rede war, sondern dieselben zumeist davon lebten, was sie in der Gegend, in der sie stationiert waren, durch Kontributionen herauspressten, so war der längere Aufenthalt eines Regiments für Stadt und Land gleichbedeutend mit völligem Ruin. Einige Klagen, die im Jahre 1627 gegen das kaiserliche Heer erhoben wurden, als die Beschädigten noch so naiv waren, auf einen

Schadenersatz zu hoffen, geben genau die Kontributionen an, die in Geld und Geldeswert erhoben wurden und lassen uns so die Höhe des Jammers ermessen. Die Grafen von Schwarzburg-Sondershausen berechneten in dem genannten Jahre ihre Leistungen auf 605.360, die Grafen von Schwarzburg-Rudolstadt auf 666.638 Gulden; die Stadt Hall berechnete ihre Geldkontributionen für die Jahre 1625–27 auf 430.274 Gulden und stand im September 1627 einer neuen Forderung von 177.000 Gulden ratlos gegenüber. Das Stift Magdeburg musste binnen zwei Jahren (bis 1627) 687.000 Gulden erlegen; ähnliche mehr oder minder hohe, aber die Betreffenden stets gleich tief schädigende Forderungen ließen sich noch nach Hunderten anführen. Am schlimmsten erging es Böhmen, denn die einzelnen Städte verbluteten sich nicht sowohl durch die an ihren Bürgern geübten Konfiskationen als durch die in den Jahren 1621–24 erhobenen Kontributionen, welche z.B. in der kleinen Stadt Hohenmauth die Summe von 200.000 Gulden überstiegen.

Im Laufe des Krieges entwickelte sich die Organisation des Heerwesens, indem sich die Offizierschargen vermehrten, sodass ihre Anzahl so ziemlich der des 18. Jahrhunderts entspricht. Während es früher neben dem obersten Truppenführer nur noch Feldmarschälle, Generalwachtmeister und Oberste gab, gab es jetzt auch Generale der Kavallerie und Feldmarschalllieutenants und ebenso mehrte sich die Zahl der niederen Chargen. Den obersten Rang nahmen die Generallieutenants ein, durch welchen Titel der Obergeneral als Stellvertreter des regierenden Fürsten und eigentlichen Anführers bezeichnet wurde. So führten also Tilly als Vertreter Maximilians im ligistischen Heere, Gallas und Piccolomini im kaiserlichen Heere, der Pfalzgraf Karl Gustav im schwedischen Heere den Titel von Generallieutenants. Die Einrichtung der Regimenter, die Chargen in der Kompanie, die Stellung des Feldwebels erlangten ihre komplizierte Ausbildung und bereiteten in dem Heerwesen jene innige Verbindung und jenes Ineinandergreifen der Waffen vor, das den früheren Heeresaufgeboten abgeht.

III

In der Aufstellung und Verwendung der Truppen traten im Laufe des Krieges die maßgebendsten Veränderungen ein. Zu Beginn desselben war das Fußvolk in tiefen Vierecken aufgestellt, von denen jedes mehrere Fähnlein zählte, oft sogar ein ganzes Regiment umfasste und auch die Reiterei war in ähnlicher Weise geordnet. Die Folge davon war eine große Unbeweglichkeit der Truppen während des Kampfes, da von einem entschlossenen, stürmischen Angriffe nicht die Rede sein konnte und daher ist auch die Langsamkeit der Bewegungen beim Beginn des Krieges, der von beiden Seiten nur in defensiver Weise aufgefasst wurde, erklärlich. Gustav Adolf brachte in die schwerbewegliche Kriegsmaschine neues Leben, indem er die Infanterie nur sechs Mann tief aufstellte, die großen Abteilungen in kleine Truppenkörper zerlegte, in ähnlicher Weise auch mit der Kavallerie vorging und seine Truppen auf den raschen Angriff und nicht auf die bloße Verteidigung einübte. Die Bedeutung der Feuerwaffen würdigte er im entsprechenden Grade, vermehrte die Zahl der Schützen bei seinen Truppen und verbesserte die Geschütze, indem er sie kürzer und leichter anfertigen ließ und dadurch ihre Beweglichkeit und Verwendbarkeit erhöhte.

Von einer gleichmäßigen Uniform war zur Zeit des 30jährigen Krieges keine Rede, weder in Farbe noch im Schnitt der Kleidung war eine Übereinstimmung ersichtlich und konnte es nicht sein, da ja vonseite der betreffenden Regierungen, mit alleiniger Ausnahme der Franzosen und Holländer, nie für die Heeresbedürfnisse vorgesorgt wurde. Die meisten Truppen glichen während der längsten Zeit einer Schar von Bettlern oder von hungernden Wegelagerern, die nur durch ihre Waffen ihre Beschäftigung andeuteten; zeitweise waren sie jedoch mit prachtvollen Stoffen oder mit Gold und Silber geschmückt, besonders wenn ihnen eben ein reicher Beutezug gelungen war. Da das Bedürfnis eines Unterscheidungszeichens während einer Schlacht sich gebieterisch geltend machte, so schmückte sich jeder Soldat mit einem solchen, ehe er in den Kampf zog, etwa mit einer weißen oder roten Binde am Arm, Hut oder Helm, mit grünen Zweigen oder andern Abzeichen. Da man diese Unterscheidungszeichen leicht ab- oder anlegen konnte, so gelang es mitunter hervorragenden Gefangenen, sich dadurch zu befreien, dass sie ihr Abzeichen unbemerkt mit demjenigen eines gefallenen Gegners verwechselten und so durchschlüpften. Im Kampfe scharten sich die Truppen um ihre Fahne, jedes Fähnlein Fußvolk hatte eine solche, an einer kurzen Stange war ein schwerer, mit allegorischen Bildern und lateinischen Sprüchen geschmückter Seidenstoff angebracht. Kleiner waren die Reiterfahnen, Cornet genannt. Der Fähnrich oder Fahnenträger wurde stets aus den trefflichsten Leuten ausgewählt und bei der Übergabe derselben von dem Obersten ermahnt, sie wie eine Braut und leibliche Tochter anzusehen, sie aus der rechten in die linke Hand zu nehmen, wenn ihm die Erstere abgeschossen würde und sollte ihm auch die andere abgeschossen werden, so sollte er sie mit dem Munde halten und wenn keine Rettung winke, sich in dieselbe einwickeln und als ehrlicher Mann sterben.

IV

Der größte Unterschied zwischen den Heeren des 30jährigen Krieges und denen der späteren Zeit bestand darin, dass die Soldaten mit Weib und Kind ins Feld zogen. Schon im Beginn des Krieges kam die Zahl der dem Regiment folgenden Weiber der der Soldaten nahezu gleich. Von einem im Jahre 1620 neugeworbenen Regiment wird berichtet, dass, als es 3000 Mann stark vom Musterplatze abzog, demselben 2000 Weiber folgten. Der Oberst wollte dieselben nicht dulden und befahl bei der Übersetzung eines Stromes den Schiffern, die nachfolgenden Weiber nicht zu überführen. Allein da erhob sich dies- und jenseits des Flusses ein furchtbares Wehklagen: die Weiber schrien nach ihren Männern und diese verlangten nach ihren Frauen, weil sie ihre Hemden, Schuhe und sonstigen Sachen mit sich trugen und so musste zuletzt der Oberst seine Absicht aufgeben. Später vermehrte sich der Tross durch die Zahl der sich mehrenden Kinder ins Unglaubliche, sodass man in den letzten zehn Kriegsjahren den Tross auf das Drei- und Vierfache der kämpfenden Truppenzahl veranschlagen muss, wie sich dies aus einem in der Geschichte des Krieges angegebenen Beispiele ergibt. Die Soldatenfrauen wuschen, kochten und verrichteten überhaupt ihrem Manne alle Dienste, schleppten auf dem Marsche ihre Kinder und alle Gerätschaften mit, die nicht auf dem Wagen fortgebracht werden konnten und beteiligten sich, so oft sich die Gelegenheit bot, an der Plünderung der umwohnenden Bauern und Bürger. In dieser Beziehung verübten sie die frechsten Gewalttaten, keine Truhe, keine Kiste war vor ihnen sicher und wenn sie von einem Quartier ins andere zogen, mussten die Geplünderten ihre Pferde hergeben, um die ihnen geraubten Gegenstände weiterzufahren. Alle Schlauheit der

Bauern und Bürger reichte nicht hin, um ihre Ersparnisse vor der Spür-
nase der Soldaten zu schützen; was nicht an unzugänglichen oder völlig
verborgenen Orten aufbewahrt wurde, geriet in ihre Hände, sodass die
Beraubten oft meinten, nur Zauberei könne das Versteck verraten haben.
Die Grausamkeiten, welche die Räuber an ihren Opfern verübten, waren
so haarsträubend, dass die alten Chronisten selbst von den Hunnen, Ava-
ren und Mongolen nichts Ärgeres berichten. Sie schraubten die Steine
von ihren Pistolen ab und zwängten die Daumen der Unglücklichen an
ihre Stelle, sie zerschnitten ihnen die Fußsohlen und streuten Salz in die
offenen Wunden, das sie dann von Ziegen ablecken ließen, sie zogen ein
Rosshaar durch die Zunge und bewegten es langsam auf und ab, sie banden ein mit Knoten versehenes Seil um die Stirn und drehten es mit einer
Kurbel immer fester zu. War ein Backofen vorhanden, so drängten sie
ihre Opfer hinein und zündeten ein Feuer vor demselben an und zwan-
gen die Gequälten, durch dasselbe zu kriechen. Oft bohrten sie ihnen
auch Löcher in die Kniescheibe und gossen ihnen ekelhafte Flüssigkeiten
in den Hals. Neben den tausendfachen Qualen mussten die Frauen und
Mädchen noch die ärgste Schmach ertragen; vor der Gewalt der viehi-
schen Soldatenlust war damals kein Weib sicher und nur die Flucht oder
die Verteidigung der Angehörigen rettete sie in einzelnen Fällen. Wenn
die Räuber auf diese Weise ihre Opfer durch die Folter zur Preisgebung
der versteckten Habe genötigt hatten, ihre Raubgier befriedigt und ihre
entmenschte Lust gebüßt war, so zeigten sie sich vollends als Vandalen,
indem sie dasjenige vernichteten, was sie nicht mitschleppen konnten.

Als der Krieg auch bei den Bauern einige militärischen Kenntnisse
verbreitet hatte, suchten sie bei der Nachricht von der Annäherung der
Feinde ihre Habe in Orte zu flüchten, deren Verteidigungsfähigkeit
durch die Kunst erhöht oder deren Zugang verborgen gehalten wurde.
So flüchteten sich die Aspacher bei der Annäherung der Feinde in einen
Acker von größerem Umfang, der mit Buchen umwachsen und außerdem
durch hohes Dorngebüsch gedeckt war, durch das man in das Innere nur
auf dem Bauche kriechend gelangen konnte. Zwischen den Bauern und
Soldaten entwickelte sich im Laufe des Krieges eine grimmige Feindschaft, die bei jeder Gelegenheit zu Mord und Todschlag führte. Man
kann fragen, woher der Bauer den Mut nahm, zu dem so oft ausgeraub-
ten Herde stets wieder zurückzukehren und über die Gewalt, die an ihm,
seinem Weibe und seinen Kindern verübt wurde, nicht in Verzweiflung

zu geraten und nicht lieber dem Räuberhandwerke obzuliegen. Abgesehen davon; dass die Fürsten, soweit sie es vermochten, die Bauern bei der Scholle zu erhalten suchten, bewirkte auch die Liebe zur Heimat bei diesen das Wunder, dass sie, statt zu verzweifeln, lieber bis an die Zähne bewaffnet den Acker bebauten und gegen den heransprengenden Räuber um die Zugtiere kämpften.

Noch ärger als die Bauern wurde ein Teil der Städte zugrunde gerichtet und zwar, noch ehe die Kontributionen an ihrem Wohlstand nagten, durch die Geldverschlechterung, die sich im 30jährigen Kriege entwickelte. Nachdem unter der Herrschaft des Winterkönigs Münzen in leichterem Gewicht geprägt worden waren, wurde das gegebene Beispiel, wie wir erzählt haben, in noch weit ärgerem Maße vom Kaiser und jenem Konsortium befolgt, dem er die Münzprägung übertragen hatte und wiewohl man später diese so maßlos verschlechterte Münze einzog, so konnte man doch nie mehr zu geordneten Geldverhältnissen zurückkehren. Die deutschen Fürsten griffen zu ähnlichen Hilfsmitteln und dieses unglückliche Gebaren unterhöhlte den allgemeinen Wohlstand. Als der Krieg überall in Deutschland wütete, war der Reichtum der Städte stets ein Gegenstand des brennendsten Verlangens für die Soldaten. Die schlecht befestigten Städte mussten sich durch Kontributionen ausplündern lassen, die Wohlverwahrten wiederholte Belagerungen ausstehen, deren Verlauf häufig unglücklich war und sie mit dem Schicksal Magdeburgs bedrohte.

Das Band, welches den Soldaten mit seinem Weibe zusammenhielt, wechselte je nach den Personen an Stärke und Innigkeit, im Allgemeinen waren es aber rohe Verbindungen, die der Zufall anknüpfte und löste. War ein Soldat mit seinem Weibe unzufrieden und beschuldigte er sie mit Recht eines Verbrechens, dann durfte er sie den Trossbuben preisgeben, von denen sie in der elendesten Weise misshandelt wurde. Zur Erhaltung der Ordnung bei den den Truppen nachziehenden Weibern, Kindern und zahlreichen Trossknechten wurden bei jedem Regiment eine Anzahl Hurenweibel angestellt, welche bei dem Einmarsch in einen neuen Lagerplatz dafür zu sorgen hatten, dass die ihnen untergebenen zuchtlosen Scharen nicht vor den Soldaten in denselben eindrangen, weil sie sonst den für das Lager bestimmten Proviant sich angeeignet hätten. In der Schlacht postierte sich der Tross hinter dem Heere in der Weise, dass seine Stellung durch die Bagagewagen eingeschlossen und so gegen Angriffe befestigt war.

V

Über das schwelgerische Leben der Soldaten während des 30jährigen Krieges sind wir durch Tausende von Zeugnissen unterrichtet und wenn es noch eines Beweises bedürfte, so finden wir ihn in den oben geschilderten Verordnungen der Waldsteinschen Ordinanzen. Solche Verordnungen konnten jedoch dem Buchstaben nach von den Betreffenden nur die kürzeste Zeit eingehalten werden, dann mussten die Soldaten ihre ungemessenen Ansprüche herabmindern, um sie, wenn die Gelegenheit günstiger war, wieder zu erhöhen. Je länger der Krieg dauerte, desto seltener kehrte dieselbe zurück und Hunger und Elend war häufig das Los ganzer Heeresabteilungen. In den Lagergassen begegnete man dann bleichen und hohläugigen Gesichtern, in jeder Zelthütte lagen zahlreiche Kranke und Sterbende und die Umgebung war durch die kaum bestatteten Leichname verpestet. Es war eben der oft jähe Wechsel vom Überfluss zum äußersten Mangel, der das Gemüt der Krieger verhärtete, dass sie gierig nach dem Genusse des Augenblicks vor den ärgsten Schandtaten nicht zurückscheuten. Von den häufig unerschwinglichen Kontributionen, welche die Obersten ausschrieben und die nur zum Teil für das Heer verwendet wurden, steckten die Letzteren einen Teil in ihre Tasche und ihr Beispiel wurde von den Hauptleuten befolgt. Eine der hauptsächlichsten Klagen, welche die Kurfürsten gegen das Waldsteinsche Heer erhoben, bestand darin, dass die in demselben angestellten Italiener jährlich große Summen nach Italien als Ersparnisse aus ihren Räubereien abschickten, eine Anklage, die begründet war und es begreiflich macht, dass so viele Italiener damals in Deutschland ihr Brot suchten. Die einfachen Soldaten konnten ihre Ersparnisse nicht durch Vermittlung von Kaufleuten in ihre Heimat befördern und so lesen wir, dass sie die geraubten Goldstücke in ihrem Gürtel verwahrten oder das Gold und Silber in Platten geschlagen auf ihrer Brust trugen, bis sie es im Kampfe auf dieselbe Weise verloren, wie sie es erworben hatten. Die schwedischen Obersten und Generale trieben es später noch ärger, als die kaiserlichen Obersten, wenn wir Waldstein ausnehmen. Von Banér haben wir erzählt, dass er bei seinem Tode etwa eine Million Taler an zusammengeraubtem Gute hinterließ. Wrangel kam ihm an Raubsucht gleich und war auf das Heftigste empört, als der geschlossene Friede seinen Räubereien ein Ende machen sollte. Graf Königsmark brachte so viel an Gold und Kostbarkeiten zusammen, dass er, der früher nichts besaß, seiner Familie ein Jahreseinkommen von 130.000 Talern hinterließ.

Wenn man sieht, wie die Heere kaum während eines Drittels der langen Kriegszeit regelmäßig bezahlt und ordentlich verpflegt wurden und demnach nur auf Erpressung, Raub und den Zufall angewiesen waren, wie sie durch ihre Tyrannei die Bürger und Bauern um alle ihre Habe brachten, die Städte und Dörfer einäscherten oder zum Mindesten arg verwüsteten, so begreift man, dass ein großer Teil der vom Kriege heimgesuchten Länder nach und nach entvölkert wurde. Obenan steht Böhmen, dessen Bevölkerung ursprünglich die Zahl von ungefähr 2.000.000 erreicht haben mag. Eine Zählung, die im Jahre 1653, also fünf Jahre nach Beendigung des Krieges, angeordnet wurde, ergab, dass diese Zahl auf 700.000 zusammengeschrumpft war und die gleichzeitig vorgenommene Beschreibung des Landes zeigte, dass in den Städten die Hälfte der Häuser unbewohnt und dem Verfalle preisgegeben und auf dem Lande die Hälfte des Bodens unbebaut war. Diese grauenvolle Verwüstung wurde in einigen anderen Gebieten, namentlich in Mitteldeutschland, noch überboten. Bei der in der Grafschaft Henneburg nach dem Kriege angeordneten Zählung ergab sich, dass dieselbe 75 Prozent der Bevölkerung und 66 Prozent der Wohnhäuser eingebüßt hatte, an Pferden Kühen und Ziegen betrug der Verlust über 80 Prozent. In ähnlicher Weise haben alle anderen Orte gelitten und man wird nicht irregehen, wenn man behauptet, dass Deutschland zum Mindesten die halbe Bevölkerung und mehr als zwei Drittel des beweglichen Vermögens verloren hat. Zu dieser Einbuße gesellten sich noch die Schäden an Sitte und Bildung. Die ehedem so wohlgeordneten Schulen waren jetzt zum größten Teil aus Mangel an Lehrern und Schülern geschlossen und so stand Deutschland auch in dieser Beziehung hinter seinen besser gestellten westlichen Nachbarn zurück. Es gehörte eine übermenschliche Anstrengung dazu, um sich aus diesem tiefen Verfall zu erheben, den erlahmten Gewerbsfleiß neu anzufachen, die geistigen Schäden auszubessern und mit dem Westen gleichen Schritt zu halten. Die spätere Zeit hat gezeigt, dass Deutschland die Anstrengung nicht gescheut und die erlittenen Verluste glänzend ersetzt hat.